기초학력 진단평가 문제집

기초학력 진단평가 어떤 시험인가요?

- 학기 초에 실시하는 시험입니다(3월 경).
- 학생의 기초학력을 평가하는 시험입니다.
- 지난 학년에 배운 내용을 얼마나 이해하고 있는지 확인하는 시험입니다.
- 주요 교과목의 부분별 학업 성취도를 보다 자세히 측정하기 위한 시험입니다.

기초학력 진단평가 어떻게 활용되나요?

- 학생의 기초학력이 일정 수준에 도달했는지 파악하는 데 활용됩니다.
- 교사가 학생의 부족한 교과목을 파악하고 지도 방안을 마련하는 데 활용됩니다.
- 학생 개개인의 수준별 학습 지원을 하기 위한 근거 자료로 활용됩니다.

무료 제공

제공 학습 자료

· 동영상 강의 – 1, 2학기 핵심 정리 / 실전 모의평가
· 온라인 성적 피드백 – 실전 모의평가 점수 확인 및 오답 체크

이용 방법

천재교육 홈페이지에서 『기초학력 진단평가』 클릭하여 이용

QR 코드로 바로 이용!

book.chunjae.co.kr

**Chunjae
Makes
Chunjae**

▼

편집개발	김주남, 정시현, 기주영, 김성원, 조수민, 윤경옥
디자인총괄	김희정
표지디자인	윤순미, 강태원
내지디자인	박희춘
제작	황성진, 조규영

발행일	2024년 10월 15일 5판 2024년 10월 15일 1쇄
발행인	(주)천재교육
주소	서울시 금천구 가산로9길 54
신고번호	제2001-000018호
고객센터	1577-0902

| 초등학교 4학년 대상 |

기초학력 진단평가 문제집

구성과 특징

핵심 정리 → **연습 모의평가** → **실전 모의평가** → **정답과 풀이**

3학년 교과 내용을 이해하기 쉽게 정리했습니다.

연습 문제를 풀며 부족한 부분을 확인할 수 있습니다.

실전 문제를 풀어 보며 기초학력 진단평가에 대비할 수 있습니다.

빠르게 답만 확인할 수 있으며, 풀이를 쉽고 자세하게 실었습니다.

차례

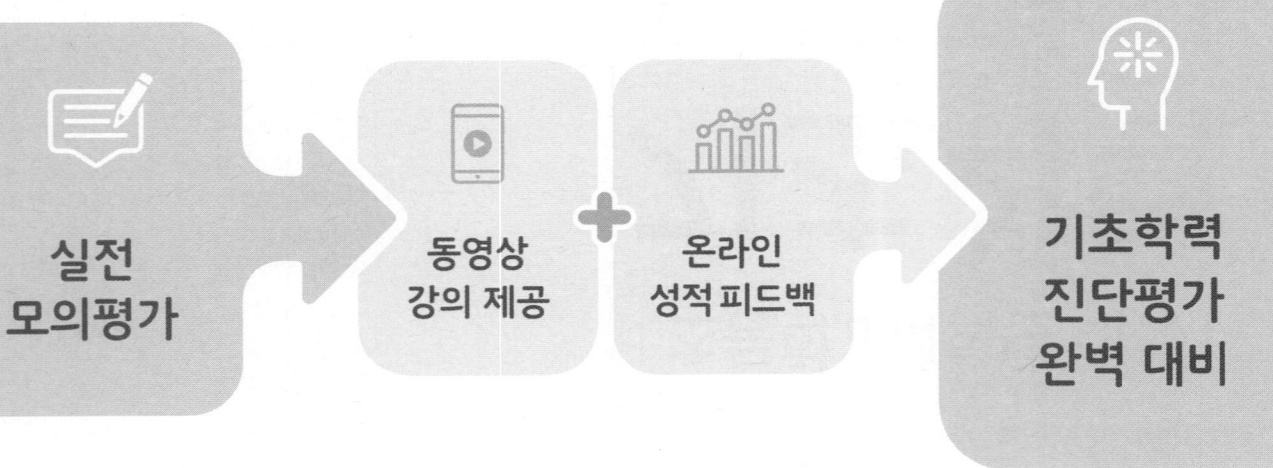

실전 모의평가 → 동영상 강의 제공 + 온라인 성적 피드백 → 기초학력 진단평가 완벽 대비

개념 정리 동영상 제공

1 재미가 톡톡톡

1. 시나 이야기를 읽고 감각적 표현 알기

시를 읽고	① 장면을 떠올리며 시를 읽어 봅니다. ② 시에서 어떤 모습이나 소리를 표현하였는지 찾아봅니다. ③ 시에서 냄새, 맛, 촉감 등을 표현한 부분을 찾아봅니다. ④ 어떤 감각을 표현하였는지 확인합니다.
이야기를 읽고	① 일어난 사건을 생각하며 이야기를 읽습니다. ② 인물의 말과 행동에서 표현하고 있는 것을 생각해 봅니다. ③ 이야기에서 모습이나 소리, 맛, 냄새, 촉감을 표현한 부분을 찾아봅니다. ④ 어떤 감각을 표현하였는지 확인합니다.

2 문단의 짜임

1. 중심 문장과 뒷받침 문장을 파악하며 글 읽기
① 전체적인 내용을 가장 잘 표현한 문장이 중심 문장입니다.
② 중심 문장은 문단의 앞에 있는 경우가 많지만 문단의 가운데, 끝부분에 있기도 합니다.
③ 중심 문장을 제외한 나머지 문장은 뒷받침 문장입니다.
④ 뒷받침 문장은 하나의 문단에서 여러 개일 수 있습니다.

3 알맞은 높임 표현

1. 높임 표현을 사용하는 방법
① '-습니다' 또는 '요'를 써서 문장을 끝맺습니다.
② 높임을 나타내는 '-시-'를 넣습니다.
③ 높임의 대상에게 '께서'나 '께'를 사용합니다.
④ 높임의 뜻이 있는 특별한 낱말을 사용합니다.

4 내 마음을 편지에 담아

1. 마음이 잘 드러나게 편지 쓰는 방법
① 전하고 싶은 마음이 잘 나타나게 씁니다.
② 전하고 싶은 마음을 표현하는 낱말을 사용하고, 그때 자신의 생각이나 느낌을 자세히 씁니다.
③ 편지의 형식에 맞게 씁니다.

5 중요한 내용을 적어요

1. 글을 읽고 내용을 간추리는 방법
① 각 문단의 중요한 내용을 간단하게 정리합니다.
② 각각 묶을 수 있는 낱말을 이용해서 간단히 정리합니다.
③ 중요한 내용을 이어 전체의 내용을 하나로 묶습니다.
④ 이어 주는 말을 넣어 자연스럽게 연결합니다.

6 일이 일어난 까닭

1. 원인과 결과를 생각하며 이야기하는 방법
① 일어난 일의 순서를 파악합니다.
② 일이 일어난 까닭과 그 까닭 때문에 생긴 일, 달라진 일을 찾아봅니다.
③ 그 일 때문에 어떤 일이 벌어졌는지 생각해 봅니다.
④ '그래서', '왜냐하면' 등의 이어 주는 말을 사용합니다.

7 반갑다, 국어사전

1. 국어사전에서 낱말을 찾는 방법
① 첫 번째 글자의 첫 자음자, 모음자, 받침의 차례대로 찾습니다.
② 다음 글자도 낱자 차례대로 찾습니다.
③ 형태가 바뀌는 낱말은 형태가 바뀌지 않는 부분에 '-다'를 붙인 기본형을 찾습니다.

8 의견이 있어요

1. 글쓴이의 의견을 파악하는 방법
① 글의 제목을 주의 깊게 살펴봅니다.
② 문단의 중심 문장을 간추려 봅니다.
③ 글쓴이가 이 글을 쓴 목적이 무엇인지 짐작해 봅니다.

9 어떤 내용일까

1. 낱말의 뜻을 짐작하기
① '짐작'이란 '사정이나 형편 등을 대강 헤아리는 것'을 말합니다.
② 낱말의 뜻을 짐작하는 방법
• 앞뒤의 문장이나 낱말을 살펴봅니다.
• 짐작한 뜻과 뜻이 비슷한 낱말을 넣어 봅니다.
• 낱말이 사용된 예를 떠올려 봅니다.
③ 생략된 내용을 짐작하는 방법
• 글에서 찾을 수 있는 단서를 확인합니다.
• 자신의 경험을 떠올립니다.

10 문학의 향기

1. 이야기에서 재미나 감동을 느낀 부분을 찾는 방법
① 주인공의 특이한 말이나 행동을 살펴봅니다.
② 자신의 경험과 비교하여 생각해 봅니다.
③ 즐거운 기분이나 느낌이 드는 부분, 가슴이 뭉클해지는 부분을 찾습니다.

1 작품을 보고 느낌을 나누어요

1. 인물의 말과 행동을 살피며 만화 영화 감상하기
① 인물의 상황을 생각하며 만화 영화를 봅니다.
② 인물의 표정, 몸짓, 말투를 살펴봅니다.
③ 인물이 겪은 일에 대해 어떤 마음이 들었을지 생각합니다.

2. 인물의 표정, 몸짓, 말투를 생각하며 작품 읽기
① 일어난 일을 생각하며 이야기를 읽습니다.
② 인물이 한 말과 행동을 살펴봅니다.
③ 이야기의 장면에서 인물의 표정과 몸짓, 말투를 상상해 봅니다.

2 중심 생각을 찾아요

1. 아는 내용이나 겪은 일과 관련지어 글 읽기
① 글을 읽을 때 자신이 알고 있는 내용을 생각하며 글을 읽습니다.
② 자신이 알고 있는 내용이나 경험, 알고 있는 내용과 다른 내용을 비교해 새롭게 안 내용을 생각하면서 글을 읽습니다.

2. 글을 읽고 중심 생각 찾기
① 문단의 중심 문장을 찾아보고 중심 생각을 간추립니다.
② 글의 제목을 보고 무엇에 대해 쓴 글인지 생각합니다.
③ 글에 있는 사진이나 그림을 보고 중심 생각을 찾습니다.

3 자신의 경험을 글로 써요

1. 자신의 경험에서 인상 깊은 일을 글로 쓰는 방법
① 겪은 일 가운데에서 어떤 일을 글로 쓸지 정합니다.
② 쓸 내용을 정리합니다.
③ 띄어쓰기에 주의하며 글을 씁니다.
④ 고쳐쓰기를 합니다.

4 감동을 나타내요

1. 대상에 대한 느낌을 감각적 표현으로 나타내기
① 대상을 보고, 듣고, 냄새 맡고, 만지며 관찰하여 봅니다.
② 대상에 대한 느낌을 어떻게 표현하면 좋을지 생각해 봅니다.
③ 관찰한 대상에 대한 느낌을 감각적 표현을 넣어 말하여 봅니다.

2. 이야기를 읽고 생각이나 느낌 표현하기
① 사건의 흐름을 살펴보며 이야기의 내용을 파악합니다.
② 이야기에 나타난 감각적 표현을 찾아봅니다.
③ 이야기에 대한 생각이나 느낌을 말해 봅니다.

5 바르게 대화해요

1. 대상에 따라 알맞은 높임 표현을 사용해 말하기
① 상황에 어울리는 말을 해야 합니다.
② 대상에 따라 알맞은 높임 표현을 사용해 대화해야 합니다.
③ 상대를 바라보고 상대의 말을 존중하며 대화합니다.

2. 전화할 때의 바른 대화 예절 알기
① 전화로 대화할 때에는 자신이 누구인지 밝히고 상대가 누구인지 확인합니다.
② 상대의 상황을 헤아려 봅니다.
③ 얼굴을 보지 않고 이야기하므로 더 공손하게 말합니다.
④ 공공장소에서는 작은 목소리로 말합니다.

6 마음을 담아 글을 써요

1. 인물의 마음을 짐작하는 방법
① 이야기 속 인물이 한 일이나 겪은 일을 살펴봅니다.
② 인물의 생각, 말이나 행동을 살펴봅니다.

2. 다른 사람에게 마음을 전하는 글 쓰기
① 누구와 어떤 일이 있었는지 씁니다.
② 어떤 마음을 전하고 싶은지 자신의 감정을 솔직하게 씁니다.
③ 앞으로 바라는 점이 무엇인지 씁니다.

7 글을 읽고 소개해요

1. 글을 읽고 친구에게 소개하면 좋은 점
① 새로운 사실을 알려 줄 수 있습니다.
② 읽은 글의 내용을 잘 정리할 수 있습니다.
③ 소개하면서 친구들과 많은 이야기를 나눌 수 있습니다.

2. 독서 감상문에 들어가는 내용

책을 읽게 된 까닭	그 책을 어떻게 읽게 되었는지를 씁니다.
책 내용	책에 있는 이야기의 줄거리나 책에 담긴 중요한 정보를 씁니다.
인상 깊은 부분	책 내용 가운데에서 가장 기억에 남는 부분을 씁니다.
책을 읽은 뒤에 든 생각이나 느낌	책을 읽고 나서 떠올린 생각이나 느낀 점을 씁니다.

8 글의 흐름을 생각해요

1. 글의 흐름에 따라 내용을 간추려 쓰는 방법
① 시간 흐름에 따라 쓴 글은 시간 차례대로 간추립니다.
② 일 차례를 설명한 글은 일하는 차례가 잘 드러나게 간추립니다.
③ 장소가 바뀌면서 사건이 변하는 글은 이동한 장소와 각 장소에서 겪은 일을 중심으로 간추립니다.

9 작품 속 인물이 되어

1. 알맞은 표정, 몸짓, 말투를 생각하며 극본 읽기
① 인물의 말과 행동을 보고 인물의 성격이나 마음을 짐작해 봅니다.
② 극본에서 표정, 몸짓, 말투를 알려 주는 부분을 찾아봅니다.
③ 주변에서 등장인물과 성격이 비슷한 사람이 어떤 표정, 몸짓, 말투를 사용하는지 생각해 봅니다.
④ 자신이 그 인물이라면 어떤 표정, 몸짓, 말투를 사용할지 생각합니다.

1. 우리 고장의 모습

❶ 우리가 생각하는 고장의 모습

1. 고장의 장소에서 겪었던 경험

학교	친구들과 함께 교실에서 공부하고 운동장에서 재미있게 놀았음.
전통 시장	가족들과 함께 맛있는 음식도 먹고 이것저것 많은 물건도 샀음.
놀이터	친구들과 함께 재미있게 놀았음.
산	가족과 함께 즐거운 나들이를 갔음.
우리 집	사랑하는 가족이 함께 살고 있음.

2. 우리 고장의 장소 카드 만들기

① 만드는 방법 : 장소 이름, 장소 설명, 장소에 대한 나의 생각이나 느낌 등을 넣어 장소 카드를 만듭니다.

② 장소 카드 예

공원
우리 가족이 산책이나 운동을 하러 가는 곳입니다.

슈퍼마켓
생활에 필요한 물건을 사고파는 곳입니다.

③ 장소 그림은 생각이나 느낌을 잘 전달할 수 있고 장소 사진은 장소의 모습을 실감나게 전달할 수 있습니다.

3. 고장의 모습을 그린 그림 비교하고 공유하기

비교하기	• 두 그림에 공통적으로 있는 건물이나 자연의 모습을 찾아 그 위치나 크기, 모양, 색깔 등을 비교함. • 두 그림 중 어느 한 그림에만 있는 건물이나 자연의 모습을 찾아봄.
공유하기	고장에 대한 서로 다른 생각과 느낌을 이해하고 존중해야 함.

❷ 하늘에서 내려다본 고장의 모습

1. 디지털 영상 지도

뜻	항공 사진이나 인공위성 사진을 지도 형식으로 바꾸고, 다양한 기기에서 이용할 수 있도록 디지털 정보로 표현한 지도
장점	• 우리 고장의 위치를 쉽게 알 수 있음. • 우리 고장의 모습을 생생하게 볼 수 있음. • 고장의 전체적인 모습과 자세한 모습을 비교해 볼 수 있음.
기능	위치 찾기 기능, 확대와 축소 기능, 이동 기능, 지도 변환 기능, 길 찾기 기능, 증강 현실 기능, 길이 재기 기능

2. 우리 고장의 주요 장소를 백지도에 나타내기

백지도	산, 강, 큰길 등의 밑그림만 그려져 있는 지도
장점	고장의 주요 장소를 백지도에 나타내면 고장의 모습을 한눈에 알아보기 쉬움.

3. 우리 고장의 자랑할 만한 장소 조사 및 소개하기

자랑할 만한 장소가 되기 위한 조건	역사적으로 중요한 곳, 우리 고장 사람들이 좋아하는 곳, 우리 고장에서 많은 사람들이 찾는 곳
자랑할 만한 장소를 조사하는 방법	고장의 누리집과 관광 누리집 찾아보기, 안내 책자 찾아보기, 어른들께 직접 여쭤보기
고장을 소개하는 방법	신문 광고 만들기, 장소 카드 만들기, 작은 책 만들기, 고장 안내도 만들기 등

2. 우리가 알아보는 고장 이야기

❶ 우리 고장의 옛이야기

1. 고장의 유래를 알 수 있는 옛이야기

용인시 '포은'	포은 정몽주의 묘가 용인에 자리 잡게 되었음.
용산구 '서빙고동'	고장에 얼음을 저장하는 창고가 있었음.

2. 옛이야기에 담겨 있는 고장의 모습

피맛골	백성들은 말을 탄 양반을 피하려고 큰길에서 점점 좁은 길로 돌아가기 시작했고, 피맛골이 만들어졌음.
안성맞춤	안성 지역에 품질 좋은 유기를 만드는 사람이 있었음.

3. 지명으로 알 수 있는 고장의 특징

자연환경을 알 수 있는 지명	• 두물머리 : 두 물줄기가 만나는 곳 • 얼음골 : 한여름에 가장 많이 얼음이 생기는 곳
생활 모습을 알 수 있는 지명	• 기와말 : 기와를 굽던 큰 가마터가 있었던 곳 • 말죽거리 : 말에게 죽을 끓여 먹이던 곳

4. 옛이야기 조사 방법과 소개 방법

① 조사 방법 : 고장의 문화원과 시·군·구청 누리집 검색하기, 옛이야기 관련 장소에 직접 방문하기, 고장의 어른께 여쭈어보기 등

② 소개 방법

▲ 자료 찾아 붙이기

▲ 역할놀이

▲ 안내 책자

❷ 우리 고장의 문화유산

1. 문화유산의 의미와 종류
① 의미 : 우리 조상 대대로 전해 내려온 문화 중에서 다음 세대에 물려줄 만한 가치가 있는 것
② 종류

유형 문화유산	• 경주 동궁과 월지 : 신라의 왕자가 머물던 곳 • 성덕 대왕 신종 : 신라에서 만든 범종
무형 문화유산	• 가야금 병창 : 직접 가야금을 연주하면서 민요나 판소리의 한 부분을 부르는 전통 예술 • 전통장 : 화살을 담는 긴 통을 만드는 기술이 있는 사람

2. 문화유산을 통해 알 수 있는 조상들의 생활 모습

향교	교육을 중요하게 생각했음.
첨성대	옛날에도 별을 관찰하고 기록했음.
누비	튼튼하고 따뜻한 옷과 이불을 만들어 입거나 덮었음.
탈춤	백성들의 생각을 이야기와 춤으로 표현했음.

3. 문화유산을 조사하는 방법

▲ 안내도 활용하기   ▲ 누리집 방문하기   ▲ 답사하기

4. 고장의 문화유산 답사하기

답사 과정	답사 목적 정하기 → 답사 장소와 날짜 정하기 → 조사할 내용 정하기 → 답사 방법과 준비물 정하기 → 답사하기 → 답사 결과 정리하기
장점	생생한 지식을 얻을 수 있고, 기억에 오래 남음.
주의할 점	• 함부로 사진을 찍지 않음. • 문화유산을 훼손하지 않음.

3. 교통과 통신 수단의 변화

❶ 교통수단의 발달과 생활 모습의 변화

1. 옛날과 오늘날의 교통수단

	옛날의 교통수단	오늘날의 교통수단
종류	가마, 말, 당나귀, 뗏목, 돛단배, 소달구지 등	승용차, 오토바이, 버스, 전철, 기차, 배, 잠수함, 쾌속선, 비행기 등
특징	• 힘이 많이 들고 시간이 오래 걸렸음. • 한 번에 많은 물건과 여러 사람을 실을 수 없었음. • 주로 사람이나 동물, 자연의 힘을 이용했음.	• 한 번에 많은 사람과 물건을 실어 나를 수 있음. • 교통수단이 다양해졌고, 기계의 힘을 이용함. • 먼 곳을 빠르고 편리하게 이동할 수 있음.

2. 고장의 환경에 따른 교통수단
① 산이 있는 지역

모노레일	철길을 따라 가파른 길을 오르내리는 교통수단
지프 택시	길이 가파르고 겨울에 눈이 많이 오는 지역에서 이용함.
케이블카	산이나 높은 곳을 쉽고 빠르게 오르내릴 때 이용함.

② 바다가 있는 지역

갯배	바다를 사이에 두고 떨어진 두 마을을 오갈 때 이용함.
카페리	사람과 함께 자동차를 배에 실어 섬이나 육지로 운반하기 위해 이용함.

3. 교통수단의 발달로 달라질 미래의 생활 모습

미래의 교통수단	전기 자동차, 자율 주행 자동차, 하늘을 나는 자동차, 태양광 자동차, 로봇형 이동 수단 등
미래의 생활 모습	• 먼 곳까지 더 빠르고 안전하게 갈 수 있음. • 환경 오염이 훨씬 줄어들 것임.

❷ 통신 수단의 발달과 생활 모습의 변화

1. 옛날의 통신 수단

평상시	• 서찰 : 사람을 시켜 편지를 보냈음. • 파발 : 사람을 보내서 소식을 전했음. • 방 : 많은 사람이 볼 수 있도록 글을 써서 붙였음.
전쟁 상황	• 봉수 : 연기를 피워서 알렸음. • 신호 연 : 연을 띄워서 작전이 바뀐 것을 알렸음. • 새 : 새를 이용해 편지를 전달했음. • 북 : 북을 크게 쳐서 알렸음.
특징	• 먼 곳에 있는 사람과 자주 연락을 주고받기 어려움. • 시간이 많이 걸리고 한 번에 많은 소식을 전하기 어려웠음.

2. 오늘날의 통신 수단
① 종류 : 휴대 전화, 텔레비전, 인터넷, 편지 등
② 통신 수단의 발달로 달라진 생활 모습

집	• 휴대 전화로 동영상을 볼 수 있음. • 가게에 직접 가지 않아도 물건을 살 수 있음.
회사	• 메신저로 일을 함. • 화상 회의로 먼 곳에 있는 사람과 회의를 할 수 있음.
학교	책에서 얻지 못하는 정보들을 컴퓨터로 볼 수 있음.

3. 장소나 하는 일에 따른 통신 수단

장소	• 물속 : 수신호를 사용해 의사소통을 함. • 아파트 : 인터폰을 사용해 빠르고 편리하게 연락함.
하는 일	• 경찰관 : 무전기를 가지고 출동할 곳을 알려 줌. • 택시 기사 : 휴대 전화로 손님의 부름 요청을 받음. • 할인점 직원 : 무선 마이크를 이용해 물건을 팖. • 선생님 : 컴퓨터 메신저로 공지 사항을 알림.

1. 환경에 따라 다른 삶의 모습

❶ 우리 고장의 환경과 생활 모습

1. 자연환경과 인문 환경

자연환경	땅의 생김새나 날씨 등 자연적으로 만들어진 환경 예 산, 하천, 눈, 비
인문 환경	인간이 자연을 토대로 만들어 낸 환경 예 논, 과수원, 도로, 항구

2. 땅의 생김새와 계절에 따른 사람들의 생활 모습
① 땅의 생김새에 따른 사람들의 생활 모습

산	공원이나 등산로를 만들어 이용함.
들	농사를 짓거나, 도로나 주택 등을 만듦.
하천	하천의 물을 생활용수와 공업용수로 이용하거나, 주변에 공원을 만들어 이용함.
바다	바다에서 물고기를 잡거나 염전에서 소금을 얻음.

② 계절에 따른 사람들의 생활 모습

봄	주변의 산이나 공원으로 꽃구경을 감.
여름	더위를 피해 해수욕을 즐김.
가을	논과 밭에서 곡식이나 열매를 수확함.
겨울	눈썰매장에서 신나게 썰매를 탐.

3. 우리 고장 사람들이 하는 일

바다가 있는 고장	• 물고기를 잡거나 김과 미역을 기르는 일을 함. • 식당이나 숙박 시설을 운영하는 일을 함.
넓은 들이 있는 고장	• 논과 밭이 있는 고장 : 곡식과 채소를 재배하거나 가축을 기르는 일을 함. • 도시 : 공장이나 회사에서 일하거나 물건이나 음식을 팔기도 함.
산이 많은 고장	• 목장에서 소를 키우기도 하고, 버섯을 재배함. • 산비탈에 스키장을 만들고 식당이나 숙박 시설을 운영함.

4. 여가 생활
① 자연환경을 이용하여 등산, 낚시, 물놀이 등을 합니다.
② 인문 환경을 이용하여 박물관 관람, 영화 감상 등을 합니다.

❷ 환경에 따른 의식주 생활 모습

1. 의식주

의	몸을 보호하기 위한 옷을 말함.
식	영양분을 얻기 위한 음식을 말함.
주	안전하고 편안하게 쉴 수 있는 집을 말함.

2. 의생활 모습
① 계절에 따른 의생활

여름	더위를 피하려고 바람이 잘 통하는 옷을 입음.
겨울	추위를 막기 위해 두꺼운 옷을 입음.

② 고장의 날씨에 따른 의생활

▲ 사우디아라비아

챙이 넓은 모자
긴 옷
▲ 베트남

동물의 털과 가죽으로 만든 옷
▲ 캐나다

모자
망토
▲ 페루

3. 식생활 모습 → 자연환경에 따라 사람들의 식생활 모습이 다릅니다.

간고등어	바다와 멀리 떨어져 있는 안동에서는 고등어에 소금을 뿌려서 상하지 않게 했음.
어리굴젓	서산 근처 바닷가에서는 굴이 잘 자라서 어리굴젓을 많이 담갔음.
평양냉면	날씨가 서늘하고 비가 많이 내리지 않는 평양에서는 메밀을 많이 재배하고, 메밀로 면발을 만듦.

4. 주생활 모습

터돋움집	여름철에 홍수로 집이 물에 잠길 위험이 있는 고장에서는 땅 위에 터를 돋우어 집을 지었음.
우데기집	울릉도에서는 겨울철에 눈이 많이 와도 집 안을 다닐 수 있도록 우데기를 만들었음.
너와집	나무를 쉽게 구할 수 있는 고장에서는 나뭇조각으로 지붕을 얹은 집을 지었음.

2. 시대마다 다른 삶의 모습

❶ 옛날과 오늘날의 생활 모습

1. 자연에서 얻은 도구를 사용하던 시대

• 돌과 나무 등을 생활 도구로 사용했음. • 주로 동굴이나 바위 그늘에서 살았음.	→	• 강가에 살면서 농사를 짓고 가축을 길렀음. • 토기를 만들고 돌, 뼈를 다듬은 도구를 사용했음.

2. 새로운 도구를 만들어 사용하던 시대

청동으로 만든 도구	청동은 귀하고 다루기 어려워서 무기나 장신구, 제사를 지내는 도구를 만들어 사용했음.
	→ 농사짓는 모습이 새겨져 있습니다. ▲ 농경문 청동기　　▲ 거친무늬 청동 거울
철로 만든 도구	• 철로 만든 농사 도구를 사용하면서 농업이 크게 발달했음. • 철로 만든 무기를 가진 사람들은 전쟁에서 쉽게 이길 수 있었음.

3. 도구의 발달 과정

땅을 가는 도구	돌괭이 ➡ 철로 만든 괭이 ➡ 쟁기 ➡ 트랙터
곡식을 수확하는 도구	반달 돌칼 ➡ 철로 만든 낫 ➡ 탈곡기 ➡ 수확기(콤바인)
음식을 만드는 도구	토기 ➡ 시루 ➡ 가마솥 ➡ 전기밥솥
옷을 만드는 도구	가락바퀴 ➡ 베틀 ➡ 재봉틀, 방직기

4. 집의 변화 → 시간이 흐르면서 집은 넓어지고 더 튼튼해졌습니다.

동굴이나 바위 그늘 ➡ 움집 ➡ 귀틀집 ➡ 초가집, 기와집 ➡ 아파트

❷ 옛날과 오늘날의 세시 풍속

1. 세시 풍속 : 해마다 일정한 시기에 되풀이하여 행해 온 고유의 풍속을 말합니다.

2. 옛날의 세시 풍속

정월 대보름	쥐불놀이, 달집태우기, 오곡밥 먹기, 부럼 깨물기 등을 했음.
한식	불을 사용하지 않은 찬 음식을 먹었음.
단오	그네뛰기, 씨름, 창포물에 머리 감기 등을 했음.
삼복	닭백숙이나 육개장을 먹으며 더위를 이겨 냈음.
추석	• 수확에 감사하며 차례를 지내고 성묘를 했음. • 줄다리기와 강강술래를 했음.
중양절	국화로 만든 술과 떡을 먹었음.
동지	나쁜 기운을 쫓는 의미로 팥죽을 먹었음.

3. 옛날과 오늘날의 세시 풍속

옛날	농사와 관련된 세시 풍속이 계절에 따라 다양했음.
오늘날	농사와 관련된 풍속이 많이 사라졌고, 큰 명절을 중심으로 한 세시 풍속만 이어져 내려옴.

3. 가족의 형태와 역할 변화

❶ 가족의 구성과 역할 변화

1. 옛날과 오늘날의 결혼식 모습

구분	옛날의 결혼식	오늘날의 결혼식
결혼식 장소	신부의 집	결혼식장
입는 옷	한복	턱시도, 웨딩드레스
주고받는 물건	나무 기러기	결혼반지
폐백 장소	신랑의 집	결혼식장의 폐백실
공통점	신랑과 신부의 행복한 미래를 축복해 주는 모습	

2. 옛날과 오늘날 가족의 형태 변화

옛날	• 형태 : 부모와 결혼한 자녀가 함께 사는 확대 가족이 많았음. • 원인 : 농사를 지어 일손이 많이 필요했기 때문에 확대 가족이 많았음.
오늘날	• 형태 : 부모와 결혼하지 않은 자녀가 함께 사는 핵가족이 많음. • 원인 : 도시로 일자리를 찾아 가족들이 흩어지면서 핵가족이 많아졌음. → 산업이 발달하면서 도시에 다양한 일자리가 생겼습니다.

3. 가족 구성원의 역할 변화

① 옛날과 달리 오늘날에는 교육 받을 기회가 늘어나면서 여성의 사회 진출이 활발해졌습니다.

② 남녀가 평등하다는 의식이 높아지면서 남녀의 역할 구분이 없어졌습니다.

❷ 다양한 가족이 살아가는 모습

1. 다양한 가족의 형태

▲ 다양한 국적과 문화를 가진 가족　▲ 할아버지, 할머니와 손자가 함께 사는 가족　▲ 자녀를 입양하여 만들어진 가족

▲ 부모님이 재혼하여 만들어진 가족　▲ 어머니 없이 아버지와 자녀가 사는 가족　▲ 반려동물과 함께 사는 가족

2. 다양한 가족의 생활 모습과 가져야 할 태도

① 가족마다 형태나 구성원이 다르기 때문에 살아가는 모습도 다양합니다.

② 각 가족의 다른 모습을 잘못되었다고 생각하지 않고 다름을 존중해야 합니다.

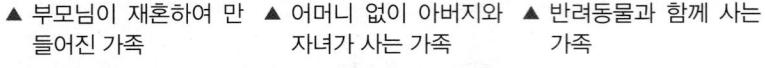

개념 정리
동영상 제공

1 덧셈과 뺄셈

1. 받아올림이 없는 세 자리 수의 덧셈
예) 316＋223의 계산

$$\begin{array}{r} 3\ 1\ 6 \\ +\ 2\ 2\ 3 \\ \hline 9 \end{array} \Rightarrow \begin{array}{r} 3\ 1\ 6 \\ +\ 2\ 2\ 3 \\ \hline 3\ 9 \end{array} \Rightarrow \begin{array}{r} 3\ 1\ 6 \\ +\ 2\ 2\ 3 \\ \hline 5\ 3\ 9 \end{array}$$

2. 받아올림이 한 번 있는 세 자리 수의 덧셈
예) 154＋293의 계산

$$\begin{array}{r} 1\ 5\ 4 \\ +\ 2\ 9\ 3 \\ \hline 7 \end{array} \Rightarrow \begin{array}{r} \overset{1}{1}\ 5\ 4 \\ +\ 2\ 9\ 3 \\ \hline 4\ 7 \end{array} \Rightarrow \begin{array}{r} \overset{1}{1}\ 5\ 4 \\ +\ 2\ 9\ 3 \\ \hline 4\ 4\ 7 \end{array}$$

4＋3＝7   5＋9＝14   1＋1＋2＝4

3. 받아올림이 세 번 있는 세 자리 수의 덧셈
예) 786＋459의 계산

$$\begin{array}{r} 7\ 8\ 6 \\ +\ 4\ 5\ 9 \\ \hline 5 \end{array} \Rightarrow \begin{array}{r} \overset{1}{7}\ \overset{1}{8}\ 6 \\ +\ 4\ 5\ 9 \\ \hline 4\ 5 \end{array} \Rightarrow \begin{array}{r} \overset{1}{7}\ \overset{1}{8}\ 6 \\ +\ 4\ 5\ 9 \\ \hline 1\ 2\ 4\ 5 \end{array}$$

6＋9＝15   1＋8＋5＝14   1＋7＋4＝12

4. 받아내림이 없는 세 자리 수의 뺄셈
예) 564－213의 계산

$$\begin{array}{r} 5\ 6\ 4 \\ -\ 2\ 1\ 3 \\ \hline 1 \end{array} \Rightarrow \begin{array}{r} 5\ 6\ 4 \\ -\ 2\ 1\ 3 \\ \hline 5\ 1 \end{array} \Rightarrow \begin{array}{r} 5\ 6\ 4 \\ -\ 2\ 1\ 3 \\ \hline 3\ 5\ 1 \end{array}$$

5. 받아내림이 한 번 있는 뺄셈
예) 684－357의 계산

$$\begin{array}{r} 6\ \overset{7}{8}\ \overset{10}{4} \\ -\ 3\ 5\ 7 \\ \hline 7 \end{array} \Rightarrow \begin{array}{r} 6\ \overset{7}{8}\ \overset{10}{4} \\ -\ 3\ 5\ 7 \\ \hline 2\ 7 \end{array} \Rightarrow \begin{array}{r} 6\ \overset{7}{8}\ \overset{10}{4} \\ -\ 3\ 5\ 7 \\ \hline 3\ 2\ 7 \end{array}$$

10＋4－7＝7   8－1－5＝2   6－3＝3

6. 받아내림이 두 번 있는 뺄셈
예) 325－176의 계산

$$\begin{array}{r} 3\ \overset{1}{2}\ \overset{10}{5} \\ -\ 1\ 7\ 6 \\ \hline 9 \end{array} \Rightarrow \begin{array}{r} \overset{2}{3}\ \overset{11}{2}\ \overset{10}{5} \\ -\ 1\ 7\ 6 \\ \hline 4\ 9 \end{array} \Rightarrow \begin{array}{r} \overset{2}{3}\ \overset{11}{2}\ \overset{10}{5} \\ -\ 1\ 7\ 6 \\ \hline 1\ 4\ 9 \end{array}$$

10＋5－6＝9   10＋1－7＝4   3－1－1＝1

2 평면도형

1. 선의 종류
① 선분: 두 점을 곧게 이은 선

점 ㄱ과 점 ㄴ을 이은 선분을 **선분 ㄱㄴ** 또는 **선분 ㄴㄱ** 이라고 합니다.

② 반직선: 한 점에서 시작하여 한쪽으로 끝없이 늘인 곧은 선

반직선 ㄱㄴ   반직선 ㄴㄱ

③ 직선: 선분을 양쪽으로 끝없이 늘인 곧은 선

점 ㄱ과 점 ㄴ을 지나는 직선을 **직선 ㄱㄴ** 또는 **직선 ㄴㄱ**이라고 합니다.

2. 각 알아보기
각: 한 점에서 그은 두 반직선으로 이루어진 도형

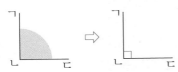
변
꼭짓점 변
⇨ **각 ㄱㄴㄷ** 또는 **각 ㄷㄴㄱ**
꼭짓점이 가운데 오도록 읽기

점 ㄴ ⇨ 각의 **꼭짓점**
반직선 ㄴㄱ과 반직선 ㄴㄷ ⇨ 각의 **변**
⇨ **변 ㄴㄱ, 변 ㄴㄷ**

3. 직각 알아보기
직각: 그림과 같이 종이를 반듯하게 두 번 접었을 때 생기는 각

직각 ㄱㄴㄷ을 나타낼 때에는 꼭짓점 ㄴ에 ⌐ 표시를 합니다.

4. 직각삼각형, 직사각형, 정사각형
① **직각삼각형**: 한 각이 직각인 삼각형
② **직사각형**: 네 각이 모두 직각인 사각형
③ **정사각형**: 네 각이 모두 직각이고 네 변의 길이가 모두 같은 사각형

직각삼각형   직사각형   정사각형

3 나눗셈

1. 똑같이 나누기 (1)
예 바둑돌 6개를 접시 2개에 똑같이 나누기

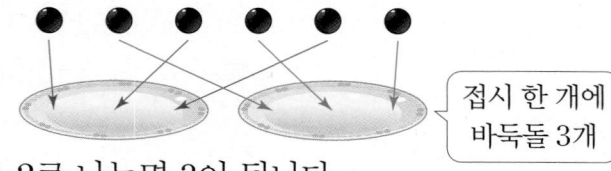

접시 한 개에 바둑돌 3개

6을 2로 나누면 3이 됩니다.

$$6 \div 2 = 3$$

$6 \div 2 = 3$과 같은 식을 **나눗셈식**이라 하고 **6 나누기 2는 3과 같습니다**라고 읽습니다.
이때 3은 6을 2로 나눈 **몫**, 6은 **나누어지는 수**, 2는 나누는 수라고 합니다.

2. 똑같이 나누기 (2)
6에서 2씩 3번 빼면 0이 됩니다. 이것을 나눗셈식으로 나타내면 $6 \div 2 = 3$입니다.
$$6 - 2 - 2 - 2 = 0 \Rightarrow 6 \div 2 = 3$$
3번

3. 곱셈과 나눗셈의 관계
① 곱셈식을 나눗셈식으로 나타내기
$$3 \times 5 = 15 < \begin{matrix} 15 \div 3 = 5 \\ 15 \div 5 = 3 \end{matrix}$$
② 나눗셈식을 곱셈식으로 나타내기
$$63 \div 7 = 9 < \begin{matrix} 7 \times 9 = 63 \\ 9 \times 7 = 63 \end{matrix}$$

4. 나눗셈의 몫을 곱셈식으로 구하기
$6 \div 2 = \square$의 몫 $\square$는 $2 \times 3 = 6$을 이용해 구할 수 있습니다.

$$\begin{matrix} 2 \times 3 = 6 \\ 6 \div 2 = \square \end{matrix}$$

5. 나눗셈의 몫을 곱셈구구로 구하기
예 $6 \div 2$의 몫 구하기

방법 1 나눗셈의 몫을 곱셈표를 이용하여 구하기

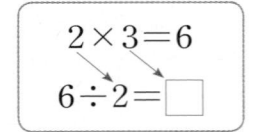

×	1	2	3
1	1	2	3
2	2	4	6
3	3	6	9

$2 \times 3 = 6 \Rightarrow 6 \div 2 = 3$

방법 2 나눗셈의 몫을 곱셈구구로 구하기
$$6 \div 2 = 3$$
2의 단 곱셈구구에서 $2 \times 3 = 6$입니다.
몫

4 곱셈

1. (몇십)×(몇)

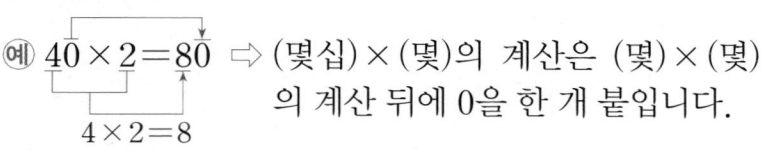

예 $40 \times 2 = 80$ ⇨ (몇십)×(몇)의 계산은 (몇)×(몇)의 계산 뒤에 0을 한 개 붙입니다.
$4 \times 2 = 8$

2. 올림이 없는 (몇십몇)×(몇)
예 12×2의 계산

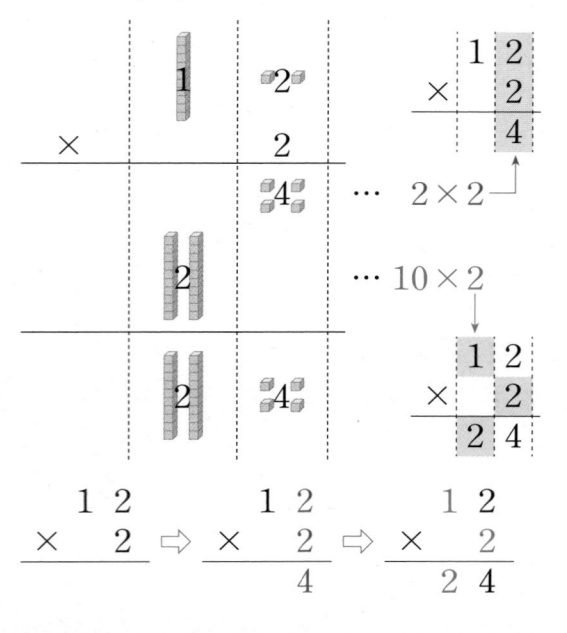

$\cdots 2 \times 2$

$\cdots 10 \times 2$

$$\begin{array}{r} 1\,2 \\ \times\ \ \ 2 \\ \hline \end{array} \Rightarrow \begin{array}{r} 1\,2 \\ \times\ \ \ 2 \\ \hline 4 \end{array} \Rightarrow \begin{array}{r} 1\,2 \\ \times\ \ \ 2 \\ \hline 2\,4 \end{array}$$

3. 십의 자리에서 올림이 있는 (몇십몇)×(몇)
예 42×3의 계산

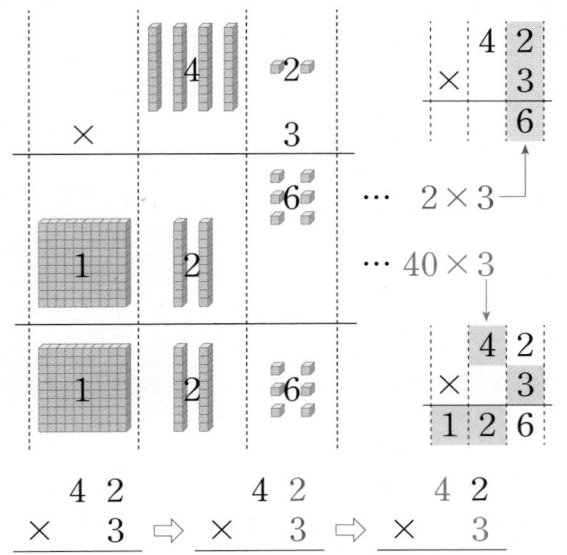

$\cdots 2 \times 3$

$\cdots 40 \times 3$

$$\begin{array}{r} 4\,2 \\ \times\ \ \ 3 \\ \hline \end{array} \Rightarrow \begin{array}{r} 4\,2 \\ \times\ \ \ 3 \\ \hline 6 \end{array} \Rightarrow \begin{array}{r} 4\,2 \\ \times\ \ \ 3 \\ \hline 1\,2\,6 \end{array}$$

4. 일의 자리에서 올림이 있는 (몇십몇)×(몇)
예 19×5의 계산

$$\begin{array}{r} 1\,9 \\ \times\ \ \ 5 \\ \hline \end{array} \Rightarrow \begin{array}{r} 4 \\ 1\,9 \\ \times\ \ \ 5 \\ \hline 5 \end{array} \Rightarrow \begin{array}{r} 4 \\ 1\,9 \\ \times\ \ \ 5 \\ \hline 9\,5 \end{array}$$

5. 십의 자리와 일의 자리에서 올림이 있는 (몇십몇)×(몇)
예 54×3의 계산

$$\begin{array}{r} 5\,4 \\ \times\ \ \ 3 \\ \hline \end{array} \Rightarrow \begin{array}{r} 1 \\ 5\,4 \\ \times\ \ \ 3 \\ \hline 2 \end{array} \Rightarrow \begin{array}{r} 1 \\ 5\,4 \\ \times\ \ \ 3 \\ \hline 1\,6\,2 \end{array}$$

5 길이와 시간

1. 1 cm보다 작은 단위

① **1 mm**: 1 cm(☐)를 10칸으로 똑같이 나누었을 때(▦) 작은 눈금 한 칸의 길이(•)

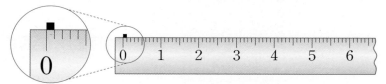

<u>쓰기</u> **1 mm**   <u>읽기</u> 1 밀리미터

$$1\ cm = 10\ mm$$

② 몇 cm 몇 mm
  ㉠ 12 cm보다 4 mm 더 긴 것
    <u>쓰기</u> 12 cm 4 mm
    <u>읽기</u> 12 센티미터 4 밀리미터

$$12\ cm\ 4\ mm = 124\ mm$$

2. 1 m보다 큰 단위

① **1 km**: 1000 m의 길이

<u>쓰기</u> **1 km**   <u>읽기</u> 1 킬로미터

$$1000\ m = 1\ km$$

② 몇 km 몇 m
  ㉠ 3 km보다 500 m 더 긴 것
    <u>쓰기</u> 3 km 500 m
    <u>읽기</u> 3 킬로미터 500 미터

$$3\ km\ 500\ m = 3500\ m$$

3. 1분보다 작은 단위

① **1초** : 초바늘이 작은 눈금 한 칸을 가는 동안 걸리는 시간
② 초바늘이 시계를 한 바퀴 도는 데 걸리는 시간은 **60초**입니다.

4. 시간의 덧셈

㉠
```
    2시   40분  30초
 + 1시간   8분  20초
 ─────────────────
    3시   48분  50초
```

```
    2시   30분      50초
 +              10초
 ─────────────────
    2시   30분      60초
 +         +1분←─60초
 ─────────────────
    2시   31분
```

5. 시간의 뺄셈

㉠
```
    5시   38분  45초
 - 4시간  25분  12초
 ─────────────────
    1시   13분  33초
```

```
       4    60
    5시   20분
 -        30분
 ─────────────────
    4시   50분
```

6 분수와 소수

1. 똑같이 나누기

㉠ 똑같이 넷으로 나누기

⇨ 나누어진 조각의 크기와 모양이 똑같습니다.

2. 분수 알아보기

 전체를 똑같이 3으로 나눈 것 중의 2를 $\frac{2}{3}$라 쓰고 3분의 2라고 읽습니다.

$\frac{2}{3}$와 같은 수를 **분수**라고 합니다.

$$\frac{2 \leftarrow 분자}{3 \leftarrow 분모}$$

3. 분모가 같은 분수의 크기 비교하기

분모가 같은 분수는 분자가 클수록 더 큰 분수입니다.

㉠ $\frac{3}{4} > \frac{2}{4}$

4. 단위분수의 크기 비교하기

① **단위분수**: 분수 중에서 $\frac{1}{2}$, $\frac{1}{3}$, $\frac{1}{4}$, $\frac{1}{5}$ ……과 같이 분자가 1인 분수
② 단위분수의 크기 비교하기
  단위분수는 분모가 작을수록 더 큰 분수입니다.

㉠ $\frac{1}{6} > \frac{1}{8}$

5. 소수 알아보기 ⑴

① $\frac{1}{10}$, $\frac{2}{10}$, $\frac{3}{10}$ …… $\frac{9}{10}$
  <u>쓰기</u> 0.1, 0.2, 0.3 …… 0.9
  <u>읽기</u> 영 점 일, 영 점 이, 영 점 삼 …… 영 점 구
② **소수**: 0.1, 0.2, 0.3과 같은 수
  이때, '.'을 **소수점**이라고 합니다.

6. 소수 알아보기 ⑵

㉠ 9와 0.3만큼을 9.3이라 쓰고 **구 점 삼**이라고 읽습니다.

7. 소수의 크기 비교하기

① 자연수 부분의 크기가 클수록 더 큽니다.
  ㉠ 4.9 < 5.2
② 자연수 부분의 크기가 같은 경우 소수 부분의 크기가 클수록 더 큽니다.
  ㉠ 3.7 > 3.4

① 곱셈

1. (세 자리 수)×(한 자리 수) – 올림이 없는

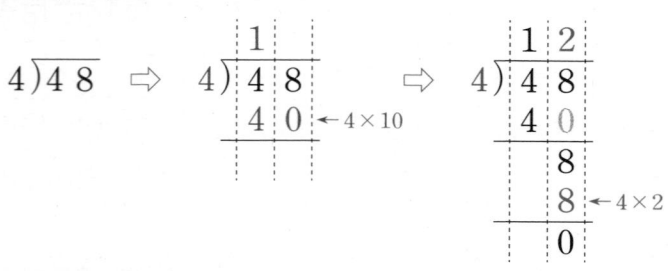

2. (세 자리 수)×(한 자리 수) – 일의 자리에서 올림이 있는

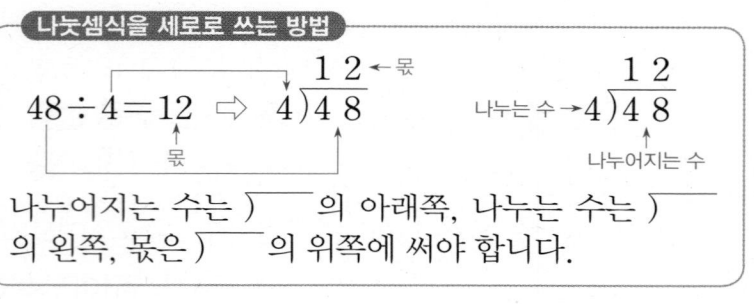

$7×4=28$
└→ 십의 자리로 올림.

주의 일의 자리 계산에서 올림한 수를 빠뜨리지 않고 십의 자리 계산에 더합니다.

3. (세 자리 수)×(한 자리 수) – 십, 백의 자리에서 올림이 있는

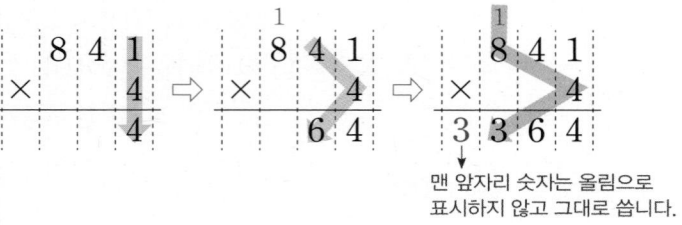

맨 앞자리 숫자는 올림으로 표시하지 않고 그대로 씁니다.

4. (몇십몇)×(몇십)

예 $13×20$의 계산

방법 1 13에 10을 먼저 곱한 후 2를 곱하기
⇨ $13×20=13×10×2=260$

방법 2 13에 2를 먼저 곱한 후 10을 곱하기
⇨ $13×20=13×2×10=260$

5. (몇)×(몇십몇)

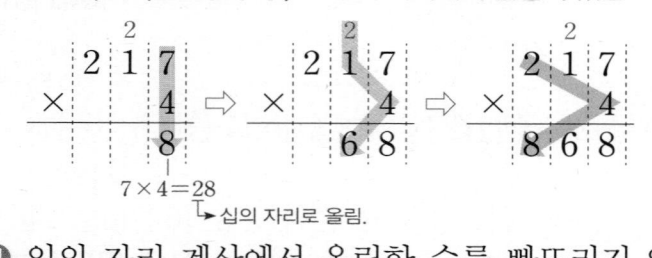

곱해지는 수 8의 위치에 주의해서 써야 해.

6. (몇십몇)×(몇십몇)

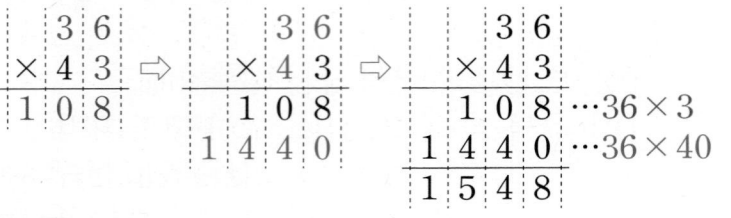

···$36×3$
···$36×40$

곱해지는 수와 곱하는 수의 일의 자리, 십의 자리 수를 차례로 곱하여 더합니다.

② 나눗셈

1. (몇십몇)÷(몇) – 나머지가 없는

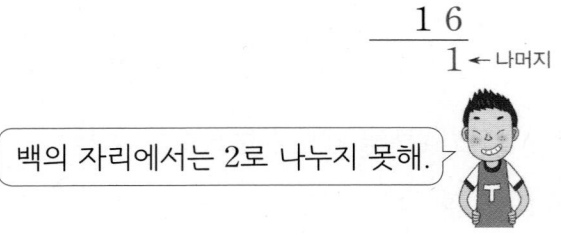

나눗셈식을 세로로 쓰는 방법

$48÷4=12$ ⇨ 몫, 나누는 수, 나누어지는 수

나누어지는 수는)‾‾의 아래쪽, 나누는 수는)‾‾의 왼쪽, 몫은)‾‾의 위쪽에 써야 합니다.

2. (몇십몇)÷(몇) – 나머지가 있는

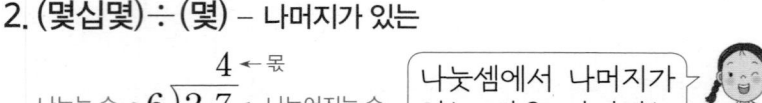

나눗셈에서 나머지가 있는 경우 나머지는 나누는 수보다 작아.

27을 6으로 나누면 몫은 4이고 3이 남습니다. 이때 3을 $27÷6$의 나머지라고 합니다.
$$27÷6=4 \cdots 3$$
나머지가 없으면 나머지가 0이라고 말할 수 있습니다. 나머지가 0일 때, 나누어떨어진다고 합니다.

3. (세 자리 수)÷(한 자리 수)

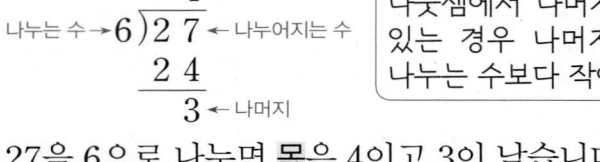

백의 자리에서는 2로 나누지 못해.

4. 계산이 맞는지 확인하기

$$57÷2=28 \cdots 1$$
확인 $2×28=56, 56+1=57$

나누는 수와 몫의 곱에 나머지를 더하면 나누어지는 수가 되어야 합니다.

③ 원

1. 원의 중심, 반지름, 지름 알아보기
① 원의 중심: 원을 그릴 때 누름 못이 꽂혔던 점
② 원의 반지름: 원의 중심과 원 위의 한 점을 이은 선분
③ 원의 지름: 원의 중심을 지나도록 원 위의 두 점을 이은 선분

2. 한 원에 있는 원의 반지름과 지름 알아보기
① 한 원에는 반지름과 지름을 무수히 많이 그을 수 있습니다.
② 한 원에서 원의 반지름의 길이는 모두 같습니다.
③ 한 원에서 원의 지름의 길이는 모두 같습니다.

3. 원의 성질
① 원의 지름은 원을 똑같이 둘로 나눕니다.
② 원의 지름은 원 안에 그을 수 있는 가장 긴 선분입니다.
③ 지름의 길이는 반지름의 길이의 2배입니다.

$$(원의 지름) = (원의 반지름) \times 2$$

4. 컴퍼스를 이용하여 반지름이 3 cm인 원 그리기

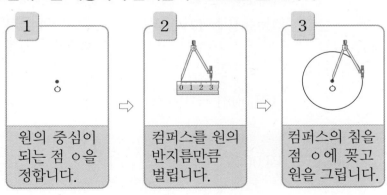

1	2	3
원의 중심이 되는 점 ○을 정합니다.	컴퍼스를 원의 반지름만큼 벌립니다.	컴퍼스의 침을 점 ○에 꽂고 원을 그립니다.

5. 규칙에 따라 원을 그린 방법 설명하기

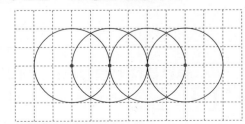

원의 반지름이 변하지 않고 처음 원의 중심을 지나는 선분 위에 그리려는 원의 반지름만큼 떨어지도록 원의 중심을 정해 그려 나갔습니다.

④ 분수

1. 분수로 나타내기

9를 3씩 묶으면 3묶음이 됩니다.

3은 3묶음 중 1묶음이므로 9의 $\frac{1}{3}$이고,
$\llcorner_{\to 3}$

6은 3묶음 중 2묶음이므로 9의 $\frac{2}{3}$입니다.
$\llcorner_{\to 6}$

2. 분수만큼은 얼마인지 알아보기

· 6의 $\frac{1}{3}$은 2입니다.   · 6의 $\frac{2}{3}$는 4입니다.
$\llcorner$3묶음 중 1묶음 $\llcorner$3묶음 중 2묶음

3. 진분수, 가분수, 자연수 알아보기
① 진분수: 분자가 분모보다 작은 분수
② 가분수: 분자가 분모와 같거나 분모보다 큰 분수
③ 자연수: 1, 2, 3과 같은 수

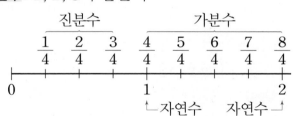

4. 대분수 알아보기
① 대분수: 자연수와 진분수로 이루어진 분수
② 대분수를 가분수로 나타내기
단위분수가 몇 개인지 세어 가분수로 나타냅니다.
예 $1\frac{3}{4}$ ⇨ 1과 $\frac{3}{4}$ ⇨ $\frac{4}{4}$와 $\frac{3}{4}$ ⇨ $\frac{1}{4}$이 7개 ⇨ $\frac{7}{4}$
③ 가분수를 대분수로 나타내기
가분수에서 자연수로 표현되는 가분수를 자연수로 나타냅니다.
예 $\frac{7}{5}$ ⇨ $\frac{5}{5}$와 $\frac{2}{5}$ ⇨ 1과 $\frac{2}{5}$ ⇨ $1\frac{2}{5}$

5. 분모가 같은 분수의 크기 비교하기
예 $2\frac{2}{3}$와 $\frac{10}{3}$의 크기 비교하기

방법 1 대분수를 가분수로 나타내어 크기 비교하기
$2\frac{2}{3} = \frac{8}{3}$이므로 $2\frac{2}{3}\left(=\frac{8}{3}\right) < \frac{10}{3}$입니다.

방법 2 가분수를 대분수로 나타내어 크기 비교하기
$\frac{10}{3} = 3\frac{1}{3}$이므로 $2\frac{2}{3} < \frac{10}{3}\left(=3\frac{1}{3}\right)$입니다.

5 들이와 무게

1. 들이의 단위: 리터, 밀리리터 등

1 리터는 $1\,L$, 1 밀리리터는 $1\,mL$라고 씁니다.

1 리터는 1000 밀리리터와 같습니다.

$$1\,L = 1000\,mL$$

2. 들이를 나타내기

1 L보다 200 mL 더 많은 들이를 1 L 200 mL라 쓰고 1 리터 200 밀리리터라고 읽습니다.

1 L는 1000 mL와 같으므로 1 L 200 mL는 1200 mL입니다.

$$1\,L\ 200\,mL = 1200\,mL$$

3. 들이의 덧셈과 뺄셈

L는 L끼리, mL는 mL끼리 계산합니다.

$$\begin{array}{r} 2\,L\ \ 500\,mL \\ +\ 3\,L\ \ 300\,mL \\ \hline 5\,L\ \ 800\,mL \end{array} \qquad \begin{array}{r} 6\,L\ \ 700\,mL \\ -\ 3\,L\ \ 200\,mL \\ \hline 3\,L\ \ 500\,mL \end{array}$$

4. 무게의 단위: 킬로그램, 그램 등

1 킬로그램은 $1\,kg$, 1 그램은 $1\,g$이라고 씁니다.

1 킬로그램은 1000 그램과 같습니다.

$$1\,kg = 1000\,g$$

5. 무게를 나타내기

1 kg보다 500 g 더 무거운 무게를 1 kg 500 g이라 쓰고 1 킬로그램 500 그램이라고 읽습니다.

1 kg은 1000 g과 같으므로 1 kg 500 g은 1500 g입니다.

$$1\,kg\ 500\,g = 1500\,g$$

6. t 알아보기

1000 kg의 무게를 $1\,t$이라 쓰고 1 톤이라고 읽습니다.

1 톤은 1000 킬로그램과 같습니다.

$$1\,t = 1000\,kg$$

7. 무게의 덧셈과 뺄셈

kg은 kg끼리, g은 g끼리 계산합니다.

$$\begin{array}{r} 5\,kg\ \ 600\,g \\ +\ 4\,kg\ \ 300\,g \\ \hline 9\,kg\ \ 900\,g \end{array} \qquad \begin{array}{r} 5\,kg\ \ 300\,g \\ -\ 1\,kg\ \ 200\,g \\ \hline 4\,kg\ \ 100\,g \end{array}$$

6 자료의 정리

1. 표를 보고 내용 알아보기

좋아하는 운동별 학생 수

운동	축구	수영	농구	피구	합계
학생 수(명)	8	6	5	7	26

① 가장 많은 학생이 좋아하는 운동은 축구입니다.

② 좋아하는 운동별 학생 수가 많은 운동부터 순서대로 쓰면 축구, 피구, 수영, 농구입니다.

2. 위 1의 표를 다른 방법으로 나타내기

좋아하는 운동별 학생 수

운동	축구	수영	농구	피구	합계
여학생 수(명)	1	4	2	6	13
남학생 수(명)	7	2	3	1	13

① 가장 많은 여학생이 좋아하는 운동은 피구입니다.

② 가장 많은 남학생이 좋아하는 운동은 축구입니다.

> 표를 어떻게 나타내느냐에 따라 가장 많은 학생이 좋아하는 운동이 달라져.

3. 자료를 수집하여 표로 나타내기

조사할 내용 정하기 ⇨ 자료 수집 방법 정하기 ⇨ 조사한 결과를 표로 정리하기

〈표로 나타낼 때 유의할 점〉

① 조사 내용에 알맞은 제목을 정하기

② 조사 항목의 수에 맞게 칸 나누기

③ 조사 내용에 맞게 빈칸 채우기

④ 합계가 맞는지 확인하기

4. 그림그래프 알아보기

그림그래프: 알려고 하는 수(조사한 수)를 그림으로 나타낸 그래프

과수원별 사과 생산량

과수원	생산량
가	🍎🍎🍎🍎🍎
나	🍎🍎🍎🍎
다	🍎🍎🍎🍎🍎

🍎 100상자
🍎 10상자

〈그림그래프를 보고 알게 된 점〉

① 생산량이 가장 많은 과수원은 나 과수원입니다.

② 생산량이 가장 적은 과수원은 가 과수원입니다.

1 과학자는 어떻게 탐구할까요?

1. 과학적인 관찰 방법

관찰	탐구하고자 하는 대상의 특징을 자세히 살펴보는 것
특징	눈, 코, 입, 귀, 피부의 다섯 가지 감각 기관과 돋보기, 현미경, 청진기 등의 도구를 사용할 수 있음.

2. 과학적인 측정 방법

측정	탐구하고자 하는 대상의 길이, 무게, 시간, 온도 등을 재는 것
특징	• 대상을 측정하기에 알맞은 도구를 선택하고 올바른 방법으로 측정함. • 여러 번 반복하여 측정해야 정확한 결과를 얻을 수 있음.

3. 과학적인 예상 방법

예상	앞으로 일어날 수 있는 일을 생각하는 것
특징	이미 관찰하거나 경험하여 알고 있는 것에서 규칙을 찾아내면 더 쉽게 예상할 수 있음.

4. 과학적인 분류 방법

분류	탐구 대상의 공통점과 차이점을 바탕으로 무리 짓는 것
특징	• 분류 대상의 공통점과 차이점 중에서 한 가지를 선택하여 분류 기준을 세움. • 누가 분류하더라도 같은 분류 결과가 나올 수 있는 분류 기준을 세움.

5. 과학적인 추리 방법

추리	관찰 결과, 경험, 이미 알고 있는 것 등을 바탕으로 하여 탐구 대상의 보이지 않는 현재 상태를 생각하는 것
특징	탐구 대상을 주의깊게 관찰하여 대상에 대한 정보를 많이 얻을수록 더 과학적인 추리를 할 수 있음.

6. 과학적인 의사소통 방법

의사소통	다른 사람과 생각이나 정보를 주고받는 것
특징	표, 그림, 몸짓 등의 다양한 방법을 사용하면 내용을 더 정확하게 전달할 수 있음.

2 물질의 성질

1. 물질 : 물체를 만드는 재료 예 금속, 플라스틱, 나무, 고무 등

2. 물질의 성질

금속	광택이 있음. / 딱딱함. / 단단함. / 무거움.
플라스틱	광택이 있음. / 딱딱하고 부드러움. / 금속보다 가벼움. / 다양한 모양의 물체를 쉽게 만들 수 있음.
나무	금속보다 가벼움. / 고유한 향과 무늬가 있음.
고무	쉽게 구부러짐. / 늘어났다가 다시 돌아옴. / 잘 미끄러지지 않음. / 물에 젖지 않음.

3. 물질의 성질이 우리 생활에 이용되는 예

책상	• 상판 : 나무로 만들어 가볍고 단단함. • 몸체 : 금속으로 만들어 잘 부러지지 않고 튼튼함. • 받침 : 플라스틱으로 만들어 바닥이 긁히는 것을 줄여 줌.
쓰레받기	• 몸체 : 플라스틱으로 만들어 가볍고 단단함. • 입구 : 고무로 만들어 바닥에 잘 달라붙어 작은 먼지도 쓸어 담기 좋음.

4. 종류가 같은 물체를 서로 다른 물질로 만드는 까닭

① 종류가 같은 물체라도 그 물체를 이루고 있는 물질의 성질에 따라 물체의 기능이 다르고, 서로 다른 좋은 점이 있습니다.
② 물체의 기능을 고려하여 상황에 알맞은 것을 골라 사용합니다.
  예 여러 가지 컵, 여러 가지 장갑 등

5. 서로 다른 물질을 섞었을 때 물질의 성질 변화(예 탱탱볼 만들기)

실험 방법	1 따뜻한 물에 붕사를 두 숟가락 넣고 젓기	2 1에 폴리비닐 알코올을 다섯 숟가락 넣고 저은 뒤 3분 정도 기다리기	3 엉긴 물질을 꺼내 주무르면서 공 모양을 만들기
실험 결과	물이 뿌옇게 흐려짐.	서로 엉기고 알갱이가 점점 커짐.	알갱이가 투명하고, 말랑말랑함.
정리	섞기 전에 각 물질이 가지고 있던 색깔, 손으로 만졌을 때의 느낌 등의 성질이 변하기도 함.		

3 동물의 한살이

1. 동물의 암수의 생김새와 역할

① 동물의 암수 생김새 비교
  • 암수가 쉽게 구별되는 동물 : 사자, 원앙 등

사자	수컷은 머리에 갈기가 있음.
원앙	• 암컷 : 몸 색깔이 갈색이고 수수함. • 수컷 : 몸 색깔이 화려함.

  • 암수가 쉽게 구별되지 않는 동물 : 붕어, 참새, 돼지 등
② 알이나 새끼를 돌볼 때 암수가 하는 역할
  • 암수가 함께 알이나 새끼를 돌보는 동물 : 제비, 두루미, 찌르레기, 황제펭귄 등
  • 암컷 혼자서 새끼를 돌보는 동물 : 곰, 소, 바다코끼리 등
  • 수컷 혼자서 알을 돌보는 동물 : 가시고기, 물장군 등
  • 알을 낳고 돌보지 않는 동물 : 거북, 자라, 노린재 등

2. 동물의 한살이 : 동물이 태어나서 성장하여 자손을 남기는 과정을 말합니다.

3. 배추흰나비의 한살이

알	• 생김새 : 연한 노란색임. / 길쭉한 옥수수 모양임. • 특징 : 움직이지 않음. / 자라지 않음.
↓ 애벌레	• 생김새 : 초록색임. / 몸에 털이 나 있고 긴 원통 모양임. • 특징 : 기어서 움직임. / 허물을 벗으며 점점 자람.
↓ 번데기	• 생김새 : 주변의 색깔과 비슷함. / 마디가 있고 가운데가 볼록하며 양쪽 끝은 뾰족함. • 특징 : 움직이지 않음. / 자라지 않음.
↓ 어른벌레	• 생김새 : 몸은 머리, 가슴, 배 세 부분으로 구분됨. / 날개 두 쌍과 다리 세 쌍이 있음. • 특징 : 날개로 날아다님.

4. 완전 탈바꿈과 불완전 탈바꿈

구분	완전 탈바꿈	불완전 탈바꿈
뜻	곤충의 한살이에서 번데기 단계를 거치는 것	곤충의 한살이에서 번데기 단계를 거치지 않는 것
한살이 과정	알 → 애벌레 → 번데기 → 어른벌레	알 → 애벌레 → 어른벌레
곤충	사슴벌레, 나비, 벌, 풍뎅이, 나방, 개미 등	잠자리, 사마귀, 메뚜기, 방아깨비, 노린재 등

5. 알을 낳는 동물의 한살이

① 닭의 한살이 : 알 → 병아리 → 큰 병아리 → 다 자란 닭

② 병아리와 다 자란 닭의 차이점

병아리	다 자란 닭
• 몸이 솜털로 덮여 있음. • 볏과 꽁지깃이 없음. • 암수 구별이 어려움.	• 몸이 깃털로 덮여 있음. • 볏과 긴 꽁지깃이 있음. • 암수 구별이 쉬움.

6. 새끼를 낳는 동물의 한살이

① 개의 한살이 : 갓 태어난 강아지 → 큰 강아지 → 다 자란 개

② 갓 태어난 강아지와 다 자란 개의 특징 비교

구분	갓 태어난 강아지	다 자란 개
공통점	몸이 털로 덮여 있고, 다리가 네 개이며, 꼬리가 있음.	
차이점	• 눈이 감겨 있고, 귀도 막혀 있음. • 이빨이 없고, 어미젖을 먹음. • 일어서지 못함.	• 보고 들을 수 있음. • 이빨이 있고, 고기나 사료를 먹음. • 걷거나 달릴 수 있음.

4 자석의 이용

1. 자석에 붙는 물체와 자석에 붙지 않는 물체

① 자석에 붙는 물체 : 철로 되어 있습니다.

② 자석에 붙지 않는 물체 : 유리, 플라스틱, 고무, 나무 등으로 되어 있습니다.

2. 자석의 극 : 자석에서 철로 된 물체가 많이 붙는 부분으로, 자석의 극은 항상 두 개입니다.

3. 자석을 철로 된 물체에 가까이 가져가기 : 철로 된 물체가 자석에 끌려옵니다.

4. 자석이 가리키는 방향

① 물에 띄운 자석이 가리키는 방향 : 항상 북쪽과 남쪽을 가리키는데, 북쪽을 가리키는 자석의 극을 N극, 남쪽을 가리키는 자석의 극을 S극이라고 합니다.

② 나침반 : 자석이 일정한 방향을 가리키는 성질을 이용한 것으로, 항상 북쪽과 남쪽을 가리킵니다.

③ 철로 된 물체로 나침반 만들기 : 막대자석의 극에 붙여 놓았던 머리핀을 수수깡 조각에 꽂아 물에 띄웁니다.

• 머리핀과 나침반 바늘은 북쪽과 남쪽을 가리킵니다.

• 철로 된 물체를 자석에 붙여 놓으면 그 물체도 자석의 성질을 띠게 됩니다.

5. 자석과 자석 사이에 작용하는 힘 : 자석은 같은 극끼리는 서로 밀어 내고, 다른 극끼리는 서로 끌어당깁니다.

6. 자석 주위에 놓인 나침반

① 자석 주위에 놓인 나침반 바늘은 자석의 극을 가리킵니다.

② 자석 주위에서 나침반 바늘이 가리키는 방향이 달라지는 까닭 : 나침반 바늘도 자석이기 때문에 나침반 바늘과 자석이 서로 밀어 내기도 하고 끌어당기기도 합니다.

7. 자석을 이용한 생활용품 : 자석 클립 통, 자석 필통, 자석 다트 등

5 지구의 모습

1. 지구와 달의 모양과 표면의 모습

구분	모양	표면의 모습
지구		산, 들, 강, 호수, 바다 등이 있음.
달		• 어두운 부분(달의 바다)이 있음. • 크고 작은 충돌 구덩이가 있음.

2. 지구의 육지와 바다의 특징

① 바다가 육지보다 더 넓습니다.

② 육지의 물은 짜지 않고, 바닷물은 짭니다.

3. 지구를 둘러싸고 있는 공기의 역할

① 지구에는 공기가 있어 생물이 살 수 있습니다.

② 공기의 이용 : 연날리기, 요트, 열기구, 풍력 발전소, 튜브 등

4. 지구와 달의 비교

구분	지구	달
공통점	둥근 공 모양이고, 표면에 돌이 있음.	
차이점	물과 공기, 알맞은 온도 등 생물이 살기에 알맞은 환경을 갖추고 있음.	물과 공기 등이 없어 생물이 살 수 없음.

1 재미있는 나의 탐구

탐구 문제 정하기	궁금한 것 중에서 한 가지를 골라 탐구 문제로 정함.
탐구 계획 세우기	탐구 문제, 탐구 문제를 해결할 방법, 탐구 순서, 준비물, 예상되는 결과가 있어야 함.
탐구 실행하기	탐구를 실행하면서 나타나는 결과를 사실대로 빠짐없이 기록함.
탐구 결과 발표하기	탐구 문제, 탐구한 사람, 탐구한 때와 장소, 준비물, 탐구 순서, 탐구 결과, 탐구를 하여 알게 된 것 등이 들어가도록 발표 자료를 만듦.
새로운 탐구 하기	탐구를 하면서 더 궁금한 것을 찾아 탐구 문제로 정하고 스스로 탐구함.

2 동물의 생활

1. 주변에서 사는 동물 : 집 주변에서는 개, 고양이 등을 볼 수 있으며, 화단에서는 공벌레, 꿀벌 등을 볼 수 있습니다.

2. 동물을 특징에 따라 분류하기 (예)

분류 기준	분류 결과	
날개가 있는가?	그렇다.	꿀벌, 참새, 잠자리, 비둘기
	그렇지 않다.	개구리, 토끼, 달팽이, 금붕어

3. 땅에서 사는 동물의 특징
① 땅에서 사는 동물

땅 위	땅속	땅 위와 땅속
다람쥐, 공벌레 등	두더지, 땅강아지 등	뱀, 개미 등

② 이동 방법 : 다리가 있는 동물은 걷거나 뛰어서 이동하고, 다리가 없는 동물은 기어서 이동합니다.

4. 사막에서 사는 동물의 특징

사막여우	몸에 비해 귀가 크고, 귓속에 털이 많음.
낙타	등의 혹에 지방이 있고, 발바닥이 넓으며, 콧구멍을 여닫을 수 있음.

5. 물에서 사는 동물의 특징
① 물에서 사는 동물

강이나 호수	• 물속 : 붕어, 물방개, 다슬기 등 • 물가 : 수달, 개구리 등
바다	• 바닷속 : 상어, 고등어, 전복 등 • 갯벌 : 조개, 게 등

② 붕어와 같은 물고기가 물속에서 생활하기에 알맞은 점
• 아가미가 있어서 물속에서 숨을 쉴 수 있습니다.
• 지느러미가 있어서 물속에서 헤엄을 잘 칠 수 있습니다.
• 몸이 부드러운 곡선 형태(유선형)라서 물속에서 빨리 헤엄쳐 이동할 수 있습니다.

6. 날아다니는 동물의 특징 : 날개가 있고, 몸이 비교적 가볍습니다. 예 박새와 같은 새나 잠자리와 같은 곤충

7. 우리 생활에서 동물의 특징을 활용한 예

▲ 문어 빨판의 특징을 활용한 칫솔걸이　▲ 오리 발의 특징을 활용한 물갈퀴　▲ 수리 발의 특징을 활용한 집게 차

3 지표의 변화

1. 흙이 만들어지는 과정 : 물, 나무뿌리 등으로 바위가 부서집니다. → 바위나 돌이 작게 부서진 알갱이와 생물이 썩어 생긴 물질들이 섞여서 흙이 됩니다.

2. 운동장 흙과 화단 흙의 특징 비교

운동장 흙	• 밝은 갈색으로 거칢. • 알갱이의 크기가 커서 화단 흙보다 물이 더 빠르게 빠짐.
화단 흙	• 어두운 갈색으로 약간 부드러움. • 알갱이의 크기가 작고, 부식물이 많아 식물이 잘 자람.

3. 흐르는 물에 의한 지표의 모습 변화 : 흐르는 물은 바위나 돌, 흙 등을 깎아 낮은 곳으로 운반해 쌓아 놓습니다.

흙 언덕 위쪽에서 물을 흘려보냈을 때의 변화		
침식 작용	흙이 깎인 곳 / 흙이 흘러내려 쌓인 곳	퇴적 작용
흐르는 물에 의해 지표의 바위나 돌, 흙 등이 깎여 나가는 것		흐르는 물에 의해 운반된 돌이나 흙이 쌓이는 것

4. 강과 바닷가 주변의 모습 : 오랜 시간에 걸쳐 조금씩 변합니다.
① 강 주변의 모습

강 상류	강 하류
바위	모래
• 강폭이 좁고, 강의 경사가 급함. • 침식 작용이 활발해 지표를 깎음.	• 강폭이 넓고, 강의 경사가 완만함. • 퇴적 작용이 활발해 운반된 물질이 쌓임.

② 바닷가 주변의 모습

침식 작용이 만든 지형		퇴적 작용이 만든 지형	
▲ 구멍이 뚫린 바위	▲ 가파른 절벽	▲ 모래 해변	▲ 갯벌

4 물질의 상태

1. 고체 : 담는 그릇이 바뀌어도 모양과 부피가 일정한 물질의 상태입니다.

공통된 성질	• 눈으로 볼 수 있고, 손으로 잡을 수 있음. • 여러 가지 모양의 그릇에 넣어도 그릇의 모양과 관계없이 모양과 부피가 변하지 않음.
예	책, 지우개, 가위, 색연필, 모래 등

2. 액체 : 담는 그릇에 따라 모양은 변하지만 부피는 변하지 않는 물질의 상태입니다.

공통된 성질	• 눈으로 볼 수 있지만, 흐르는 성질이 있고 손으로 잡을 수 없음. • 여러 가지 모양의 그릇에 담으면 그릇의 모양에 따라 모양은 변하지만, 부피는 변하지 않음.
예	물, 우유, 주스, 간장, 식초 등

3. 기체 : 담는 그릇에 따라 모양과 부피가 변하고, 담긴 그릇을 항상 가득 채우는 물질의 상태입니다.

공통된 성질	• 담는 그릇에 따라 모양과 부피가 변함. • 담긴 그릇을 항상 가득 채우며, 손으로 잡을 수 없고, 대부분 눈에 보이지 않음.
예	공기 등

4. 공기의 성질과 이용한 예

① 공기는 공간(부피)을 차지합니다. 예 풍선 미끄럼틀, 야영용 공기 침대 등

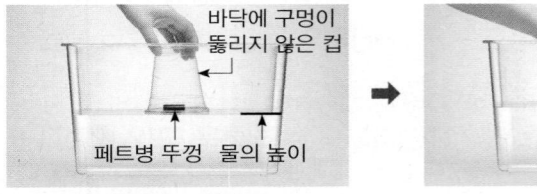 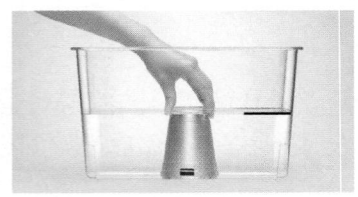

▲ 공기가 공간을 차지하는지 알아보기 실험 : 페트병 뚜껑이 내려가고, 수조 안 물의 높이는 조금 높아짐.

② 공기는 다른 곳으로 이동할 수 있습니다. 예 자전거 타이어에 공기 넣기, 비눗방울 불기 등

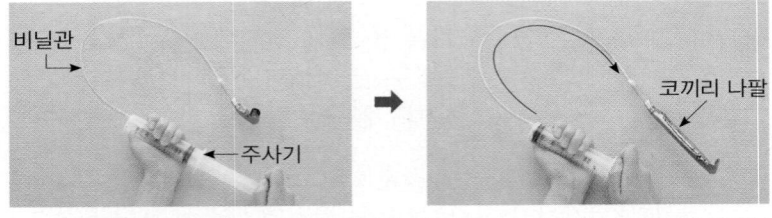

▲ 공기 옮겨 보기 실험 : 주사기와 비닐관 안의 공기가 이동하면서 코끼리 나팔이 펼쳐짐.

③ 공기는 무게가 있습니다.

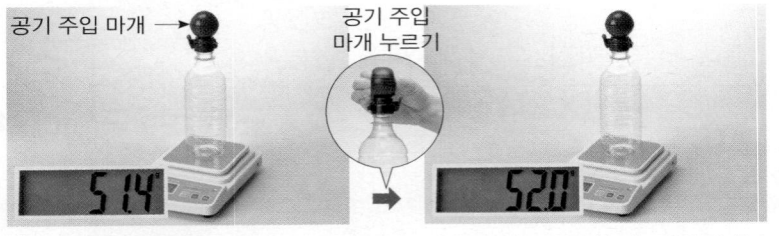

▲ 공기는 무게가 있는지 알아보기 실험 : 공기 주입 마개를 누른 후 페트병의 무게가 늘어남.

5 소리의 성질

1. 물체에서 소리가 날 때의 공통점 : 물체가 떨립니다.

▲ 소리가 나는 스피커에 손을 대 보면 떨림이 느껴짐.　▲ 소리가 나는 소리굽쇠의 떨림 때문에 물이 튀게 됨.

2. 소리의 세기와 높낮이

① 소리의 세기 : 소리의 크고 작은 정도

큰 소리	작은 소리
작은북을 세게 치면 북이 크게 떨리면서 큰 소리가 남.	작은북을 약하게 치면 북이 작게 떨리면서 작은 소리가 남.

② 소리의 높낮이 : 소리의 높고 낮은 정도

높은 소리	낮은 소리
• 팬 플루트의 짧은 관을 불 때 • 실로폰의 짧은 음판을 칠 때	• 팬 플루트의 긴 관을 불 때 • 실로폰의 긴 음판을 칠 때

3. 소리의 전달 : 소리는 공기(기체), 철(고체), 물(액체) 등의 물질을 통해 전달됩니다.

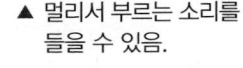 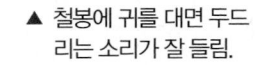 

▲ 멀리서 부르는 소리를 들을 수 있음.　▲ 철봉에 귀를 대면 두드리는 소리가 잘 들림.　▲ 바닷속에서 멀리서 오는 배의 소리를 들을 수 있음.

4. 실 전화기

① 실 전화기는 실의 떨림으로 소리가 전달됩니다.

② 소리를 더 잘 들리게 하는 방법 : 실을 팽팽하게 할 때, 실에 물을 묻힐 때, 실의 길이를 짧게 할 때 등

▲ 실 전화기

5. 소리의 반사

① 소리의 반사 : 소리가 나아가다가 물체에 부딪쳐 되돌아오는 성질입니다.

② 소리는 딱딱한 물체(예 나무판)에서는 잘 반사되나, 부드러운 물체(예 스타이로폼판)에서는 잘 반사되지 않습니다.

③ 우리 생활에서 소리가 반사되는 경우 : 공연장 천장에 설치된 반사판, 암벽 산에서 들려오는 메아리 등

6. 소음을 줄이는 방법

① 소리의 세기를 줄이거나 소리가 잘 전달되지 않도록 합니다.

② 소리가 반사되도록 합니다.

▲ 소리가 잘 전달되지 않는 물질을 벽에 붙인 음악실　▲ 소리가 반사되는 성질을 이용한 도로 방음벽

※ 본 내용은 검정 교과서를 통합하여 구성하였습니다.

1. 인사하기

(1) 만났을 때 인사하기

> **Hi.** 안녕. / **Hello.** 안녕.

• 만났을 때는 Hi. 또는 Hello.라고 인사합니다.

(2) 헤어질 때 인사하기

> **Bye.** 잘 가. / **Goodbye.** 잘 가. / **See you.** 또 보자.

• 헤어질 때는 Bye.나 Goodbye. 또는 See you.라고 인사합니다.

2. 자기소개하기

(1) 자기소개하기

> A: **Hi, I'm Uju.** 안녕, 나는 우주야.
> B: **Hi, my name is Tony.** 안녕, 내 이름은 토니야.

• 자기를 소개할 때는 「I'm+자기 이름.」이나 「My name is+자기 이름.」으로 말합니다.

(2) 소개에 답하기

> A: **Nice to meet you.** 만나서 반가워.
> B: **Nice to meet you, too.** 나도 만나서 반가워.

• 만나서 반갑다고 말할 때는 Nice to meet you.라고 하고, 상대방은 Nice to meet you, too.라고 응답합니다.

3. 무엇인지 묻고 답하기

> A: **What's this(that)?** 이것(저것)은 무엇이니?
> B: **It's a ball.** 그것은 공이야.

• 가까이 있는 것이 무엇인지 물을 때는 What's this?, 멀리 있는 것이 무엇인지 물을 때는 What's that?이라고 말합니다.
• 대답할 때는 「It's a(an)+사물의 이름.」으로 말하는데, 이때 사물의 이름을 나타내는 말을 '명사'라고 부릅니다.

4. 지시하고 응답하기

> A: **Sit down, please.** 앉아 주세요.
> B: **Okay.** 네.

• 상대방에게 무엇을 하라고 지시할 때는 그 행동을 나타내는 말로 문장을 시작합니다.
• 공손하게 말할 때는 문장의 앞이나 뒤에 please를 붙입니다.

5. 감사 표현하고 응답하기

> A: **Thank you. / Thanks.** 고마워.
> B: **You're welcome.** 천만에.

• 감사를 표현할 때는 Thank you. 또는 Thanks.라고 말하고, 응답할 때는 You're welcome.이라고 말합니다.

6. 사과하고 응답하기

> A: **I'm sorry. / Sorry.** 미안해.
> B: **That's okay.** 괜찮아.

• 사과할 때는 I'm sorry. 또는 Sorry.라고 말하고, 응답할 때는 That's okay.라고 말합니다.

7. 무엇인지 확인하고 답하기

(1) 확인하는 질문하고 답하기

> A: **Is it a cat?** 그것은 고양이니?
> B: **Yes, it is.** 응, 그래. / **No, it isn't.** 아니, 그렇지 않아.

• '그것은 ~이니?'라는 뜻으로 자신이 추측한 것이 맞는지 물을 때는 「Is it a(an)+추측한 것의 이름?」으로 말합니다.
• 추측이 맞으면 Yes, it is., 틀리면 No, it isn't.라고 대답합니다.

(2) 주의 끌기 / 크기 말하기

> A: **Look! It's a dog.** 봐! 개야.
> B: **It's big(small).** 그것은 크기가 커(작아).

• 상대방의 주의를 끌 때는 Look!이라고 말합니다.
• 어떤 것의 크기를 말할 때는 big이나 small로 표현합니다.

8. 개수 묻고 답하기

> A: **How many apples?** 사과가 몇 개니?
> B: **Two apples.** 사과가 두 개야.

• 셀 수 있는 사물의 개수를 물을 때는 「How many+사물 이름s?」로 말합니다.
• 「사물 이름s」는 사물이 두 개 이상일 때 이름 낱말 뒤에 s를 붙여 나타내는 것으로, '복수형'이라고 부릅니다.

9. 생일 축하하기

> A: **Happy birthday!** 생일 축하해!
> B: **Thank you.** 고마워.

• 생일을 축하할 때는 Happy birthday!라고 말합니다.

10. 나이 묻고 답하기

> A: **How old are you?** 너는 몇 살이니?
> B: **I'm ten years old.** 나는 열 살이야.

• 상대방의 나이를 물을 때는 How old are you?라고 말하고, 「I'm+나이에 해당하는 숫자+years old.」라고 대답합니다.

11. 좋아하거나 싫어하는 것 말하기

(1) 좋아하는지 묻고 답하기

A: **Do you like milk?** 너는 우유를 좋아하니?
B: **Yes, I do.** 응, 좋아해. / **No, I don't.** 아니, 좋아하지 않아.

• 상대방이 어떤 것을 좋아하는지 물을 때는 「Do you like + 좋아하는 것의 이름?」으로 말합니다.
• 좋아하면 Yes, I do., 싫어하면 No, I don't.라고 대답합니다.

(2) 좋아하거나 싫어하는 것 말하기

A: **I like tomatoes.** 나는 토마토를 좋아해.
B: **I don't like tomatoes.** 나는 토마토를 좋아하지 않아.

• 어떤 것을 좋아하면 「I like + 좋아하는 것의 이름.」, 싫어하면 「I don't like + 싫어하는 것의 이름.」으로 말합니다.

12. 가지고 있는지 말하기

(1) 가지고 있는지 묻고 답하기

A: **Do you have a pencil?** 너는 연필이 있니?
B: **Yes, I do.** 응, 있어. / **No, I don't.** 아니, 없어.

• 상대방이 어떤 것을 가지고 있는지 물을 때는 「Do you have a[an] + 사물의 이름?」으로 말합니다.
• 가지고 있으면 Yes, I do., 가지고 있지 않으면 No, I don't.라고 대답합니다.

(2) 가지고 있거나 가지고 있지 않은 것 말하기

A: **I have an eraser.** 나는 지우개가 있어.
B: **I don't have an eraser.** 나는 지우개가 없어.

• 자신이 어떤 것을 가지고 있으면 「I have a[an] + 사물의 이름.」, 가지고 있지 않으면 「I don't have a[an] + 사물의 이름.」이라고 말합니다.

13. 할 수 있는지 말하기

(1) 할 수 있는지 묻고 답하기

A: **Can you jump?** 너는 점프할 수 있니?
B: **Yes, I can.** 응, 할 수 있어. / **No, I can't.** 아니, 못 해.

• 상대방이 어떤 것을 할 수 있는지 물을 때는 「Can you + 행동을 나타내는 말?」로 말합니다.
• 할 수 있으면 Yes, I can., 못 하면 No, I can't.라고 대답합니다.

(2) 할 수 있거나 할 수 없는 것 말하기

A: **I can swim.** 나는 수영을 할 수 있어.
B: **I can't swim.** 나는 수영을 못 해.

• 자신이 할 수 있는 것은 「I can + 행동을 나타내는 말.」, 못 하는 것은 「I can't + 행동을 나타내는 말.」로 말합니다.

14. 누구인지 묻고 답하기

(1) 누구인지 묻고 답하기

A: **Who is she?** 그녀는 누구시니?
B: **She is my mom.** 그녀는 우리 엄마셔.

• 어떤 사람이 누구인지 물을 때 여자이면 Who is she?, 남자이면 Who is he?라고 말합니다.
• 여자이면 「She is + 이름[관계를 나타내는 말].」, 남자이면 「He is + 이름[관계를 나타내는 말].」로 대답합니다.

(2) 사람의 외모 말하기

She is tall. 그녀는 키가 크다.
He is cute. 그는 귀엽다.

• 사람의 외모를 말할 때는 성별에 따라 「She[He] is + 외모를 나타내는 말.」로 표현합니다.
• 외모를 나타내는 말에는 tall(키가 큰), pretty(예쁜), cute(귀여운) 등이 있습니다.

15. 색깔 묻고 답하기

A: **What color is it?** 그것은 무슨 색이니?
B: **It's blue.** 그것은 파란색이야.

• 색깔을 물을 때는 What color is it?이라고 말합니다.
• 색깔을 말할 때는 「It's + 색깔을 나타내는 말.」로 합니다.

16. 날씨 묻고 답하기

A: **How's the weather?** 날씨가 어떠니?
B: **It's sunny.** 화창해.

• 날씨를 물을 때는 How's the weather?라고 말합니다.
• 날씨를 말할 때는 「It's + 날씨를 나타내는 말.」로 합니다.

17. 제안하고 응답하기

A: **Let's play outside.** 밖에서 놀자.
B: **Okay.** 좋아. / **Sorry, I can't.** 미안하지만 안 돼.

• 상대방에게 어떤 것을 함께 하자고 제안할 때는 「Let's + 행동을 나타내는 말.」로 합니다.
• 제안을 승낙할 때는 Okay., 거절할 때는 Sorry, I can't.라고 말합니다.

18. 물건을 건네면서 하는 표현 말하기

A: **Here you are.** 여기 있어.
B: **Thank you.** 고마워.

• 상대방에게 물건을 건네줄 때 Here you are.라고 말하고, 받는 사람은 Thank you.라고 응답합니다.

초등학교 4학년 기초학력 진단검사
국 어

( )초등학교   4학년 ( )반 ( )번   이름 ( )

정답 ▶ 6쪽

❖ 검사지의 문항 수(25문항)와 면수(6면)를 확인하시오.
❖ 답안지에 학교명, 반, 번호, 이름을 정확히 쓰시오.
❖ 모든 문제는 문제당 4점입니다.

[1 ~ 2] 다음 글을 읽고 물음에 답하시오.

⑺ 밤이 되면 장승 친구들은 신바람이 나요. 팔다리가 생겨 마음껏 뛰어놀 수 있거든요. 날아서 훨훨, 헤엄치며 첨벙첨벙.

그렇지만 날이 밝기 전에 꼭 제자리로 돌아와야 해요. 그 약속을 어기면 다시는 움직일 수 없게 되니까요.

⑻ 멀리서 새벽닭 소리가 들려오자 뻐드렁니가 소리쳤어요.

"벌써 아침이야! 빨리 돌아가지 않으면 여기서 꼼짝 못하게 돼!"

모두들 정신없이 달렸어요.

그런데 멋쟁이가 보이지 않아요. 어디에 있는 걸까요? 멋쟁이는 잘난 척하고 꼭꼭 숨어 있다가 그만 날이 밝은 줄도 모른 거예요.

멋쟁이는 이제 밤이 되어도 움직일 수 없게 되었어요.

⑼ 며칠이 지난 뒤, 멋쟁이한테 놀러 갔던 짱구가 헐레벌떡 달려와서 말했어요.

㉠"없어졌어. 멋쟁이가 감쪽같이 사라져 버렸어!"

"뭐라고? 어떻게 된 거지?"

모두들 놀랐어요.

짱구가 말했어요.

"사람들이 자꾸 옹기를 가져가더니 멋쟁이도 데려간 것 같아."

"빨리 도망가자! 안 그러면 우리도 멋쟁이처럼 잡혀갈 거야."

퉁눈이가 주먹을 불끈 쥐고 대답했어요.

관련 단원 : 1학기 / 1. 재미가 톡톡톡
1 장승 친구들이 밤이 되면 신바람이 나는 까닭으로 알맞은 것은? ················ ( )

① 달님을 만날 수 있어서
② 꽃과 이야기를 나눌 수 있어서
③ 밤마다 동물 친구들이 놀러 와서
④ 팔다리가 생겨 마음껏 뛰어놀 수 있어서

관련 단원 : 1학기 / 1. 재미가 톡톡톡
2 ㉠을 실감 나게 읽는 방법으로 알맞은 것은? ( )

① 한 글자씩 끊어서 읽는다.
② 다급하게 소리치듯이 읽는다.
③ 작은 목소리로 속삭이듯이 읽는다.
④ 노래를 부르듯이 박자를 맞추어 읽는다.

[3 ~ 4] 다음 글을 읽고 물음에 답하시오.

우리 조상은 여러 가지 한과를 만들어 먹었습니다. 한과는 전통 과자를 말합니다. 한과에는 약과, 강정, 엿처럼 여러 가지가 있습니다. 요즘에는 한과를 주로 시장에서 사먹지만, 옛날에는 한과를 집에서 만들어 먹었습니다. ㉠약과는 밀가루를 꿀과 기름 따위로 반죽해 기름에 지진 과자입니다. ㉡꿀물이나 조청에 넣어 두어 속까지 맛이 배면 꺼내어 먹습니다. ㉢지금은 국화 모양을 본떠서 많이 만들지만, 옛날에는 새, 물고기 같은 모양으로 만들었다고 합니다. ㉣약과를 만들 때에는 만들고 싶은 모양으로 나무를 파서, 반죽한 것을 그 속에 넣어 찍어 냅니다.

관련 단원 : 1학기 / 2. 문단의 짜임
3 이 글의 내용으로 알맞지 **않은** 것은? ········· ( )

① 한과는 전통 과자를 말한다.
② 요즘에는 한과를 먹지 않는다.
③ 한과에는 약과, 강정, 엿 등이 있다.
④ 옛날에는 한과를 집에서 만들어 먹었다.

관련 단원 : 1학기 / 2. 문단의 짜임
4 ㉠~㉣ 중에서 중심 문장은? ····················· ( )

① ㉠
② ㉡
③ ㉢
④ ㉣

관련 단원 : 1학기 / 3. 알맞은 높임 표현

5 다음 그림에서 여자아이가 할 말로 가장 알맞은 것은?
.... ( )

① 할머니께 선물을 드릴게.
② 할머니에게 선물을 줄게.
③ 할머니께 선물을 드릴게요.
④ 할머니에게 선물을 줄게요.

[6~7] 다음 글을 읽고 물음에 답하시오.

> 할아버지, 그동안 안녕하셨어요?
> 할아버지, 생신 ㉠축하드려요.
> 할아버지 댁에 가면 항상 반갑게 맞아 주시고, 재미있는 이야기도 많이 들려주셔서 ㉡감사합니다.
> 작년 할아버지 생신에는 제가 다리를 다쳐서 찾아뵙지 못해 많이 아쉬웠어요. ㉢그런데 이번 생신에는 가족 모두 모여서 즐거운 시간을 보낼 수 있어서 정말 ㉣기뻐요.
> ㉤할아버지, 다시 한번 생신 축하드려요. 항상 건강하시길 바랄게요.
>
> 20○○년 4월 14일
> 손자 정혁 올림

관련 단원 : 1학기 / 4. 내 마음을 편지에 담아

6 ㉠~㉣ 중에서 마음을 나타내는 말이 아닌 것은?
.... ( )

① ㉠
② ㉡
③ ㉢
④ ㉣

관련 단원 : 1학기 / 4. 내 마음을 편지에 담아

7 편지 형식 중에서 ㉤에 해당하는 것은?········( )

① 끝인사
② 쓴 날짜
③ 쓴 사람
④ 받을 사람

관련 단원 : 1학기 / 5. 중요한 내용을 적어요

8 다음 중 메모하는 방법으로 알맞은 것은? ··· ( )

① 중요한 내용을 정리해 쓴다.
② 흉내 내는 말을 중심으로 쓴다.
③ 들은 내용을 빠짐없이 모두 쓴다.
④ 처음부터 끝까지 모든 내용을 쓴다.

관련 단원 : 1학기 / 6. 일이 일어난 까닭

9 다음 빈칸에 들어갈 이어 주는 말로 알맞은 것은?
.... ( )

> 승호는 저녁에 교실로 갔다. [ ] 교실에 혼자 남은 아기 참새가 걱정되었기 때문이다.

① 그래서
② 그러나
③ 그리고
④ 왜냐하면

국 어

관련 단원 : 1학기 / 7. 반갑다, 국어사전

10 보기의 세 문장에서 밑줄 그은 낱말의 기본형으로 알맞은 것은? ·· (   )

> **보기**
> • 동생이 밥을 <u>먹었다</u>.
> • 동생이 밥을 <u>먹고</u> 이를 닦았다.
> • 동생이 밥을 <u>먹으면</u> 나는 간식을 먹겠다.

① 먹
② 먹다
③ 먹으다
④ 먹었다

관련 단원 : 1학기 / 8. 의견이 있어요

11 다음 글에서 말한 일회용 나무젓가락을 적게 써야 하는 까닭은? ·· (   )

> 일회용 나무젓가락을 적게 써야 합니다. 왜냐하면 나무젓가락을 만들려면 나무를 많이 베어야 하기 때문입니다. 일회용 나무젓가락은 나무로 만들기 때문에 환경에 피해를 주지 않을 것이라고 생각하기 쉽습니다. 그러나 일회용 나무젓가락을 만들 때 잘 썩지 않도록 약품 처리를 하기 때문에 그냥 두면 20년쯤 지나야만 자연으로 돌아간다고 합니다. 그러므로 여러 번 쓸 수 있는 젓가락을 사용해야 합니다.
> 우리는 일회용품을 덜 써서 깨끗한 지구를 만들어야 합니다. 지금까지 살펴본 것은 우리가 생활 속에서 직접 실천할 수 있는 일입니다. 이 밖에도 우리가 할 수 있는 일을 찾아보면 여러 가지가 있습니다. 지구를 가꾸는 것은 우리 모두가 해야 할 일입니다. 우리가 함께 노력한다면 깨끗한 지구를 만들 수 있습니다.

① 일회용 나무젓가락은 쉽게 부러지기 때문이다.
② 일회용 나무젓가락은 절대 썩지 않기 때문이다.
③ 일회용 나무젓가락을 만드는 데 비용이 많이 들기 때문이다.
④ 일회용 나무젓가락을 만들려면 나무를 많이 베어야 하기 때문이다.

[12 ~ 13] 다음 글을 읽고 물음에 답하시오.

> 도대체 반딧불이는 뭘 먹고 그토록 아름다운 빛을 내는 걸까요? 어른이 된 반딧불이는 이슬을 먹고, 반딧불이의 애벌레는 다슬기나 달팽이를 먹고 삽니다.
> 반딧불이 애벌레는 달팽이 전문 사냥꾼이라고 불릴 정도로 먹성이 대단해요. 입에서 나오는 독으로 달팽이를 ㉠마비시킨 다음, 달팽이가 움직이지 못하면 그때부터 살살 녹여서 먹는답니다.

관련 단원 : 1학기 / 9. 어떤 내용일까

12 어른이 된 반딧불이가 먹는 것은? ·············· (   )

① 이슬
② 나뭇잎
③ 다슬기
④ 달팽이

관련 단원 : 1학기 / 9. 어떤 내용일까

13 ㉠의 뜻을 알맞게 짐작한 것은? ····················· (   )

① 병이나 상처를 낫게 함.
② 뜻밖에 일어난 불행한 일.
③ 몸에 감각이 없어져 움직이지 못함.
④ 사람이나 동식물 등이 자라서 점점 커짐.

초4 국어 **23** 제1회 연습 모의평가

[14 ~ 15] 다음 글을 읽고 물음에 답하시오.

> "무슨 걱정거리라도 있니?"
> 부벨라는 정원사에게 걱정거리를 솔직히 털어놓았어요.
> "지렁이가 저희 집에 차를 마시러 오기로 했어요. 그런데 저는 지렁이가 무얼 먹고 사는지, 무슨 음식을 좋아하는지 모르겠어요. 바나나케이크를 좋아할 것 같지는 않은데……."
> 정원사는 가만히 생각에 잠겼어요.
> "지렁이들은 멀리 다니지 않으니까 어쩌면 다른 집 정원의 흙을 좋아할 것 같구나. 진흙파이를 만들어 주면 어떻겠니?"
> "아, 그게 좋겠네요! 하지만 어디에서 흙을 구하죠?"
> "잠깐 여기서 기다려 봐라."
> 그러더니 정원사는 돌아서서 집 안으로 들어갔어요.
> 정원사는 허리가 굽어서 아주 천천히 움직였는데, 움직이는 게 무척이나 힘들어 보였어요.
> 정원사는 접시를 들고 다시 집 밖으로 나왔어요. 그러고는 천천히 움직이며 정원 세 곳에서 각기 다른 종류의 흙을 접시에 담은 뒤, 접시를 부벨라에게 건네주었어요.
> "지렁이 친구가 정말 좋아할 거야."
> ㉠"고맙습니다, 고맙습니다."
> 부벨라는 얼마나 기쁜지 눈물이 나올 것만 같았어요.

관련 단원 : 2학기 / 1. 작품을 보고 느낌을 나누어요

14 부벨라의 걱정거리를 바르게 말한 것은? ···· (　　　)

① 지렁이가 어디에 사는지 모르겠다.
② 지렁이가 화를 낸 까닭을 모르겠다.
③ 지렁이와 친구가 되는 방법을 모르겠다.
④ 지렁이가 무슨 음식을 좋아하는지 모르겠다.

관련 단원 : 2학기 / 1. 작품을 보고 느낌을 나누어요

15 ㉠에 어울리는 부벨라의 표정이나 몸짓, 말투로 가장 알맞은 것은? ·· (　　　)

① 속상해서 우는 듯한 표정
② 고개를 좌우로 흔드는 몸짓
③ 감동해서 조금 목이 잠긴 말투
④ 손을 턱에 고고 멀리 바라보는 몸짓

[16 ~ 17] 다음 글을 읽고 물음에 답하시오.

> 옛날에는 자연에서 얻은 실로 짠 옷감으로 옷을 만들었지만 오늘날에는 합성 섬유로 옷을 만드는 경우가 많다. 우리 조상은 식물이나 누에고치에서 실을 뽑아 옷감을 얻었다. 식물에서 뽑은 실로 짠 옷감으로는 삼베·모시·무명 따위가 있고, 누에고치에서 뽑은 실로 짠 옷감으로는 비단이 있다. 오늘날에는 옛날처럼 자연에서 얻은 실로 옷감을 짜기도 하지만 공장에서 만든 합성 섬유에서 옷감을 더 많이 얻는다.

관련 단원 : 2학기 / 2. 중심 생각을 찾아요

16 다음 중 누에고치에서 뽑은 실로 짠 옷감은?(　　　)

① 모시
② 무명
③ 비단
④ 삼베

관련 단원 : 2학기 / 2. 중심 생각을 찾아요

17 이 글의 중심 내용을 바르게 정리한 것은?　(　　　)

① 옷차림은 계속 바뀌어야 한다.
② 우리나라 사람은 한복만 입어야 한다.
③ 옛날 사람들이 입던 옷이 오늘날 사람들이 입는 옷보다 좋다.
④ 옛날에는 자연에서 얻은 실로 짠 옷감으로 옷을 만들었지만 오늘날에는 합성 섬유로 옷을 만드는 경우가 많다.

[18 ~ 19] 다음 시를 읽고 물음에 답하시오.

지구도 대답해 주는구나

강가 고운 모래밭에서
발가락 옴지락거려
두더지처럼 파고들었다.

지구가 간지러운지
⬚ ㉠ ⬚
움직였다.

아, ㉡내 작은 신호에도
지구는 대답해 주는구나.

그 큰 몸짓에
이 조그마한 발짓
그래도 지구는 대답해 주는구나.

관련 단원 : 2학기 / 4. 감동을 나타내요

18 ⬚ ㉠ ⬚에 들어갈 흉내 내는 말로 가장 알맞은 것은?
··· ( )

① 후루룩
② 굼질굼질
③ 폴짝폴짝
④ 우르르 쿵쾅

관련 단원 : 2학기 / 4. 감동을 나타내요

19 ㉡'내 작은 신호'가 뜻하는 것으로 가장 알맞은 것은?
··· ( )

① 강가에서 헤엄을 친 것
② 강물에 돌멩이를 던진 것
③ 동생에게 간지럼을 태운 것
④ 발가락을 옴지락거려 모래를 파고든 것

[20 ~ 21] 다음 전화 대화를 읽고 물음에 답하시오.

지수: 정아야, 어제 우리 반 회의에서 책 당번을 정하기로
했잖아. 내 생각에는 책 당번을 일주일에 한 번씩 바꾸
는 건 잘못된 것 같아. 각자 맡고 있는 역할도 있는데 일
주일 동안 책을 관리하는 건 너무 힘들어.

정아: 응. 그런데…….

지수: 내 생각에는 하루에 한 번씩 책 당번을 바꾸는 게 맞
아. 회의 시간에 강력하게 말했어야 하는데, 내가 괜히
의견을 말 안 했나 봐. 내일 선생님께 다시 한번 말씀드
려 볼까?

정아: (생각) 내 생각에는 하루에 한 번씩 바꾸면 친구들도
헷갈리고, 책 관리가 안 될 수도 있다고 말하고 싶었는
데. 지수는 계속 자기 말만 하네. 지수에게 내 생각을 언
제 말하지?

지수: 내 의견 어때? 왜 말이 없니?

정아: 그래.

관련 단원 : 2학기 / 5. 바르게 대화해요

20 지수와 정아가 전화 대화를 하고 있는 이야깃거리는?
··· ( )

① 책 당번을 정하는 방법
② 독서 감상문을 쓰는 방법
③ 다음 주 학급 회의의 주제
④ 미술 시간에 필요한 준비물

관련 단원 : 2학기 / 5. 바르게 대화해요

21 이 전화 대화에서 지수가 잘못한 점에 대해 바르게 말
한 것은? ······································· ( )

① 늦은 시간에 전화를 걸었다.
② 정아의 말에 대답을 하지 않았다.
③ 정아의 말을 들으려고 하지 않았다.
④ 알맞은 높임 표현을 사용하지 않았다.

관련 단원 : 2학기 / 6. 마음을 담아 글을 써요

22 다음 장면에서 여자아이가 사과할 때 잘못한 점으로 알맞은 것은? ·········· (   )

미안해, 미안하다고. 됐냐?

① 장난치듯이 웃으며 말했다.
② 사과하면서 선물을 주지 않았다.
③ 마음을 나타내는 표현을 쓰지 않았다.
④ 표정과 말투에 미안한 마음이 담기지 않았다.

관련 단원 : 2학기 / 7. 글을 읽고 소개해요

23 다음 글에서 설명한 '앉아서 하는 피구'를 하기 전에 준비할 내용이 **아닌** 것은? ·········· (   )

> '앉아서 하는 피구'는 공 하나로 교실에서 쉽게 즐길 수 있는 놀이이다. 먼저 교실에 있는 책상을 모두 뒤로 밀어 가로로 긴 네모 모양으로 피구장을 만든다. 그다음에는 학급 친구 전체를 두 편으로 나누고 두 편 대표가 가위바위보를 해서 먼저 공격할 쪽을 정한다.
> 규칙은 피구와 같지만 앉은 자세로 하는 것이 특징이다. 공을 굴리는 사람이나 피하는 사람 모두 앉은 자세로 해야 한다. 앉은 자세에서 무릎을 한쪽이라도 펴서 일어나는 자세가 되면 누구든 피구장 밖으로 나가야 한다. 상대를 맞힐 때에는 공을 바닥에 굴려서 맞혀야 한다. 공을 튀기거나 던져서 맞히면 맞은 사람은 밖으로 나가지 않는다. 공을 피할 때에는 옆으로 이동해 피하거나, 무릎을 가슴에 붙여 앉은 자세로 뜀을 뛰어 피할 수 있다.

① 책상 위로 올라간다.
② 학급 친구 전체를 두 편으로 나눈다.
③ 가로로 긴 네모 모양으로 피구장을 만든다.
④ 가위바위보를 해서 먼저 공격할 쪽을 정한다.

관련 단원 : 2학기 / 8. 글의 흐름을 생각해요

24 다음 글의 ㉠~㉣ 중에서 장소를 나타내는 말은? ·········· (   )

> 가장 ㉠먼저 간 곳은 '곤충관'이었다. 곤충관에는 여러 지역의 곤충들이 전시되어 있었는데, 날개가 있는 동물로 나비와 벌, 메뚜기와 같은 곤충들이 있었다. ㉡곤충관에서 가장 관심이 갔던 곤충은 톱사슴벌레이다. 톱사슴벌레는 몸 색깔이 갈색이고 톱날 모양의 큰턱이 있다. 원래 ㉢밤에 활동하는 곤충이지만 참나무 수액을 먹으려고 낮에도 돌아다니기 때문에, ㉣먹이를 먹는 톱사슴벌레를 볼 수 있었다. 톱사슴벌레가 나뭇가지 꼭대기에 올라가서 날개를 펴고 날아가는 모습이 멋있었다.

① ㉠
② ㉡
③ ㉢
④ ㉣

관련 단원 : 2학기 / 9. 작품 속 인물이 되어

25 다음 글에서 나그네의 말에 가장 어울리는 말투는? ·········· (   )

> 나그네가 문을 열자, 호랑이가 뛰쳐나와서 나그네를 잡아먹으려고 덤빈다.
>
> 나그네: 이게 무슨 짓이오? 약속을 지키지 않고…….
> 호랑이: 하하, 궤짝 속에서 한 약속을 궤짝 밖에 나와서도 지키라는 법이 어디 있어?
> 나그네: 조금 전에 은혜를 모를 리가 있겠느냐고 하면서 애걸복걸하지 않았소?

① 당당하고 **뻔뻔한** 말투
② 장난스럽고 짓궂은 말투
③ 당황하고 억울해하는 말투
④ 수줍고 부끄러워하는 말투

♣ 수고하였습니다. ♣
답안지에 답을 정확히 표기하였는지 확인하시오.

초등학교 4학년 기초학력 진단검사

사 회

제2교시

( )초등학교 4학년 ( )반 ( )번 이름 ( )

정답 ▶ 8쪽

❖ 검사지의 문항 수(25문항)와 면수(6면)를 확인하시오.
❖ 답안지에 학교명, 반, 번호, 이름을 정확히 쓰시오.
❖ 모든 문제는 문제당 4점입니다.

관련 단원 : 1학기 / 1. ❶ 우리가 생각하는 고장의 모습

1 다음 친구들이 공통으로 떠올리고 있는 고장의 장소는?
·· ( )

현서 : 사람들이 많고 복잡했어.
준호 : 엄마와 맛있는 음식을 사 먹었어.
도윤 : 친구들과 이것저것 다양한 물건을 샀어.

① 학교 ② 놀이터
③ 전통 시장 ④ 버스 터미널

관련 단원 : 1학기 / 1. ❷ 하늘에서 내려다본 고장의 모습

3 다음 ㉠~㉣ 중 지도를 확대하거나 축소하는 기능은?
·· ( )

① ㉠ ② ㉡
③ ㉢ ④ ㉣

관련 단원 : 1학기 / 1. ❶ 우리가 생각하는 고장의 모습

2 다음은 형석이가 그린 고장의 모습이다. 그림을 보고 알 수 있는 고장의 모습은? ·········· ( )

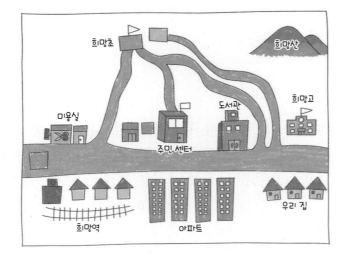

① 하천이 흐른다.
② 논과 밭이 있다.
③ 기차역 옆에 학교가 있다.
④ 아파트 단지와 큰길이 있다.

관련 단원 : 1학기 / 1. ❷ 하늘에서 내려다본 고장의 모습

4 다음 주제와 어울리는 장소를 찾은 사람은? ( )

주제 : 다른 고장으로 이동할 때 이용하는 곳

①  공원   ② 기차역

③ 북한산   ④  경찰서

5 관련 단원 : 1학기 / 2. ❶ 우리 고장의 옛이야기

다음 고사성어에 나타난 안성 고장 사람들의 생활 모습으로 알맞은 것은? ·········· (   )

안성맞춤

어떤 물건이 맞춘 것처럼
딱 들어맞는다는 뜻

① 말에게 죽을 끓여 먹였다.
② 기와를 굽는 일을 하는 사람들이 많았다.
③ 품질 좋은 유기를 만드는 사람들이 많았다.
④ 겨울철에 강이 얼면 얼음을 잘라 창고에 저장했다.

6 관련 단원 : 1학기 / 2. ❶ 우리 고장의 옛이야기

다음은 연아네 고장의 간판과 표지판이다. 이를 통해 알 수 있는 연아네 고장의 특징은? ·········· (   )

① 남산이 있다.
② 밤나무가 많다.
③ 얼음을 저장하던 창고가 있다.
④ 기와를 굽던 큰 가마터가 있다.

7 관련 단원 : 1학기 / 2. ❷ 우리 고장의 문화유산

다음에서 설명하는 문화유산은? ·········· (   )

지방의 교육을 담당했던 교육 기관으로, 조상들이 성현의 제사와 교육을 중요하게 생각했다는 것을 알 수 있다.

① 누비   ② 탈춤
③ 향교   ④ 첨성대

8 관련 단원 : 1학기 / 2. ❷ 우리 고장의 문화유산

다음 대화의 밑줄 친 부분에 들어갈 내용으로 알맞은 것은? ·········· (   )

답사를 할 때 주의할 점은 뭐야?

① 함부로 사진을 찍지 않아야 해.
② 설명을 들을 때 적을 필요가 없어.
③ 질문할 내용은 미리 준비하면 안 돼.
④ 문화유산을 꼼꼼히 만지며 살펴봐야 해.

9 관련 단원 : 1학기 / 3. ❶ 교통수단의 발달과 생활 모습의 변화

다음은 지온이의 일기이다. ☐ 안에 들어갈 교통수단은? ·········· (   )

20△△년 △△월 △△일 △요일

가족 여행

아침 일찍 가족들과 함께 공항으로 갔다. 제주도로 가는 ☐☐을/를 타니 약 한 시간 후에 제주 공항에 도착했다. 할아버지께서는 "할아버지가 어렸을 때에는 제주도 같은 섬에 갈 생각도 못했단다. 배를 타고도 며칠이 걸렸으니 말이야."라고 말씀하셨다.

'내가 옛날에 태어났더라면 이곳에 와 볼 수 있었을까?'라는 생각이 들었다.

① 쾌속선   ② 비행기
③ 경운기   ④ 고속 열차

사 회

10 다음 교통수단의 공통점으로 알맞은 것은?…(   )

| 해상 구조 보트 | 산악 구조 헬리콥터 |

① 철길을 따라 이동한다.
② 관광을 위한 교통수단이다.
③ 구조를 위한 교통수단이다.
④ 산이 있는 지역에서 이용한다.

12 다음 생활 모습과 관련 있는 통신 수단은?…(   )

| 가게에 가지 않아도 물건을 살 수 있음. | 친구들과 직접 만나지 않고 과제를 의논할 수 있음. |

① 무전기   ② 인터폰
③ 휴대 전화   ④ 길도우미

11 다음 통신 수단에 어울리는 설명 카드는? … (   )

① 북을 크게 쳐서 알렸다.

② 사람을 보내서 소식을 전했다.

③ 많은 사람이 볼 수 있도록 글을 써서 붙였다.

④ 낮에는 연기, 밤에는 횃불로 소식을 알렸다.

13 다음 ㉠에 들어갈 자연환경으로 알맞은 것은?(   )

㉠ 을/를 이용하는 모습

① 산   ② 들
③ 하천   ④ 바다

관련 단원 : 2학기 / 1. ❶ 우리 고장의 환경과 생활 모습

14 다음 고장에 사는 사람들이 주로 하는 일로 알맞은 것은?
.... ( )

① 버섯을 기른다.
② 물고기를 잡는다.
③ 김과 미역을 기른다.
④ 백화점에서 물건을 판다.

관련 단원 : 2학기 / 1. ❷ 환경에 따른 의식주 생활 모습

15 다음 ㉠에 들어갈 알맞은 음식은? .... ( )

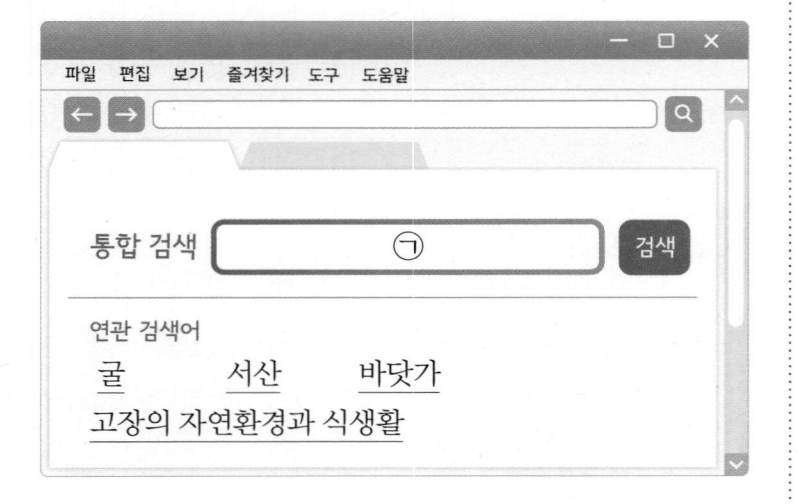

① 평양냉면   ② 옥돔구이
③ 어리굴젓   ④ 감자 옹심이

관련 단원 : 2학기 / 1. ❷ 환경에 따른 의식주 생활 모습

16 다음 집에 대해 알맞게 말한 사람은? .... ( )

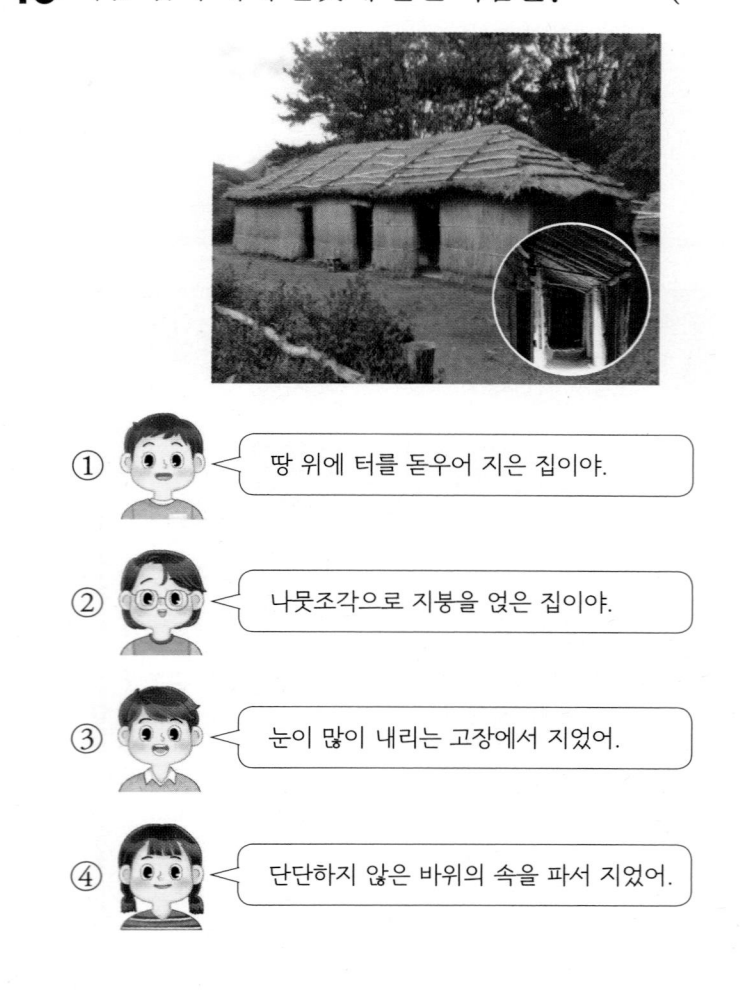

① 땅 위에 터를 돋우어 지은 집이야.

② 나뭇조각으로 지붕을 얹은 집이야.

③ 눈이 많이 내리는 고장에서 지었어.

④ 단단하지 않은 바위의 속을 파서 지었어.

관련 단원 : 2학기 / 2. ❶ 옛날과 오늘날의 생활 모습

17 다음은 현우가 정리한 내용이다. 주제로 알맞은 것은?
.... ( )

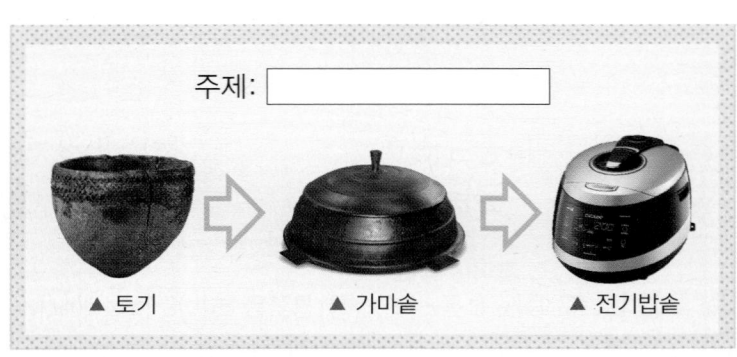

주제:

▲ 토기   ▲ 가마솥   ▲ 전기밥솥

① 음식을 만드는 도구의 발달
② 옷감을 만드는 도구의 발달
③ 동물을 사냥하는 도구의 발달
④ 곡식을 수확하는 도구의 발달

관련 단원 : 2학기 / 2. ❶ 옛날과 오늘날의 생활 모습

18 다음 ㉠에 들어갈 도구로 알맞은 것은? …… (　　　)

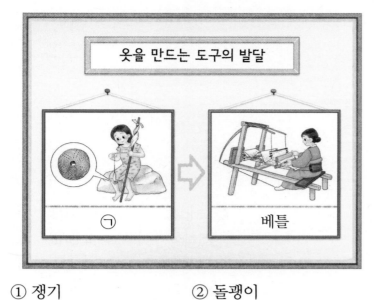

① 쟁기　　　　　② 돌괭이
③ 가락바퀴　　　④ 주먹도끼

관련 단원 : 2학기 / 2. ❶ 옛날과 오늘날의 생활 모습

19 다음 세 고개의 정답으로 알맞은 집은? …… (　　　)

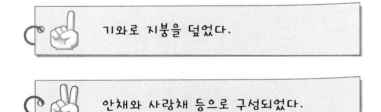

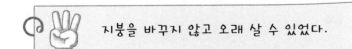

① 움집　　　　　② 귀틀집
③ 아파트　　　　④ 기와집

관련 단원 : 2학기 / 2. ❷ 옛날과 오늘날의 세시 풍속

20 다음 세시 풍속을 볼 수 있는 명절은? …… (　　　)

① 동지　　　　　② 추석
③ 한식　　　　　④ 정월 대보름

관련 단원 : 2학기 / 2. ❷ 옛날과 오늘날의 세시 풍속

21 다음 질문에 대한 댓글로 알맞은 것은? …… (　　　)

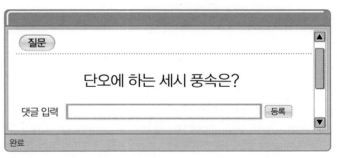

① 방 안에 신발 두기
② 송편과 토란국 먹기
③ 그네뛰기와 씨름하기
④ 윷놀이 하며 운세 점치기

관련 단원 : 2학기 / 3. ❶ 가족의 구성과 역할 변화

22 다음 편지의 밑줄 친 ㉠~㉣ 중 옛날부터 이어져 내려오는 결혼식의 모습은? ·········· (   )

삼촌께

안녕하세요? 저 민주예요.

지난주 삼촌의 결혼식에서 ㉠검은색 턱시도를 입은 삼촌과 ㉡흰색의 드레스를 입은 숙모가 서로 ㉢결혼반지를 주고받은 모습이 기억에 남아요. 삼촌과 숙모께서 ㉣한복을 입고 폐백을 드리는 모습도 신기했어요.

결혼을 진심으로 축하드려요.

삼촌과 숙모가 행복하게 잘 살았으면 좋겠어요.

안녕히 계세요.

20○○년 ○○월 ○○일

민주 올림

① ㉠

② ㉡

③ ㉢

④ ㉣

관련 단원 : 2학기 / 3. ❶ 가족의 구성과 역할 변화

23 다음 ㉠과 ㉡에 들어갈 가족의 형태를 알맞게 짝 지은 것은? ················· (   )

우리 가족은 저와 부모님이 함께 사는 ㉠ 입니다. 해림이네 가족은 할아버지, 할머니, 부모님 그리고 해림이가 한 집에 사는 ㉡ 입니다.

	㉠	㉡
①	핵가족	핵가족
②	핵가족	확대 가족
③	확대 가족	핵가족
④	확대 가족	확대 가족

관련 단원 : 2학기 / 3. ❶ 가족의 구성과 역할 변화

24 다음 대화를 통해 알 수 있는 토의 주제로 알맞은 것은? ············· (   )

① 가족 간 갈등 해결하기

② 오늘날 핵가족이 늘어난 이유

③ 옛날에 확대 가족이 많았던 이유

④ 가족 구성원의 역할이 변화한 까닭

관련 단원 : 2학기 / 3. ❷ 다양한 가족이 살아가는 모습

25 다음 기사와 관련된 가족의 형태로 알맞은 것은? ················· (   )

○○신문   20○○년 ○○월 ○○일

우리 가족 참 많죠?

김□□ 씨 부부의 자녀들은 모두 10명이다. 그중에 8명은 가슴으로 낳은, 입양한 아이들이다. 몇 명의 아이에게 장애가 있지만, 김□□ 씨 부부는 모든 아이가 건강하게 자라도록 사랑으로 보살피고 있다. 아이들도 부모님처럼 다른 사람들을 도와주며 사는 것이 꿈이다.

① 재혼 가족

② 입양 가족

③ 조손 가족

④ 다문화 가족

♣ 수고하였습니다. ♣
답안지에 답을 정확히 표기하였는지 확인하시오.

초등학교 4학년 기초학력 진단검사

수 학

제3교시

( )초등학교 4학년 ( )반 ( )번 이름 ( )

정답 ▶ 10쪽

❖ 검사지의 문항 수(25문항)와 면수(5면)를 확인하시오.
❖ 답안지에 학교명, 반, 번호, 이름을 정확히 쓰시오.
❖ 모든 문제는 문제당 4점입니다.

관련 단원 : 1학기 / 4. 곱셈

1 20×4의 계산 과정을 수 모형으로 나타낸 그림이다. □ 안에 알맞은 수는? ·········· ( )

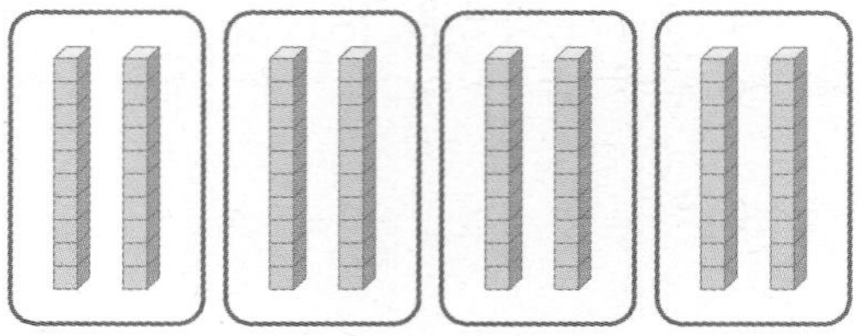

$$20 \times 4 = \boxed{}$$

① 20　　　　　② 40
③ 60　　　　　④ 80

관련 단원 : 1학기 / 2. 평면도형

2 다음 중 직각삼각형은? ·········· ( )

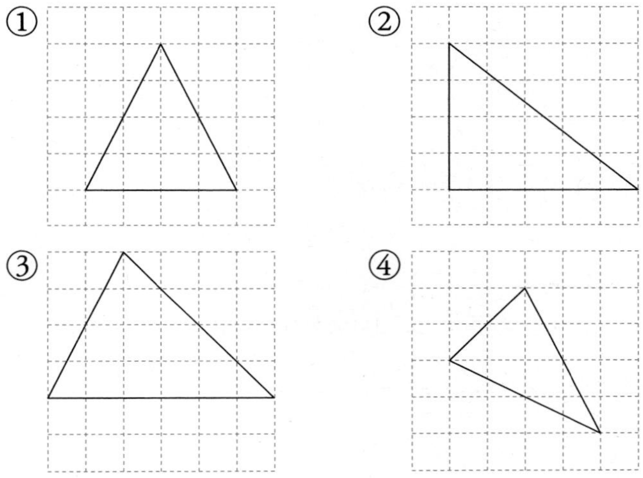

①　　　　　②

③　　　　　④

관련 단원 : 1학기 / 2. 평면도형

3 다음 도형에서 각의 개수는? ·········· ( )

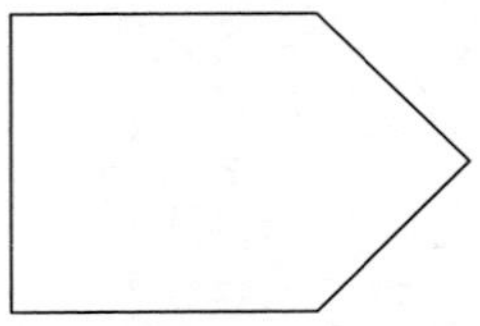

① 3개　　　　　② 4개
③ 5개　　　　　④ 없음

관련 단원 : 1학기 / 1. 덧셈과 뺄셈

4 □ 안에 알맞은 수는? ·········· ( )

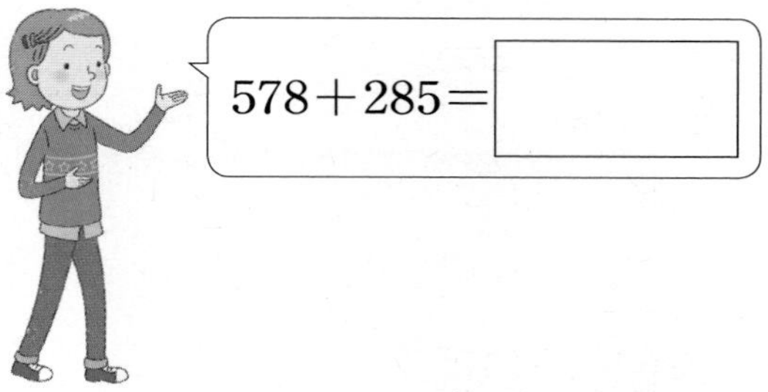

$$578 + 285 = \boxed{}$$

① 753　　　　　② 763
③ 853　　　　　④ 863

관련 단원 : 1학기 / 4. 곱셈

5 빈칸에 알맞은 수는? ·········· ( )

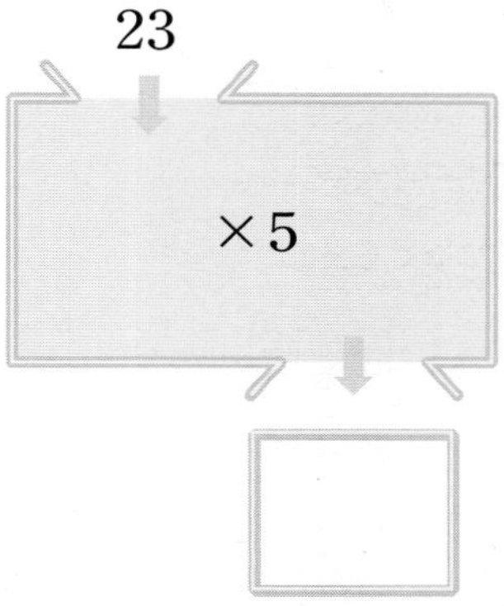

23

$\times 5$

① 125　　　　　② 115
③ 105　　　　　④ 28

관련 단원 : 1학기 / 3. 나눗셈

6 사탕 45개를 9명에게 똑같이 나누어 주려고 한다. 한 명에게 줄 수 있는 사탕의 수는? ·········· ( )

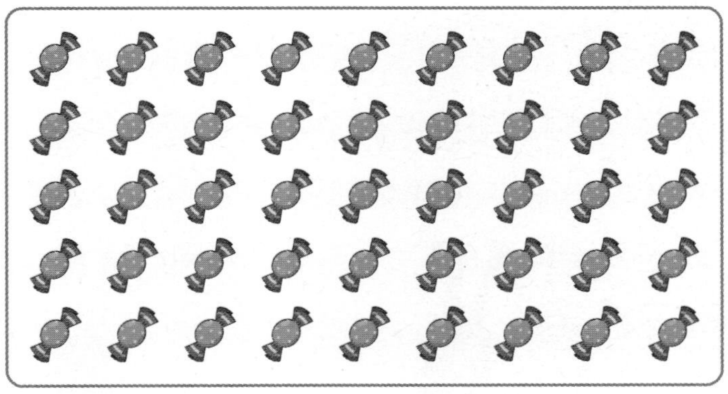

① 5개　　　　　② 6개
③ 7개　　　　　④ 8개

7 관련 단원 : 2학기 / 3. 원

다음과 같은 모양을 그리기 위하여 컴퍼스의 침을 꽂아야 할 곳의 수는? ·························· (   )

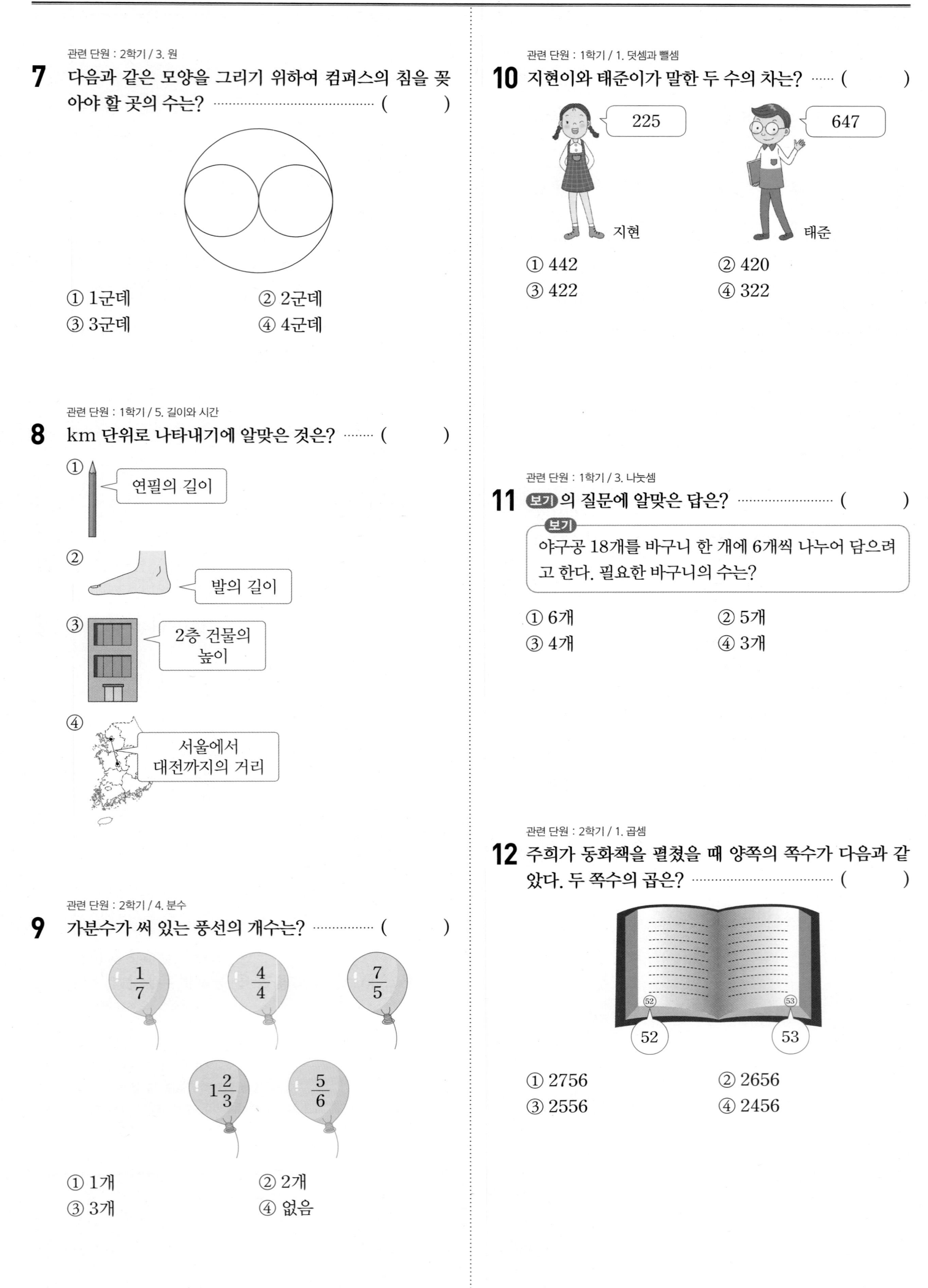

① 1군데   ② 2군데
③ 3군데   ④ 4군데

8 관련 단원 : 1학기 / 5. 길이와 시간

km 단위로 나타내기에 알맞은 것은? ········ (   )

① 연필의 길이

② 발의 길이

③ 2층 건물의 높이

④ 서울에서 대전까지의 거리

9 관련 단원 : 2학기 / 4. 분수

가분수가 써 있는 풍선의 개수는? ·············· (   )

$\frac{1}{7}$ $\frac{4}{4}$ $\frac{7}{5}$

$1\frac{2}{3}$ $\frac{5}{6}$

① 1개   ② 2개
③ 3개   ④ 없음

10 관련 단원 : 1학기 / 1. 덧셈과 뺄셈

지현이와 태준이가 말한 두 수의 차는? ······ (   )

225   647

지현   태준

① 442   ② 420
③ 422   ④ 322

11 관련 단원 : 1학기 / 3. 나눗셈

보기 의 질문에 알맞은 답은? ····················· (   )

보기

야구공 18개를 바구니 한 개에 6개씩 나누어 담으려고 한다. 필요한 바구니의 수는?

① 6개   ② 5개
③ 4개   ④ 3개

12 관련 단원 : 2학기 / 1. 곱셈

주희가 동화책을 펼쳤을 때 양쪽의 쪽수가 다음과 같았다. 두 쪽수의 곱은? ························· (   )

52   53

① 2756   ② 2656
③ 2556   ④ 2456

수　학

관련 단원 : 2학기 / 6. 자료의 정리

13 수지가 지난 일 년 동안 읽은 책을 조사하여 나타낸 그림그래프이다. 수지가 일 년 동안 가장 많이 읽은 책은? ·························· (　　　)

일 년 동안 읽은 책

① 위인전　　　　　② 동화책
③ 과학책　　　　　④ 동시집

관련 단원 : 1학기 / 5. 길이와 시간

14 유라가 훌라후프 돌린 시간을 초로 바르게 나타낸 것은? ·························· (　　　)

① 88초　　　　　② 128초
③ 148초　　　　　④ 228초

관련 단원 : 1학기 / 6. 분수와 소수

15 다음 중 □ 안에 들어갈 수 있는 수는? ········ (　　　)

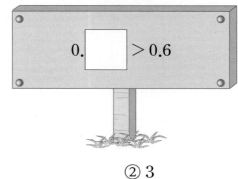

$0.\boxed{} > 0.6$

① 1　　　　　② 3
③ 5　　　　　④ 7

관련 단원 : 2학기 / 4. 분수

16 다정이가 동주에게 주려는 구슬 수는? ········ (　　　)

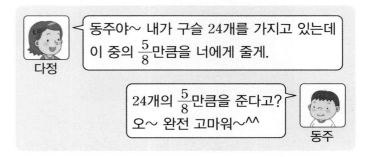

① 6개　　　　　② 9개
③ 12개　　　　　④ 15개

관련 단원 : 2학기 / 1. 곱셈

17 석민이는 50원짜리 동전을 70개 모았다. 석민이가 모은 50원짜리 동전의 값은? ···················· (　　　)

① 350원　　　　　② 3000원
③ 3500원　　　　　④ 4200원

관련 단원 : 1학기 / 6. 분수와 소수

18 보기의 도형의 전체로 알맞은 도형을 그린 것은?
.... ( )

보기

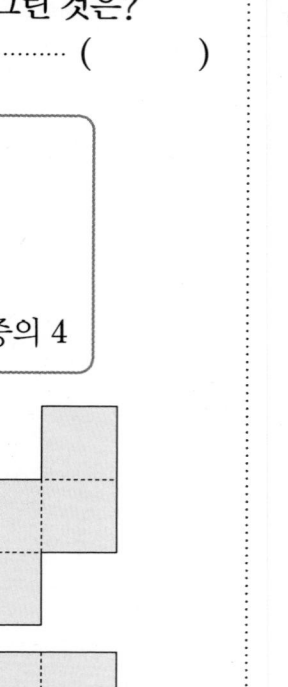

전체를 똑같이 5로 나눈 것 중의 4

① 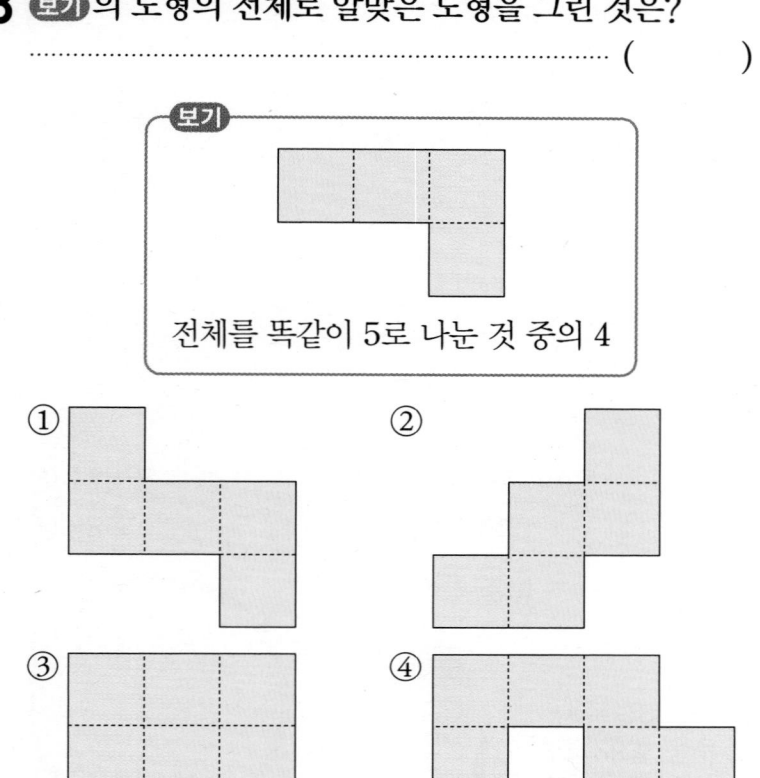　② 　③ 　④

관련 단원 : 2학기 / 5. 들이와 무게

19 두 가방의 무게의 합은? ·············· ( )

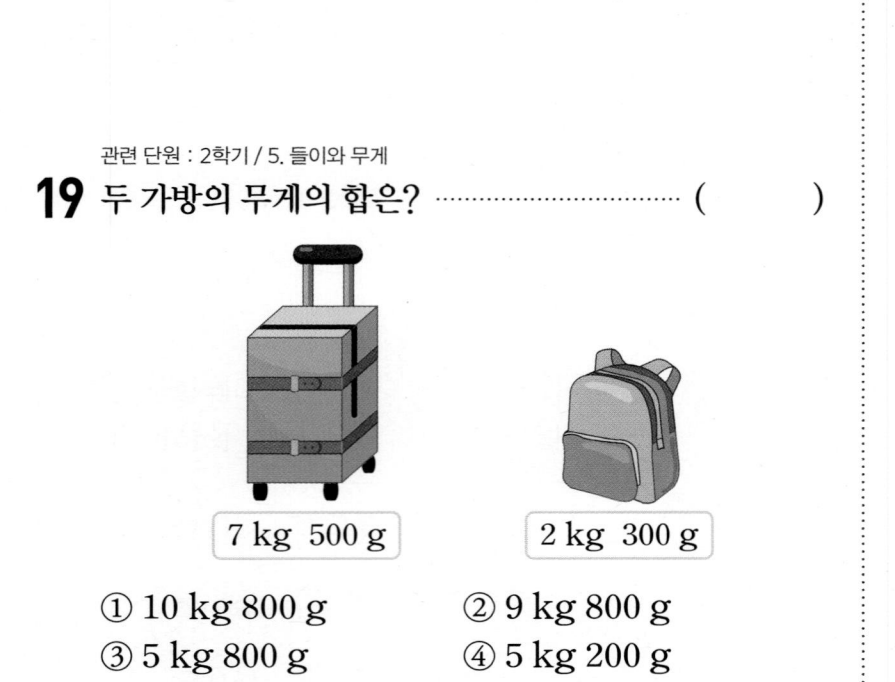

7 kg 500 g　　2 kg 300 g

① 10 kg 800 g　　② 9 kg 800 g
③ 5 kg 800 g　　④ 5 kg 200 g

관련 단원 : 2학기 / 2. 나눗셈

20 ㉠에 알맞은 수는? ·············· ( )

㉠÷3＝15 … 1

① 45　　② 46
③ 47　　④ 48

관련 단원 : 2학기 / 2. 나눗셈

21 과일 가게에 토마토가 75개 있다. 이 토마토를 한 봉지에 8개씩 담아 팔았을 때 남은 토마토의 수는?
.... ( )

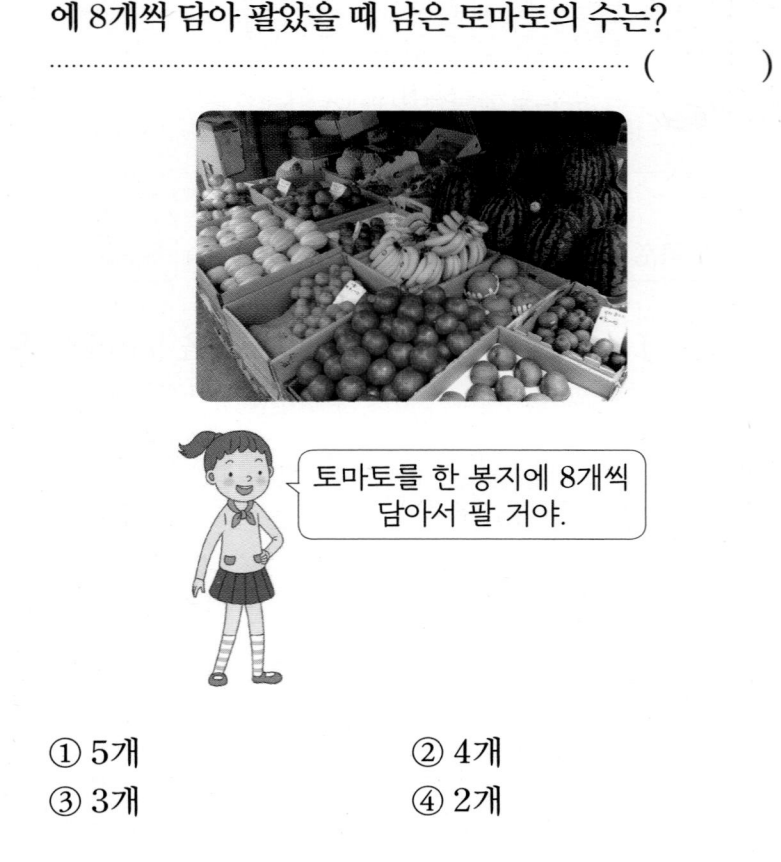

토마토를 한 봉지에 8개씩 담아서 팔 거야.

① 5개　　② 4개
③ 3개　　④ 2개

관련 단원 : 2학기 / 3. 원

22 점 ㄱ과 점 ㄴ은 각각 원의 중심이다. 선분 ㄱㄷ의 길이는? ·· (   )

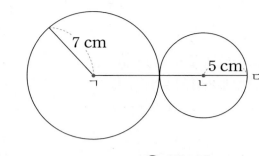

① 12 cm   ② 17 cm

③ 19 cm   ④ 24 cm

관련 단원 : 2학기 / 5. 들이와 무게

23 들이가 다음과 같은 컵으로 각각 들이가 같은 물통에 물을 가득 채우려고 한다. 물을 붓는 횟수가 가장 적은 것은? ·· (   )

① 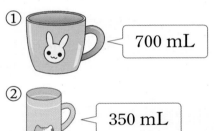 700 mL

② 350 mL

③  820 mL

④  200 mL

관련 단원 : 2학기 / 6. 자료의 정리

24 미진이네 학교 4학년 학생들이 좋아하는 계절을 조사하여 그림그래프로 나타낸 것이다. 여름을 좋아하는 학생 수와 겨울을 좋아하는 학생 수의 차는? (   )

좋아하는 계절별 학생 수

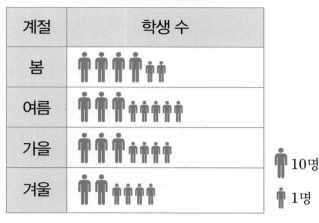

① 10명   ② 11명

③ 12명   ④ 13명

관련 단원 : 2학기 / 6. 자료의 정리

25 영지네 반과 호원이네 반이 함께 체험 학습을 가기 위해 학생들이 가고 싶은 장소를 조사하였다. 영지네 반과 호원이네 반 학생들이 함께 체험 학습으로 가면 좋은 장소는? ·· (   )

체험 학습으로 가고 싶은 장소별 학생 수

장소	박물관	식물원	동물원	미술관	합계
영지네 반 학생 수(명)	4	3	4	3	14
호원이네 반 학생 수(명)	2	3	5	4	14

① 박물관   ② 식물원

③ 동물원   ④ 미술관

♣ 수고하였습니다. ♣
답안지에 답을 정확히 표기하였는지 확인하시오.

초등학교 4학년 기초학력 진단검사
과 학

( )초등학교　　4학년 ( )반 ( )번　　이름 ( )

정답 ▶ 12쪽

❖ 검사지의 문항 수(25문항)와 면수(6면)를 확인하시오.
❖ 답안지에 학교명, 반, 번호, 이름을 정확히 쓰시오.
❖ 모든 문제는 문제당 4점입니다.

관련 단원 : 1학기 / 4. 자석의 이용

1 다음 자석에 붙는 물체의 공통점으로 옳은 것은?
.... ( )

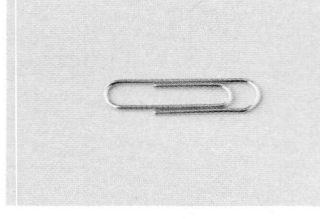

▲ 철못　　　　　　▲ 클립

① 검은색이다.
② 크기가 작다.
③ 철로 만들어졌다.
④ 금속으로 만들어졌다.

관련 단원 : 1학기 / 4. 자석의 이용

2 다음 나침반에 대한 설명으로 옳지 <u>않은</u> 것은?
.... ( )

▲ 나침반

① 나침반 바늘은 자석의 성질을 지닌다.
② 나침반 바늘은 항상 동쪽과 서쪽을 가리킨다.
③ 막대자석을 나침반에 가까이 가져가면 나침반 바늘이 자석의 극을 가리킨다.
④ 막대자석을 나침반에서 멀어지게 하면 나침반 바늘이 원래 가리키던 방향으로 되돌아간다.

관련 단원 : 1학기 / 4. 자석의 이용

3 고리 자석의 극을 알아보기 위해 오른쪽과 같이 고리 자석에 막대자석의 N극을 가까이 가져갔더니 막대자석이 고리 자석의 윗면을 끌어당겼다. 이것으로 알 수 있는 점은? .... ( )

고리 자석

① 고리 자석 윗면은 N극이다.
② 고리 자석 윗면은 S극이다.
③ 고리 자석은 자석의 극이 없다.
④ 고리 자석은 자석의 극이 한 개 있다.

관련 단원 : 2학기 / 5. 소리의 성질

4 다음 활동으로 알 수 있는 소리가 나는 물체의 공통점은?
.... ( )

▲ 소리를 내면서 목에 손을 대 보기　▲ 소리가 나는 스피커에 손을 대 보기　▲ 소리가 나는 소리굽쇠를 물에 대 보기

① 소리가 나는 물체에는 떨림이 있다.
② 소리가 나는 물체는 금속으로 되어 있다.
③ 물체를 다른 물체에 대 보면 소리가 난다.
④ 소리가 나는 물체에 손을 대면 소리가 커진다.

관련 단원 : 2학기 / 5. 소리의 성질

5 다음 실로폰을 이용해 소리의 높낮이를 비교하는 활동으로 옳은 것은? ·································· (   )

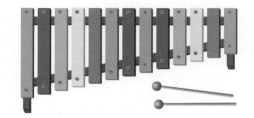

① 실로폰의 짧은 음판을 칠 때와 긴 음판을 칠 때의 소리를 비교한다.
② 실로폰의 같은 음판을 약하게 칠 때와 세게 칠 때의 소리를 비교한다.
③ 실로폰의 같은 음판을 한 번 칠 때와 여러 번 칠 때의 소리를 비교한다.
④ 실로폰의 짧은 음판을 손으로 잡고 칠 때와 손을 놓고 칠 때의 소리를 비교한다.

관련 단원 : 2학기 / 5. 소리의 성질

6 다음 중 소리가 반사되는 성질과 관련이 <u>없는</u> 것은?
·· (   )

①
▲ 소리가 울리는 목욕탕

②
▲ 도로 방음벽

③
▲ 실 전화기

④
▲ 공연장 천장에 설치된 반사판

관련 단원 : 1학기 / 2. 물질의 성질

7 다음과 같은 성질이 있는 물질은? ·············· (   )

- 쉽게 구부러진다.
- 물에 젖지 않는다.
- 잘 미끄러지지 않는다.
- 당기면 늘어났다가 놓으면 다시 돌아온다.

① 나무
② 금속
③ 고무
④ 플라스틱

관련 단원 : 1학기 / 2. 물질의 성질

8 다음 자전거의 각 부분을 이루고 있는 물질에 대한 설명으로 옳지 <u>않은</u> 것은? ····························· (   )

① 체인 : 튼튼해야 하므로 금속으로 만든다.
② 몸체 : 가볍고 튼튼해야 하므로 플라스틱으로 만든다.
③ 타이어 : 충격을 잘 흡수하고 탄력이 있어야 하므로 고무로 만든다.
④ 손잡이 : 부드럽고 미끄러지지 않도록 고무나 플라스틱으로 만든다.

관련 단원 : 1학기 / 2. 물질의 성질

9 다음과 같이 물, 붕사, 폴리비닐 알코올을 섞어 탱탱볼을 만들며 섞기 전과 섞은 후의 물질의 성질 변화를 관찰하였다. 이 실험으로 알 수 있는 사실은?(   )

▲ 따뜻한 물에 붕사 두 숟가락을 넣고 젓기

▲ 폴리비닐 알코올을 다섯 숟가락 넣고 저은 뒤 3분 정도 기다리기

▲ 엉긴 물질을 꺼내 주무르면서 공 모양 만들기

① 처음에 가지고 있던 물질의 성질은 항상 그대로 유지된다.

② 물질의 성질 중 색깔, 손으로 만졌을 때의 느낌은 변하지 않는다.

③ 섞은 후 변한 물질의 성질은 시간이 지나면 다시 원래 성질을 되찾는다.

④ 서로 다른 물질을 섞으면 섞기 전에 각 물질이 가지고 있던 성질이 변한다.

관련 단원 : 2학기 / 4. 물질의 상태

10 다음과 같은 특징을 가진 물질의 상태는? … (   )

> 담는 그릇에 관계없이 모양과 부피가 일정하다.

① 고체　　　　　　② 액체
③ 기체　　　　　　④ 고체, 액체

관련 단원 : 2학기 / 4. 물질의 상태

11 다음 중 생활 속에서 공기가 이동하는 성질을 이용한 예가 아닌 것은? ………………………… (   )

①
▲ 부채

②
▲ 선풍기

③
▲ 공기 주입기

④
▲ 풍선 미끄럼틀

관련 단원 : 2학기 / 4. 물질의 상태

12 다음과 같이 공기 주입 마개를 끼운 페트병의 무게를 측정한 다음, 공기 주입 마개를 열 번 누른 후 페트병의 무게를 측정하였다. 이 실험으로 알 수 있는 공기의 성질로 옳은 것은? ………………………… (   )

공기 주입 마개

① 공기는 무게가 있다.
② 공기는 매우 가볍다.
③ 공기는 공간을 차지한다.
④ 공기의 무게는 측정할 수 없다.

관련 단원 : 2학기 / 4. 물질의 상태

13 다음 중 물질의 상태가 나머지 셋과 <u>다른</u> 하나는? ·········· ( )

① ▲ 꿀
② ▲ 모래
③ ▲ 우유
④ ▲ 기름

관련 단원 : 1학기 / 3. 동물의 한살이

15 다음은 배추흰나비의 한살이를 나타낸 것이다. 각 과정에 대한 설명으로 옳은 것은? ·········· ( )

> ㉠ 배추흰나비알 ➡ ㉡ 배추흰나비 애벌레 ➡ ㉢ 배추흰나비 번데기 ➡ ㉣ 배추흰나비 어른벌레

① ㉠ : 공 모양으로 초록색이다.
② ㉡ : 먹이를 먹고 몸 표면이 매끄럽다.
③ ㉢ : 털이 있고 크기가 커지며 자란다.
④ ㉣ : 번데기에서 나온다.

관련 단원 : 1학기 / 3. 동물의 한살이

16 다음 중 완전 탈바꿈을 하는 곤충이 <u>아닌</u> 것은? ·········· ( )

① ▲ 꿀벌

② ▲ 잠자리

③ ▲ 사슴벌레

④ ▲ 배추흰나비

관련 단원 : 1학기 / 3. 동물의 한살이

14 다음 중 암수 구별이 어려운 동물은? ········· ( )

① ▲ 무당벌레
② ▲ 원앙

③ ▲ 사슴

④ ▲ 꿩

관련 단원 : 2학기 / 2. 동물의 생활

17 다음 주변에서 볼 수 있는 동물의 특징에 대한 설명으로 옳은 것은? ·········· (   )

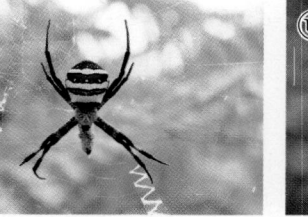
▲ 거미

▲ 잠자리

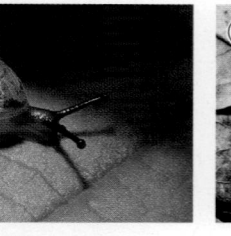
▲ 달팽이

▲ 공벌레

① ㉠ : 다리는 세 쌍이 있다.
② ㉡ : 날개는 한 쌍이 있다.
③ ㉢ : 미끄러지듯이 움직인다.
④ ㉣ : 다리는 네 쌍이 있고 기어 다닌다.

관련 단원 : 2학기 / 2. 동물의 생활

18 다음과 같이 동물을 분류한 기준으로 옳은 것은?
·········· (   )

그렇다.	그렇지 않다.
두더지, 개, 개구리	뱀, 지렁이, 송사리

① 다리가 있는가?
② 새끼를 낳는가?
③ 다른 동물을 먹는가?
④ 몸이 털로 덮여 있는가?

관련 단원 : 2학기 / 2. 동물의 생활

19 다음의 날아다니는 동물의 공통된 특징에 대한 설명으로 옳은 것은? ·········· (   )

▲ 참새

▲ 잠자리

① 날개가 있다.
② 다리가 한 쌍이 있다.
③ 날개가 두 쌍이 있다.
④ 몸이 깃털로 덮여 있다.

관련 단원 : 1학기 / 5. 지구의 모습

20 다음 지도를 보고, ㉠과 ㉡에 들어갈 말을 바르게 짝지은 것은? ·········· (   )

■ 육지　□ 바다

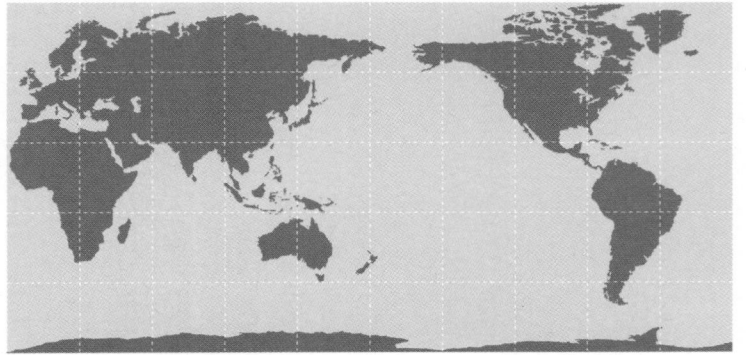

• 바다 칸의 수가 육지 칸의 수보다 더 　㉠　.
• 바다가 육지보다 더 　㉡　.

	㉠	㉡		㉠	㉡
①	적다	좁다	②	많다	넓다
③	적다	넓다	④	많다	좁다

관련 단원 : 1학기 / 5. 지구의 모습

21 다음 지구와 달에 대한 설명으로 옳지 않은 것은?
.... (   )

▲ 지구   ▲ 달

① 지구와 달에는 물과 공기가 있다.
② 지구와 달은 모두 둥근 공 모양이다.
③ 달의 표면에는 밝은 곳도 있고 어두운 곳도 있다.
④ 지구의 표면은 크게 육지와 바다로 나눌 수 있다.

관련 단원 : 2학기 / 3. 지표의 변화

22 다음 □ 안에 들어갈 알맞은 말은? .... (   )

> 오랜 시간에 걸쳐 물이나 나무뿌리 등에 의해 바위나 돌이 작게 부서진 알갱이와 생물이 썩어 생긴 물질들이 섞여서 □ 이/가 된다.

① 흙   ② 암석
③ 자갈   ④ 부식물

관련 단원 : 2학기 / 3. 지표의 변화

23 다음은 같은 양의 운동장 흙이 든 비커와 화단 흙이 든 비커에 물을 붓고 유리 막대로 저은 뒤 잠시 놓아둔 모습이다. 화단 흙이 든 비커의 기호와 그 비커를 고른 까닭을 바르게 설명한 것은? .... (   )

① ㉠, 물에 뜨는 물질이 많기 때문이다.
② ㉡, 물에 뜨는 물질이 적기 때문이다.
③ ㉠, 물에 가라앉는 물질이 적기 때문이다.
④ ㉡, 물에 가라앉는 물질이 많기 때문이다.

관련 단원 : 2학기 / 3. 지표의 변화

24 다음과 같이 장치하고 흙 언덕 위쪽에서 물을 흘려보내려고 한다. 침식 작용이 가장 활발하게 일어나는 부분은? .... (   )

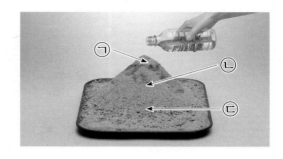

① ㉠   ② ㉡
③ ㉢   ④ ㉠, ㉢

관련 단원 : 2학기 / 3. 지표의 변화

25 다음은 강과 바닷가 주변에서 볼 수 있는 지형이다. 침식 작용보다 퇴적 작용이 활발하여 만들어진 지형이 아닌 것은? .... (   )

①    ②

▲ 강 하류   ▲ 모래 해변

③    ④

▲ 갯벌   ▲ 구멍이 뚫린 바위

> ♣ 수고하였습니다. ♣
> 답안지에 답을 정확히 표기하였는지 확인하시오.

제 1 회 연습 모의평가

초등학교 4학년 기초학력 진단검사

제5교시

영 어

( )초등학교 4학년 ( )반 ( )번 이름 ( )

정답 ▸ 14쪽

❖ 검사지의 문항 수(25문항)와 면수(5면)를 확인하시오.
❖ 답안지에 학교명, 반, 번호, 이름을 정확히 쓰시오.
❖ 모든 문제는 문제당 4점입니다.

1번부터 21번까지는 듣고 답하는 문제입니다. 녹음 내용을 잘 듣고, 물음에 답하기 바랍니다. 내용은 한 번만 들려줍니다.
듣기 자료는 '**교재 홈페이지 → 초등 → 학습지원 → 학습자료실**'에 있습니다.

1 다음을 듣고, 첫소리가 같은 낱말끼리 짝 지은 것을 고르시오. ( )

① ② ③ ④

2 다음을 듣고, 들려주는 낱말과 일치하는 물건을 고르시오. ( )

①
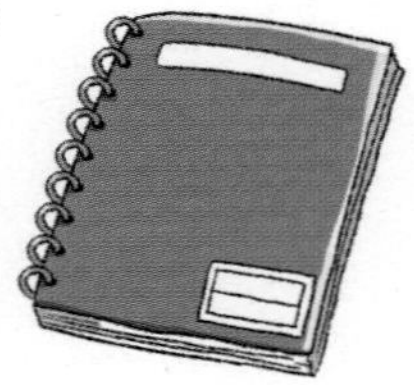
②
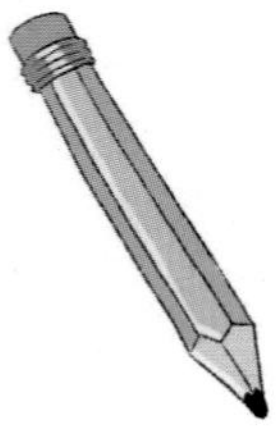
③
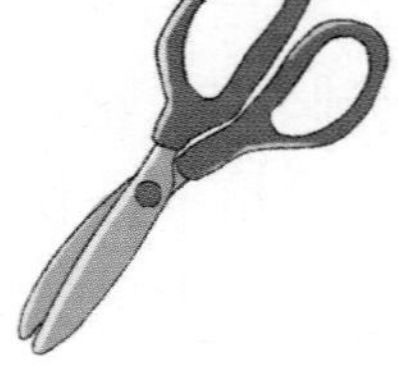
④
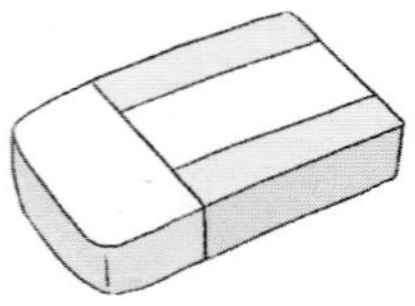

3 다음을 듣고, 이어질 응답으로 가장 알맞은 것을 고르시오. ( )

① ② ③ ④

4 다음을 듣고, 바르게 짝 지은 숫자를 고르시오. ( )

① 3 7 ② 3 5

③ 4 7 ④ 4 5

5 다음을 듣고, 그림과 낱말이 일치하는 것을 고르시오. ( )

①
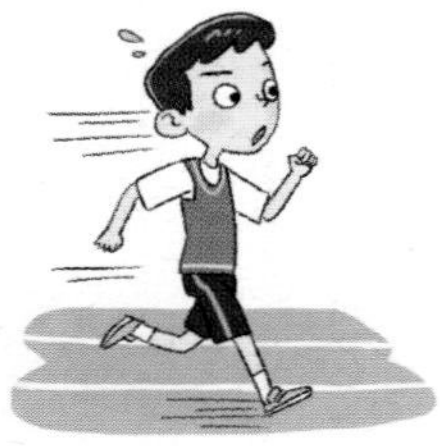
②
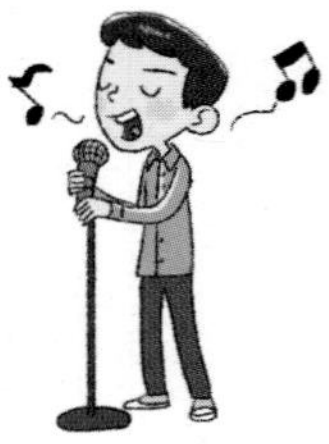
③
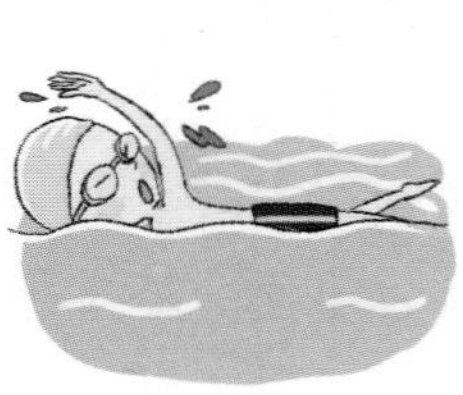
④
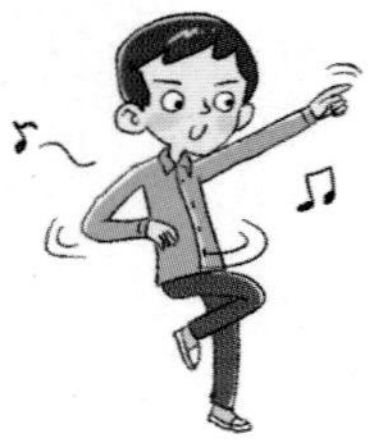

6 다음을 듣고, 그림에 <u>없는</u> 것을 고르시오. ·· (   )

①   ②   ③   ④

7 다음을 듣고, 이어질 대답으로 가장 알맞은 것을 고르시오. ─────────── (   )

①   ②   ③   ④

8 그림을 보고, 이어질 말로 알맞은 것을 고르시오.
─────────── (   )

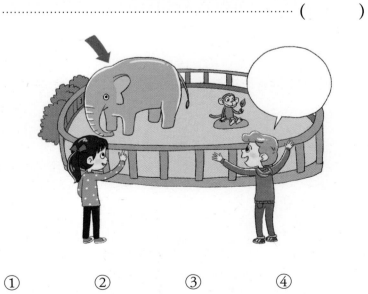

①   ②   ③   ④

9 다음을 듣고, 지시대로 행동한 어린이를 고르시오.
─────────── (   )

10 그림을 보고, 이어질 응답으로 가장 알맞은 것을 고르시오. ─────────── (   )

①   ②   ③   ④

11 그림을 보고, 이어질 대답으로 가장 알맞은 것을 고르시오. ·························· (　　　)

①　　　②　　　③　　　④

12 그림을 보고, 남자 어린이가 한 질문으로 가장 알맞은 것을 고르시오. ·························· (　　　)

①　　　②　　　③　　　④

13 대화를 듣고, 여자 어린이가 할 수 있다고 말한 것을 고르시오. ·························· (　　　)

① 수영하기　　　　② 달리기
③ 스키 타기　　　　④ 스케이트 타기

14 대화를 듣고, 이어질 응답으로 가장 알맞은 것을 고르시오. ·························· (　　　)

①　　　②　　　③　　　④

15 그림을 보고, 가장 알맞은 대화를 고르시오. (　　　)

①　　　②　　　③　　　④

16 대화를 듣고, 남자 어린이가 좋아한다고 말한 것을 고르시오. ·· (　　　)

① 생선　　　　　　② 피자
③ 치킨　　　　　　④ 우유

17 대화를 듣고, 누구에 대해 말하고 있는지 고르시오.
·· (　　　)

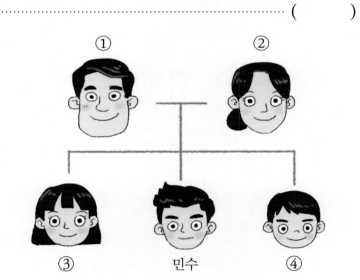

18 다음을 듣고, 이어질 응답으로 가장 알맞은 것을 고르시오. ·· (　　　)

①　　　　②　　　　③　　　　④

19 대화를 듣고, 나리의 나이를 고르시오. ······ (　　　)

① 7살　　　　　　② 8살
③ 9살　　　　　　④ 10살

20 대화를 듣고, 물건과 주인을 바르게 짝 지은 것을 고르시오. ·· (　　　)

	케이트	지훈
①	풀	자
②	풀	가위
③	가위	풀
④	가위	자

21 다음을 듣고, 자연스러운 대화를 고르시오. (　　　)

①　　　　②　　　　③　　　　④

이제 듣기 문제가 모두 끝났습니다. 22번부터는 검사지의 지시에 따라 답하기 바랍니다.

22 다음 중 대문자를 소문자로 바꾸어 짝 지은 것으로 옳은 것을 고르시오. ·················· (　　)

① D – d   ② I – h
③ G – j   ④ M – n

24 다음 낱말 카드를 읽고, 그 의미로 알맞은 것을 고르시오. ·················· (　　)

> sister

① 할머니   ② 엄마
③ 누나   ④ 아빠

23 다음 그림에 해당하는 낱말을 고르시오. ····· (　　)

① run   ② raining
③ ruler   ④ red

25 다음 낱말을 소문자로 고쳐 쓴 것으로 옳은 것을 고르시오. ·················· (　　)

> GREEN

① gleen   ② green
③ greem   ④ yreen

♣ 수고하였습니다. ♣
답안지에 답을 정확히 표기하였는지 확인하시오.

초등학교 4학년 기초학력 진단검사
국 어

제1교시

(　　　　)초등학교　　　4학년 (　　)반 (　　)번　　　이름 (　　　　　　　)

정답 ▶ 18쪽

❖ 검사지의 문항 수(25문항)와 면수(6면)를 확인하시오.
❖ 답안지에 학교명, 반, 번호, 이름을 정확히 쓰시오.
❖ 모든 문제는 문제당 4점입니다.

[1~2] 다음 글을 읽고 물음에 답하시오.

밤이 되면 장승 친구들은 신바람이 나요. 팔다리가 생겨 마음껏 뛰어놀 수 있거든요. 날아서 훨훨, 헤엄치며 　㉠　.

그렇지만 날이 밝기 전에 꼭 제자리로 돌아와야 해요. 그 약속을 어기면 다시는 움직일 수 없게 되니까요.

장승 친구들은 환한 보름달 아래에서 숨바꼭질도 해요.

"꼭꼭 숨어라. 머리카락 보인다."

"야, 이빨 보인다."

"아이고, 넌 배꼽 보여."

"주먹코도 보인다!"

㉡별빛처럼 맑은 웃음소리가 밤하늘을 수놓아요.

관련 단원 : 1학기 / 1. 재미가 톡톡톡

1 　㉠　에 들어갈 흉내 내는 말은? ··············· (　　　)

① 첨벙첨벙　　　　　　② 성큼성큼
③ 뒤뚱뒤뚱　　　　　　④ 다다다다

관련 단원 : 1학기 / 1. 재미가 톡톡톡

2 ㉡에 대해 바르게 설명한 것은? ··············· (　　　)

① 산새들이 지저귀는 소리가 귀에 들리듯이 실감 나게 표현했다.
② 장승들이 해맑게 웃으며 밤새 노는 모습을 아름답게 표현했다.
③ 장승들이 숨바꼭질을 하다가 다투는 모습을 흉내 내는 말로 표현했다.
④ 장승들이 모여 함께 밤하늘을 바라보는 모습을 눈에 보이듯이 표현했다.

[3~4] 다음 글을 읽고 물음에 답하시오.

㉠우리 조상은 여러 가지 한과를 만들어 먹었습니다. 한과는 전통 과자를 말합니다. 한과에는 약과, 강정, 엿처럼 여러 가지가 있습니다. 요즘에는 한과를 주로 시장에서 사 먹지만, 옛날에는 한과를 집에서 만들어 먹었습니다.

㉡약과는 밀가루를 꿀과 기름 따위로 반죽해 기름에 지진 과자입니다. 꿀물이나 조청에 넣어 두어 속까지 맛이 배면 꺼내어 먹습니다. 지금은 국화 모양을 본떠서 많이 만들지만, 옛날에는 새, 물고기 같은 모양으로 만들었다고 합니다. 약과를 만들 때에는 만들고 싶은 모양으로 나무를 파서, 반죽한 것을 그 속에 넣어 찍어 냅니다.

㉢강정은 찹쌀가루를 반죽해 기름에 튀긴 뒤에 고물을 묻힌 과자입니다. ㉣찹쌀가루를 반죽할 때에는 꿀과 술을 넣습니다. 그런 다음에 끈기가 생길 때까지 반죽을 쳐서 갸름하게 썰어 말린 뒤 기름에 튀깁니다. 깨, 잣가루, 콩가루와 같은 고물을 묻혀 먹습니다.

관련 단원 : 1학기 / 2. 문단의 짜임

3 ㉠~㉣ 중 다음과 같은 역할을 하는 문장은? · (　　　)

• 중심 문장을 덧붙여 설명하거나 예를 드는 방법들로 도와주는 문장

① ㉠　　　　　　　　② ㉡
③ ㉢　　　　　　　　④ ㉣

관련 단원 : 1학기 / 2. 문단의 짜임

4 이 글의 바로 뒤에 이어질 내용은? ·············· (　　　)

① 엿에 대해 설명하는 글
② 한과의 역사에 대해 설명하는 글
③ 한과와 오늘날의 과자를 비교하는 글
④ 한과를 먹어야 하는 까닭을 강조하는 글

관련 단원 : 1학기 / 3. 알맞은 높임 표현

5 다음 두 대화에서 빈칸에 공통으로 들어갈 표현은?
.... (   )

① -어.
② -다.
③ -니?
④ -습니다.

[6 ~ 7] 다음 편지를 읽고 물음에 답하시오.

할아버지, 그동안 안녕하셨어요?
할아버지, 생신 축하드려요.
할아버지 댁에 가면 항상 반갑게 맞아 주시고, 재미있는 이야기도 많이 들려주셔서 감사합니다.
작년 할아버지 생신에는 제가 다리를 다쳐서 찾아뵙지 못해 많이 아쉬웠어요. 그런데 이번 생신에는 가족 모두 모여서 즐거운 시간을 보낼 수 있어서 정말 기뻐요.
할아버지, 다시 한번 생신 축하드려요. 항상 건강하시길 바랄게요.

손자 정혁 올림

관련 단원 : 1학기 / 4. 내 마음을 편지에 담아

6 글쓴이와 같은 마음을 전하려는 사람은? .... (   )

① 유진: 줄넘기 대회에서 상을 받지 못한 호준이를 위로해 주고 싶어.
② 나은: 전국 그리기 대회에서 상을 탄 지수에게 축하하는 편지를 쓰려고 해.
③ 정음: 나리에게 달리기에서 져서 속상한 마음에 말도 걸지 않고 차갑게 굴어서 너무 미안했었어.
④ 민주: 동생과 다투었는데 동생 편만 든다고 아빠께 화를 내서 죄송했던 마음을 편지로 전하려 해.

관련 단원 : 1학기 / 4. 내 마음을 편지에 담아

7 편지에 쓸 내용 중 **빠진** 내용은? ················· (   )

① 첫인사
② 전하고 싶은 말
③ 쓴 날짜
④ 쓴 사람

관련 단원 : 1학기 / 5. 중요한 내용을 적어요

8 다음 글의 내용을 듣고 잘 메모한 것은? ····· (   )

복을 물어다 주는 제비

우리 조상은 제비를 복과 재물을 가져다주는 좋은 새라고 여겼습니다. 제비는 주로 음력 9월 9일 즈음 강남에 갔다가 3월 3일 즈음에 돌아오는데, 우리 조상은 이처럼 홀수가 겹치는 날을 운이 좋은 날이라 하여 길일이라고 불렀습니다. 따라서 좋은 날에 떠나 좋은 날에 돌아오는 제비는 그만큼 영리하고 행운을 가져다주는 동물일 것이라고 생각했던 것입니다. 그래서 집에 제비가 들어와 둥지를 틀면 좋은 일이 생길 것이라고 믿고 반겼습니다.

① 복을 물어다 주는 제비

② 복을 물어다 주는 제비
- 9월 9일, 3월 3일
- 제비 둥지

③ 복을 물어다 주는 제비
- 제비는 복과 재물을 가져다주는 새
- 좋은 날(홀수가 겹치는 날)에 떠나 좋은 날에 돌아옴, 영리하고 행운을 가져다줄 것이라고 생각함.

④ 복을 물어다 주는 제비
우리 조상은 제비를 복과 재물을 가져다주는 좋은 새라고 여겼습니다. 제비는 주로 음력 9월 9일 즈음 강남에 갔다가 3월 3일 즈음에 돌아오는데, ……

[9 ~ 10] 다음 그림을 보고 물음에 답하시오.

관련 단원 : 1학기 / 6. 일이 일어난 까닭

9 그림의 내용 중 결과에 해당하는 것은? …… (　　　)

① 골목 입구에 쓰레기가 쌓여 있어서 다니기 불편했다.
② 쓰레기를 종류별로 나눠서 버릴 수 있는 곳이 필요했다.
③ 쓰레기를 깔끔하게 버릴 수 있는 쓰레기 정거장을 만들었다.
④ 좁은 장소에 한꺼번에 쓰레기를 버려 사람들이 불편을 겪었다.

관련 단원 : 1학기 / 6. 일이 일어난 까닭

10 ㉠을 해결하기 위해 쓰레기 정거장에 한 조치는?
………………………………………………… (　　　)

① 방범 장치를 달아 두었다.
② 밤에는 환하게 불을 밝혀 놓았다.
③ '쓰레기 정거장'이라는 이름을 붙였다.
④ 쓰레기를 분류하여 버릴 수 있게 나누었다.

관련 단원 : 1학기 / 7. 반갑다, 국어사전

11 형태가 바뀌는 낱말의 기본형을 <u>잘못</u> 쓴 것은?
………………………………………………… (　　　)

	낱말	기본형
①	맑고, 맑아서, 맑으니	맑다
②	읽으니, 읽어서, 읽으면	읽으다
③	마시고, 마시니, 마시며	마시다
④	입어서, 입으니, 입고	입다

관련 단원 : 1학기 / 8. 의견이 있어요

12 다음 글에서 자 부인, 가위 색시, 바늘 각시의 의견은?
………………………………………………… (　　　)

하루는 아씨가 낮잠이 들었습니다. 그때 자 부인이 큰 키를 뽐내며 말했습니다.

자 부인: 아씨가 바느질을 잘 해내는 것은 다 내 덕이라고. 옷감의 넓고 좁음, 길고 짧음은 내가 아니면 알 수 없어. 그러니까 우리 중에서 가장 중요한 것은 바로 나라고!

그 말을 듣고 가위 색시가 입을 삐쭉이며 따지듯이 말했습니다.

가위 색시: 아니, 내 덕은 몰라라 하고 형님 자랑만 하는군요. 옷감을 잘 재어 본들 자르지 않으면 무슨 소용이 있나요? 내가 나서서 옷감을 잘라야 일이 된다고요.

그러자 앉아서 듣고만 있던 새침데기 바늘 각시가 따끔하게 쏘듯 한마디 합니다.

바늘 각시: 구슬이 서 말이라도 꿰어야 보배이지요. 내가 이 솔기 저 솔기 꿰매고 나서야 입을 옷이 되지 않나요? 내가 없으면 옷을 만드는 바느질은 절대로 할 수 없어요.

① 아씨는 부지런하다.
② 내가 제일 중요하다.
③ 아씨가 없으면 일을 할 수 없다.
④ 자 부인이 하는 일이 제일 중요하다.

관련 단원 : 2학기 / 1. 작품을 보고 느낌을 나누어요

13 다음 상황에서 여자아이의 말에 어울리는 말투는? ·· ( )

미안해.

① 진지한 말투
② 우렁찬 말투
③ 장난스러운 말투
④ 빈정거리는 말투

관련 단원 : 2학기 / 1. 작품을 보고 느낌을 나누어요

14 마지막 장면에서 장금이의 표정, 몸짓, 말투로 어울리지 <u>않는</u> 것은? ····················· ( )

고마운 줄 알아!

죄송합니다.

장금

▲ 강아지 몽몽이가 뛰어다니는 바람에 잔치에 쓸 국수가 엉망이 되고, 장금이는 수라간 궁녀에게 꾸중을 듣습니다.

표정	① 눈썹이 처지고 입을 다문 표정으로
	② 입꼬리를 살짝 올리며 웃는 표정으로
몸짓	③ 어깨를 움츠리고 고개를 숙이며
말투	④ 겁을 먹은 듯 낮고 느린 목소리로

[15 ~ 16] 다음 글을 읽고 물음에 답하시오.

봄 날씨를 나타내는 토박이말에는 '꽃샘추위', '꽃샘바람', '소소리바람' 같은 말이 있다. 이른 봄, 꽃이 필 무렵에 찾아오는 ㉠추위를 '꽃샘추위'라고 한다. 여기서 '샘'은 시기, 질투라는 뜻이다. 그래서 '꽃샘추위'는 꽃이 피는 것을 시샘하듯 몰아닥친 추위라는 뜻이 된다. 꽃샘추위 때 부는 바람은 '꽃샘바람'인데, 이보다 차고 매서운 바람은 '소소리바람'이다. 이 바람은 이른 봄에 살 속으로 스며드는 듯한 차고 매서운 바람을 일컫는다.

여름 날씨를 나타내는 토박이말에는 '마른장마', '무더위', '불볕더위' 같은 말이 있다. 여름이면 어김없이 장마와 더위가 찾아온다. 장마 때에는 비가 많이 오는데, 장마인데도 비가 오지 않거나 적게 오면 '마른장마'라고 한다. 더위는 크게 '무더위'와 '불볕더위'로 나눌 수 있다. '무더위'는 '물+더위'로 물기를 잔뜩 머금은 끈끈한 더위를 뜻하고, '불볕더위'는 '불볕+더위'로 볕이 불덩이처럼 뜨거운 더위를 뜻한다.

관련 단원 : 2학기 / 2. 중심 생각을 찾아요

15 날씨를 나타내는 토박이말과 그 뜻이 <u>잘못</u> 짝지어진 것은? ··· ( )

① 무더위 – 볕이 불덩이처럼 뜨거운 더위
② 소소리바람 – 꽃샘바람보다 차고 매서운 바람
③ 꽃샘추위 – 꽃이 피는 것을 시샘하듯 몰아닥친 추위
④ 마른장마 – 장마인데도 비가 오지 않거나 적게 오는 때

관련 단원 : 2학기 / 2. 중심 생각을 찾아요

16 ㉠과 반대되는 뜻의 낱말을 넣어 쓴 문장은? ··· ( )

① 날씨가 너무 <u>춥다</u>.
② 비가 오고 <u>찬</u> 바람이 불었다.
③ 선풍기 앞에서 <u>더위</u>를 식혔다.
④ 가을이 되니까 <u>서늘한</u> 바람이 분다.

[17 ~ 18] 다음 글을 읽고 물음에 답하시오.

> "㉠아이고,배야."
> 동생 주혁이가 끙끙 앓는 소리에 잠에서 깼다.
> "열이 39도가 넘잖아! 배도 많이 아파하고, 큰일이네."
> 걱정스럽게 말씀하시는 아빠의 목소리도 들렸다. 나는
> 눈을 비비고 자리에서 일어났다.
> "아빠, 무슨 일이에요?"
> 나는 주혁이 머리맡에 앉아 계신 아빠 옆으로 다가갔다.
> "주혁이가 열이 많이 나는구나. 아무래도 장염에 걸린
> 것 같다. 이번 가을에만 ㉡두 번째네."
> 아빠께서 걱정스럽게 말씀하셨다.

관련 단원 : 2학기 / 3. 자신의 경험을 글로 써요

17 ㉠에서 띄어 써야 할 곳에 바르게 ∨를 한 것은?

································ (   )

① 아이고,배∨야.
② 아이고,∨배야.
③ 아이고∨,배야.
④ 아이고,∨배∨야.

관련 단원 : 2학기 / 3. 자신의 경험을 글로 써요

18 ㉡과 같이 띄어 쓴 까닭을 쓸 때, 빈칸에 들어갈 알맞은 말은? ·············· (   )

> • 수를 나타내는 말과 [   ]을/를 나타내는 말 사이는 띄어 써야 하기 때문에 '두'와 '번' 사이를 띄어 썼다.

① 단위
② 이름
③ 움직임
④ 문장 부호

관련 단원 : 2학기 / 4. 감동을 나타내요

19 '사과'에 어울리는 감각적 표현이 아닌 것은? ·· (   )

① 동글동글
② 매끈매끈
③ 아삭아삭
④ 펄럭펄럭

관련 단원 : 2학기 / 4. 감동을 나타내요

20 그림에 어울리는 감각적 표현을 넣어 쓴 문장은?

································ (   )

① 아이들이 놀고 있다.
② 아이들이 축구를 한다.
③ 아이들이 주룩주룩 달린다.
④ 아이들이 공을 뻥뻥 차고 있다.

관련 단원 : 2학기 / 5. 바르게 대화해요

21 다음 장면에서 승민이가 할 말은? ············· (   )

① 고마워.
② 고맙다.
③ 고맙네.
④ 고맙습니다.

국 어

[22 ~ 23] 다음 글을 읽고 물음에 답하시오.

> (가) "힘껏 던져!"
>
> 친구들이 책가방을 향해 얌체공을 던졌어요. 박터뜨리기 연습을 하고 있는 거예요. 운동회가 코앞으로 다가왔지만 기찬이는 멀찍이 앉아 물끄러미 친구들을 쳐다보았어요.
>
> '치, 하나도 재미없어!'
>
> 기찬이는 운동에 자신이 없었거든요. 심술이 나 돌멩이를 발로 뻥 차 버렸어요.
>
> (나) 이튿날, 운동회에 나갈 선수를 뽑기로 했어요. 모두 들뜬 마음으로 선생님의 말씀에 귀 기울였어요.
>
> "제비뽑기로 선수를 뽑자. 누구나 한 경기씩 나갈 수 있도록 말이야."
>
> "말도 안 돼. 가장 잘하는 사람이 나가야 하는 것 아닌가요?"
>
> 아이들은 투덜거리며 제비를 뽑았어요. 기찬이의 제비뽑기 순서가 다가왔어요. 기찬이는 '이어달리기'가 쓰인 쪽지를 뽑았어요. 울상이 된 기찬이를 보고 친구들이 몰려들었어요.
>
> "안 봐도 질 게 뻔해!"
>
> "어떡해! 이어달리기가 가장 점수가 높은데!"

관련 단원 : 2학기 / 6. 마음을 담아 글을 써요

22 이어달리기 선수를 뽑은 방법은? ·············· (　　　)

① 제비뽑기로 뽑았다.
② 번호 순서대로 뽑았다.
③ 선생님께서 정해 주셨다.
④ 달리기를 가장 잘하는 사람을 뽑았다.

관련 단원 : 2학기 / 6. 마음을 담아 글을 써요

23 이어달리기 선수로 뽑힌 기찬이가 울상이 된 까닭은?
··· (　　　)

① 운동에 자신이 없어서
② 다른 경기를 하고 싶어서
③ 이어달리기는 인기가 없는 경기여서
④ 이어달리기와 다른 경기도 함께 나가게 되어서

[24 ~ 25] 다음 글을 읽고 물음에 답하시오.

> (가) 국기에는 그 나라의 땅이 담겨 있어.
>
> 미국 국기에는 줄과 별이 참 많지? 도대체 몇 개인지 한번 세어 볼까? 줄이 열세 개, 별이 오십 개야. 미국이 처음 나라를 세울 때에는 주가 열세 개였대. 열세 개의 줄은 그걸 기념하는 거야. 미국 땅이 점점 커져 주가 생길 때마다 국기의 별이 하나씩 늘어났는데 지금은 주가 오십 개라서 별도 오십 개가 된 거야. 땅과 함께 국기도 변한 거지.
>
> (나) 우리나라 국기인 태극기도 궁금하지?
>
> 일본에 나라를 빼앗긴 시대에는 태극기를 마음대로 사용하지 못했어.
>
> 일본이 태극기 사용을 금지했거든.
>
> 하지만 우리는 독립하려고 열심히 싸울 때마다 태극기를 힘차게 휘날렸어.
>
> 마침내 1945년에 나라를 되찾았고, 그동안 무늬가 조금씩 달랐던 태극기는 1949년에 지금의 태극기 모습으로 정해졌어.
>
> 우리나라 사람들의 평화를 사랑하는 마음은 태극기의 흰색에 담겨 있어.
>
> 태극 문양은 조화로운 우주를 뜻하고, 네 모서리의 사괘는 하늘, 땅, 물, 불을 나타낸 거야.

관련 단원 : 2학기 / 7. 글을 읽고 소개해요

24 태극기에 담긴 무늬에 대한 설명으로 알맞지 않은 것은? ··· (　　　)

① 별과 줄은 주의 개수를 기념한다.
② 사괘는 하늘, 땅, 물, 불을 나타낸다.
③ 태극 문양은 조화로운 우주를 뜻한다.
④ 평화를 사랑하는 마음은 흰색에 담겨 있다.

관련 단원 : 2학기 / 7. 글을 읽고 소개해요

25 이 글이 담긴 책을 소개하기 위해 '책 보물 상자'를 만들 때, 상자에 넣을 물건으로 알맞지 않은 것은?
··· (　　　)

① 태극기
② 책 표지
③ 미국 국기 사진
④ 북극 풍경 사진

> ♣ 수고하였습니다. ♣
> 답안지에 답을 정확히 표기하였는지 확인하시오.

초등학교 4학년 기초학력 진단검사
사 회

제2교시

( )초등학교 4학년 ( )반 ( )번 이름 ( )

정답 ▶ 20쪽

❖ 검사지의 문항 수(25문항)와 면수(6면)를 확인하시오.
❖ 답안지에 학교명, 반, 번호, 이름을 정확히 쓰시오.
❖ 모든 문제는 문제당 4점입니다.

관련 단원 : 1학기 / 1. ❶ 우리가 생각하는 고장의 모습

1 다음 장소 카드의 ㉠, ㉡에 들어갈 내용이 알맞게 짝 지어진 것은? ·· ( )

㉠

할머니 댁에 가려고 버스를 타는 곳이다.

놀이터

㉡

	㉠	㉡
①	공항	비행기를 타는 곳이다.
②	공항	책을 빌려 읽는 곳이다.
③	기차역	물건을 사고파는 곳이다.
④	버스 터미널	친구들과 즐겁게 노는 곳이다.

관련 단원 : 1학기 / 1. ❶ 우리가 생각하는 고장의 모습

2 다음 지아와 희철이가 그린 우리 고장의 모습을 바르게 비교한 내용은? ································· ( )

지아가 그린 그림

희철이가 그린 그림

① 희철이만 시장과 약국을 그렸다.
② 지아만 놀이터와 도서관을 그렸다.
③ 지아와 희철이 모두 산을 크게 그렸다.
④ 지아와 희철이가 그린 슈퍼마켓의 모양이 다르다.

관련 단원 : 1학기 / 1. ❷ 하늘에서 내려다본 고장의 모습

3 선생님의 질문에 대해 **잘못** 말한 사람은? ···· ( )

디지털 영상 지도를 이용할 때 좋은 점에는 무엇이 있을까요?

① 컴퓨터에서 쉽게 이용할 수 있어요.

② 고장의 위치를 쉽게 알 수 있어요.

③ 아래에서 올려다본 모습을 볼 수 있어요.

④ 고장의 전체적인 모습과 자세한 모습을 비교해 볼 수 있어요.

관련 단원 : 1학기 / 1. ❷ 하늘에서 내려다본 고장의 모습

4 다음 장소를 백지도에 효과적으로 나타내려고 할 때 표시로 알맞은 것은? ························· ( )

춘천 닭갈비 골목 : 닭갈비와 막국수를 파는 가게가 많이 있는 골목

① 기차를 그린다.
② 꽃 모양을 그린다.
③ 골대와 축구공을 그린다.
④ 숟가락, 젓가락을 그린다.

사 회

5 다음 옛날 사람들의 생활 모습과 관련된 지명은?
.... (   )

> 조선 시대에 백성들은 길에서 말을 타고 가는 양 반을 만나면 그 양반이 지나갈 때까지 엎드려 있어 야 했습니다. 그래서 백성들은 말을 탄 양반을 피 하려고 큰길에서 점점 좁은 길로 돌아가기 시작했 습니다.

① 탄천
② 기와말
③ 서빙고동
④ 피맛골

6 다음 조사 계획서 중 조사 방법에 들어갈 내용으로 알 맞지 <u>않은</u> 것은? .... (   )

우리 고장의 옛이야기 조사 계획서	
조사 주제	우리 고장 지명의 유래
조사 목적	지명의 유래로 우리 고장의 모습 알아보기
조사 기간	20△△년 △△월 △△일~△△월 △△일
조사 장소	우리 고장의 여러 장소, 우리 고장의 문화원
조사 내용	• 우리 고장에는 어떤 지명이 있을까? • 우리 고장에 전해 내려오는 지명에는 어떤 뜻이 담겨 있을까?
조사 방법	
준비물	지도, 수첩, 필기도구, 녹음기, 사진기 등
주의할 점	• 질문할 내용을 미리 정해 둔다. • 신뢰할 수 있는 정보를 검색한다.

① 고장의 어른께 여쭈어보기
② 옛이야기와 관련된 장소에 직접 방문하기
③ 고장의 문화원과 시·군·구청 누리집 검색하기
④ 사람이 많이 모이는 곳에서 사람들의 모습 관찰하기

7 다음 퀴즈의 정답으로 알맞은 문화유산은? (   )

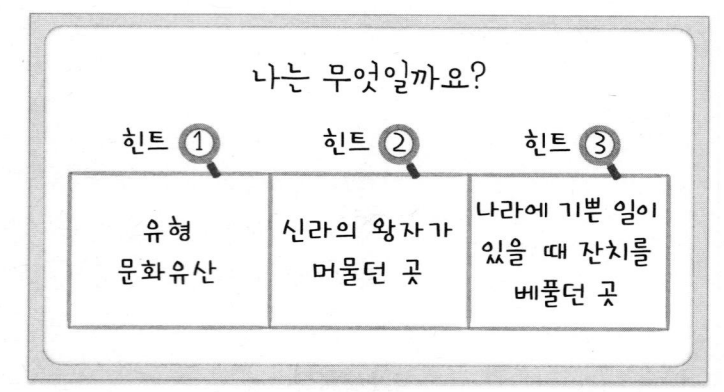

나는 무엇일까요?

힌트 ①	힌트 ②	힌트 ③
유형 문화유산	신라의 왕자가 머물던 곳	나라에 기쁜 일이 있을 때 잔치를 베풀던 곳

① 향교
② 경주 첨성대
③ 경주 불국사
④ 경주 동궁과 월지

8 다음은 문화 관광 해설사가 되어 문화유산을 소개하는 모습이다. ㉠에 들어갈 알맞은 내용은? ...... (   )

성덕 대왕 신종은 ㉠

성덕 대왕 신종

① 무형 문화유산입니다.
② '에밀레종'이라고도 합니다.
③ 화려하게 만든 아름다운 탑입니다.
④ 하늘의 별을 관찰하던 시설입니다.

사 회

관련 단원 : 1학기 / 3. ❶ 교통수단의 발달과 생활 모습의 변화

9 다음 학생이 설명하고 있는 교통수단은? ···· (   )

바람의 힘을 이용해 강을 건널 때 이용했던 옛날의 교통수단이야.

① 가마
② 돛단배
③ 쾌속선
④ 소달구지

관련 단원 : 1학기 / 3. ❶ 교통수단의 발달과 생활 모습의 변화

10 사람들이 산을 쉽고 빠르게 오르내리기 위해 이용하는 다음 교통수단은? ································· (   )

① 갯배
② 카페리
③ 경운기
④ 케이블카

관련 단원 : 1학기 / 3. ❷ 통신 수단의 발달과 생활 모습의 변화

11 다음 보기 에서 옛날 통신 수단을 이용하는 모습을 알맞게 고른 것은? ································· (   )

보기
ㄱ ▲ 휴대 전화로 약속을 정함.
ㄴ ▲ 연기를 피워서 상황을 알림.
ㄷ ▲ 사람을 시켜 편지를 보냄.
김 진사 댁에서 서찰이 왔습니다!
ㄹ ▲ 길도우미로 길을 찾음.

① ㄱ, ㄴ
② ㄱ, ㄹ
③ ㄴ, ㄷ
④ ㄷ, ㄹ

관련 단원 : 1학기 / 3. ❷ 통신 수단의 발달과 생활 모습의 변화

12 다음 상황을 해결하기 위한 방법으로 알맞은 것은? ································· (   )

앗, 알림장을 두고 왔잖아. 오늘 수학 숙제가 몇 쪽인지 알아야 하는데…….

① 텔레비전 뉴스를 본다.
② 선생님께 편지를 쓴다.
③ 친구에게 택배를 보낸다.
④ 친구에게 문자를 보내 물어본다.

관련 단원 : 2학기 / 1. ❶ 우리 고장의 환경과 생활 모습

13 다음 신문 기사와 관련된 계절에 주로 볼 수 있는 사람들의 생활 모습은? ·························· (　　　)

> ○○신문　　　　　　　20○○년 ○○월 ○○일
>
> ### 울긋불긋 오색 단풍, 이번 주 절정
>
> 　올해도 아름다운 단풍의 계절이 찾아왔습니다. 전국의 산들은 알록달록 고운 빛으로 물들었습니다. 단풍이 절정에 이르면서 ○○산을 찾는 등산객들의 발길이 끊이지 않고 있습니다. 이번 주말에는 단풍과 관련된 다양한 행사가 열린다고 합니다.

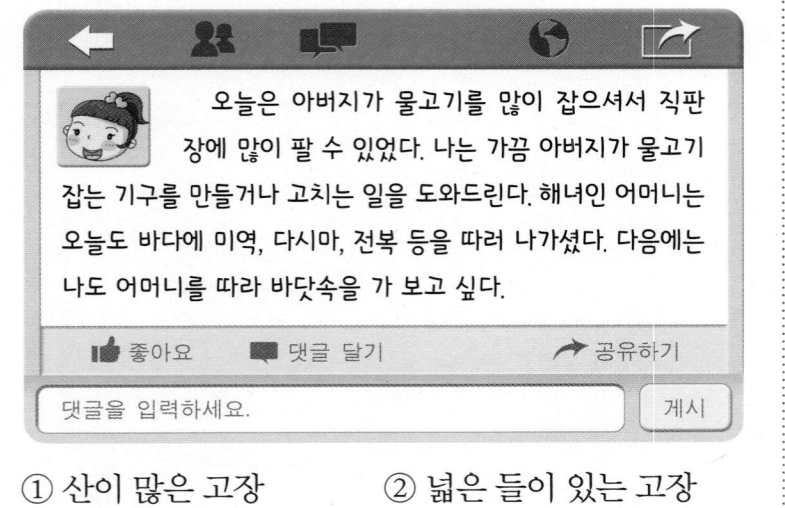

① ▲ 해수욕 즐기기
② ▲ 썰매 타기
③ ▲ 논에서 곡식 수확하기
④ ▲ 꽃구경하기

관련 단원 : 2학기 / 1. ❶ 우리 고장의 환경과 생활 모습

14 다음은 주아가 누리 소통망 서비스에 올린 글이다. 주아가 사는 고장으로 알맞은 것은? ·················· (　　　)

> 오늘은 아버지가 물고기를 많이 잡으셔서 직판장에 많이 팔 수 있었다. 나는 가끔 아버지가 물고기 잡는 기구를 만들거나 고치는 일을 도와드린다. 해녀인 어머니는 오늘도 바다에 미역, 다시마, 전복 등을 따러 나가셨다. 다음에는 나도 어머니를 따라 바닷속을 가 보고 싶다.
>
> 👍 좋아요　　💬 댓글 달기　　➡ 공유하기
>
> 댓글을 입력하세요.　　　　게시

① 산이 많은 고장
② 넓은 들이 있는 고장
③ 바다가 있는 고장
④ 높은 건물이 많은 고장

관련 단원 : 2학기 / 1. ❷ 환경에 따른 의식주 생활 모습

15 다음 의생활 모습을 볼 수 있는 고장의 자연환경은? ·· (　　　)

① 사막이 있다.
② 덥고 비가 많이 내린다.
③ 춥고 눈이 많이 내린다.
④ 모래바람이 자주 일어난다.

관련 단원 : 2학기 / 1. ❷ 환경에 따른 의식주 생활 모습

16 다음 보고서의 ㉠에 들어갈 사진은? ········· (　　　)

	터돋움집
모습	㉠
만들었던 고장	홍수로 집이 물에 잠길 위험이 있는 고장
만든 까닭	홍수로 집이 물에 잠기는 것을 막기 위해서

①
②
③
④

관련 단원 : 2학기 / 2. ❶ 옛날과 오늘날의 생활 모습

17 다음 ㉠에 들어갈 알맞은 농사 도구는? …… ( )

① 쟁기   ② 돌괭이
③ 트랙터   ④ 반달 돌칼

관련 단원 : 2학기 / 2. ❶ 옛날과 오늘날의 생활 모습

18 다음 질문에 대한 댓글로 알맞은 것은? …… ( )

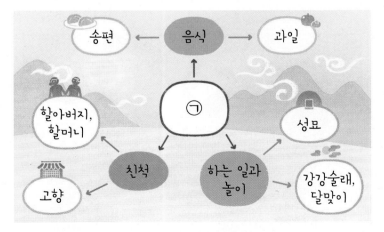

① 식물의 줄기로 실을 만들게 되었다.
② 만들 수 있는 옷의 종류가 줄어들게 되었다.
③ 다양한 옷감을 빠르게 만들 수 있게 되었다.
④ 빠르고 정확하게 바느질을 할 수 있게 되었다.

관련 단원 : 2학기 / 2. ❶ 옛날과 오늘날의 생활 모습

19 다음은 움집에 대한 퀴즈이다. 두 문제 모두 정답을 쓴 사람은? …… ( )

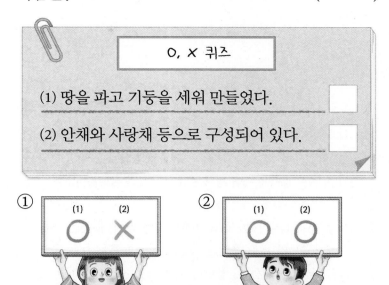

관련 단원 : 2학기 / 2. ❷ 옛날과 오늘날의 세시 풍속

20 다음 ㉠에 들어갈 명절로 알맞은 것은? …… ( )

① 설날   ② 추석
③ 단오   ④ 정월 대보름

21 관련 단원 : 2학기 / 2. ❷ 옛날과 오늘날의 세시 풍속

다음 퀴즈의 정답으로 알맞은 음식은? …… (　　　)

> ☝ 동지에 만들어 먹었다.

> ✌ 나쁜 기운을 쫓는 의미이다.

① 송편　　　　　　② 팥죽
③ 떡국　　　　　　④ 육개장

22 관련 단원 : 2학기 / 3. ❶ 가족의 구성과 역할 변화

다음은 옛날의 결혼식 과정이다. ☐ 안에 들어갈 알맞은 말은? …………………………… (　　　)

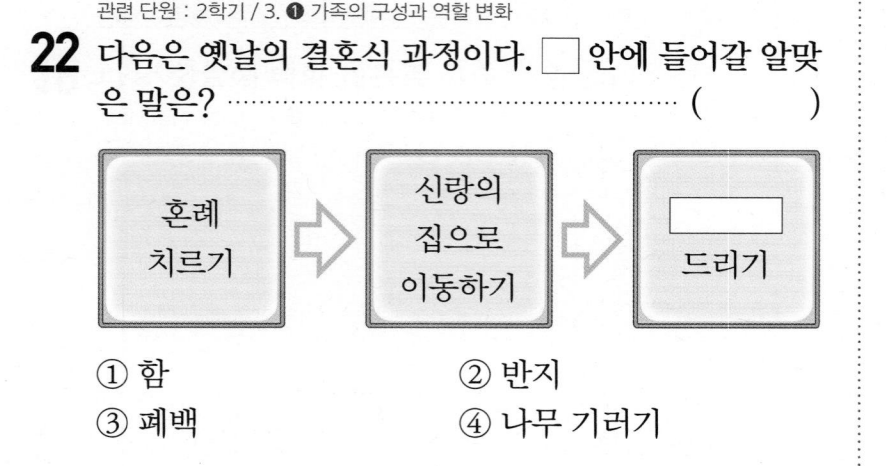

혼례
치르기　➡　신랑의
집으로
이동하기　➡　☐☐☐
드리기

① 함　　　　　　② 반지
③ 폐백　　　　　④ 나무 기러기

23 관련 단원 : 2학기 / 3. ❶ 가족의 구성과 역할 변화

오늘날 다음과 같이 남녀의 역할 구분이 없어진 이유로 알맞은 것은? ………………………… (　　　)

옛날 — 여성이 집안일을 도맡아 함.
오늘날 — 역할을 나눠 집안일을 함.

① 대가족이 증가했다.
② 농사를 짓는 사람이 많아졌다.
③ 여성의 사회 진출이 활발해졌다.
④ 남녀가 평등하다는 의식이 낮아졌다.

24 관련 단원 : 2학기 / 3. ❶ 가족의 구성과 역할 변화

다음과 같이 가족 구성원 간에 서로 생각이 달라서 어려움을 겪을 때 필요한 자세는? ……………… (　　　)

여보, 어서 일어나요. 아이들과 나들이 가기로 했잖아요.

이번 주말에는 집에서 쉬면 안 될까요?

평일에는 부모님께서 바쁘시니 주말이라도 함께 시간을 보내고 싶어요.

엄마, 아빠는 평일에 일하느라 피곤해서 주말에는 쉬고 싶단다.

① 투정 부리기
② 서로 상처 주는 말하기
③ 대화를 통해 해결 방법 찾기
④ 자기의 잘못을 상대방에게 떠넘기기

25 관련 단원 : 2학기 / 3. ❷ 다양한 가족이 살아가는 모습

다음은 소정이의 일기이다. 소정이네 가족의 형태로 알맞은 것은? …………………………… (　　　)

> ○○월 ○○일 ○요일　　날씨 : 맑음 ☀
>
> 제목 : 우리 아빠 솜씨가 최고야.
>
> 　우리 아빠는 아침마다 내 머리를 예쁘게 묶어 주신다. 아빠는 내가 아플까 봐 조심조심 머리를 빗겨 주시는데 그 느낌이 정말 좋다. 다 묶고 거울을 보면, 역시 우리 아빠 솜씨가 최고야!
> 　할머니께서는 즐거운 우리 모습을 보고 하늘에 계신 엄마도 웃고 있을 것이라고 하셨다.

① 재혼 가족　　　　② 입양 가족
③ 다문화 가족　　　④ 한 부모 가족

> ♣ 수고하였습니다. ♣
> 답안지에 답을 정확히 표기하였는지 확인하시오.

초등학교 4학년 기초학력 진단검사
수 학

(   )초등학교   4학년 (   )반 (   )번   이름 (   )

정답 ▶ 22쪽

❖ 검사지의 문항 수(25문항)와 면수(5면)를 확인하시오.
❖ 답안지에 학교명, 반, 번호, 이름을 정확히 쓰시오.
❖ 모든 문제는 문제당 4점입니다.

관련 단원 : 1학기 / 2. 평면도형

1 선분 ㄱㄴ은? ·························· (   )

①
②
③
④

관련 단원 : 2학기 / 1. 곱셈

2 다음 덧셈식을 곱셈식으로 바르게 나타낸 것은?
·························· (   )

$$164+164+164+164$$

① 164×2 ② 164×4
③ 164×6 ④ 164×164

관련 단원 : 1학기 / 6. 분수와 소수

3 다음 중 $\frac{3}{8}$만큼 바르게 색칠한 것은? ········· (   )

①
②
③
④

[4 ~ 5] 진희네 학교 4학년 학생들이 지난달에 도서실에서 빌린 책의 수를 조사하여 그림그래프로 나타낸 것이다. 물음에 답하시오.

빌린 책의 수

반	책의 수
1반	
2반	
3반	
4반	

10권
1권

관련 단원 : 2학기 / 6. 자료의 정리

4 과 이 각각 나타내는 책의 수는? ···· (   )

① – 10권, – 1권
② – 10권, – 10권
③ – 1권, – 1권
④ – 1권, – 10권

관련 단원 : 2학기 / 6. 자료의 정리

5 빌린 책의 수가 가장 적은 반은? ·················· (   )

① 1반   ② 2반
③ 3반   ④ 4반

관련 단원 : 1학기 / 1. 덧셈과 뺄셈

6 빈칸에 알맞은 수는? ·················· (   )

900

-387

① 513   ② 523
③ 613   ④ 623

7 관련 단원 : 1학기 / 2. 평면도형

다음 중 직사각형의 개수는? ·········· (   )

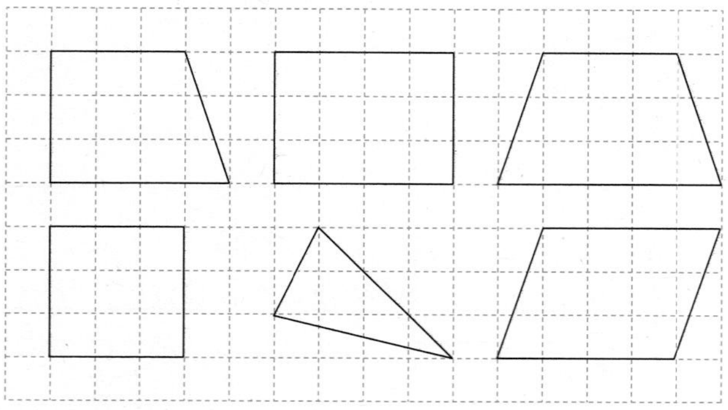

① 2개   ② 3개
③ 4개   ④ 없음.

8 관련 단원 : 2학기 / 3. 원

점 ㅇ은 원의 중심이다. 원의 반지름은? ······ (   )

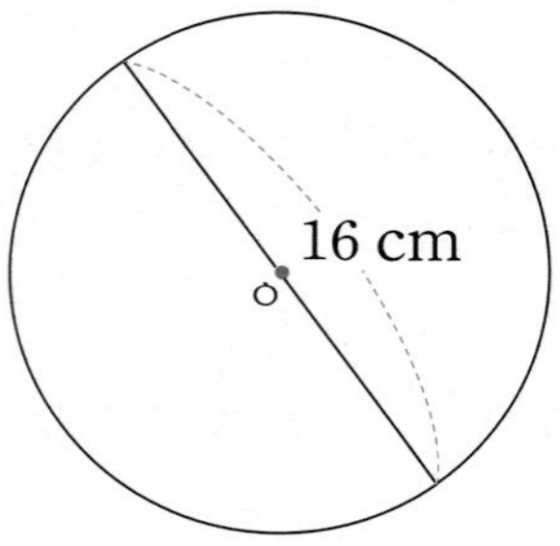

16 cm

① 4 cm   ② 8 cm
③ 16 cm   ④ 32 cm

9 관련 단원 : 1학기 / 6. 분수와 소수

다음에서 설명하는 수는? ················· (   )

0.1이 27개인 수

① 0.7   ② 1.7
③ 2.7   ④ 27

10 관련 단원 : 2학기 / 4. 분수

□ 안에 알맞은 수는? ··········· (   )

$\frac{2}{5}$ m는 □ cm입니다.

① 10   ② 20
③ 30   ④ 40

11 관련 단원 : 2학기 / 5. 들이와 무게

물이 들어 있는 수조의 눈금을 바르게 읽은 것은?
·················· (   )

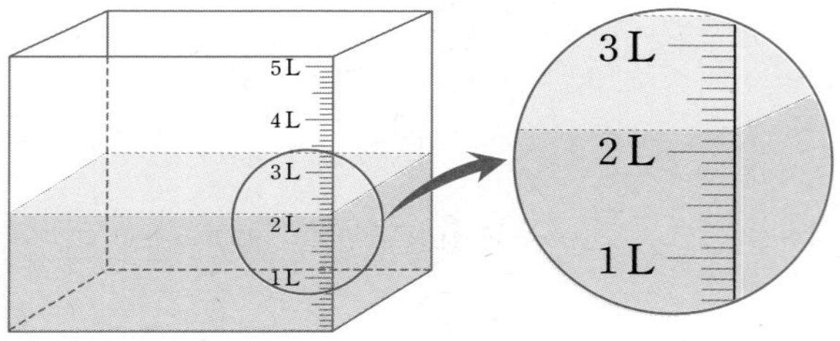

5 L
4 L
3 L
2 L
1 L

3 L
2 L
1 L

① 2 L   ② 2 L 200 mL
③ 2 L 500 mL   ④ 3 L

12 관련 단원 : 1학기 / 3. 나눗셈

다음 문장을 보고 만들 수 있는 나눗셈식으로 알맞은
것은? ·················· (   )

학생 32명은 한 모둠에 8명씩 4모둠을 만들 수 있다.

① 8÷4=2   ② 24÷8=3
③ 24÷4=6   ④ 32÷8=4

13 관련 단원 : 1학기 / 3. 나눗셈

□ 안에 알맞은 수를 차례로 쓴 것은? ……… (　　　)

54÷6=□ ⇨ 6×□=54

① 6, 6　　　　　　② 6, 9
③ 9, 6　　　　　　④ 9, 9

14 관련 단원 : 1학기 / 1. 덧셈과 뺄셈

은석이네 가족은 어제 과수원에서 배를 158개 땄다. 오늘 딴 배의 수는? ………………………… (　　　)

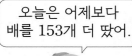
오늘은 어제보다 배를 153개 더 땄어.

은석

① 311개　　　　　② 301개
③ 211개　　　　　④ 201개

15 관련 단원 : 1학기 / 5. 길이와 시간

다음 중 바르게 나타낸 것은? …………………… (　　　)

① 4 cm＝4000 mm

② 5 cm 6 mm＝5600 mm

③ 7 km＝7000 m

④ 1 km 200 m＝1002 m

16 관련 단원 : 2학기 / 2. 나눗셈

54÷3과 몫이 같은 나눗셈을 말한 사람은?… (　　　)

① 92÷4　　　② 91÷7
③ 75÷5　　　④ 72÷4

17 관련 단원 : 1학기 / 4. 곱셈

한빛 아파트 주차장에 주차할 수 있는 자동차의 수는?
…………………………………………… (　　　)

한빛 아파트 주차장

• 주차장 한 구역에 20대씩 주차할 수 있다.
• 주차장은 모두 네 구역이다.

－ 한빛 아파트 －

① 20대　　　　　② 40대
③ 60대　　　　　④ 80대

관련 단원 : 1학기 / 4. 곱셈

18 어느 동물원에 있는 거북의 나이는 호랑이의 나이의 5배이다. 거북의 나이는? ······· (   )

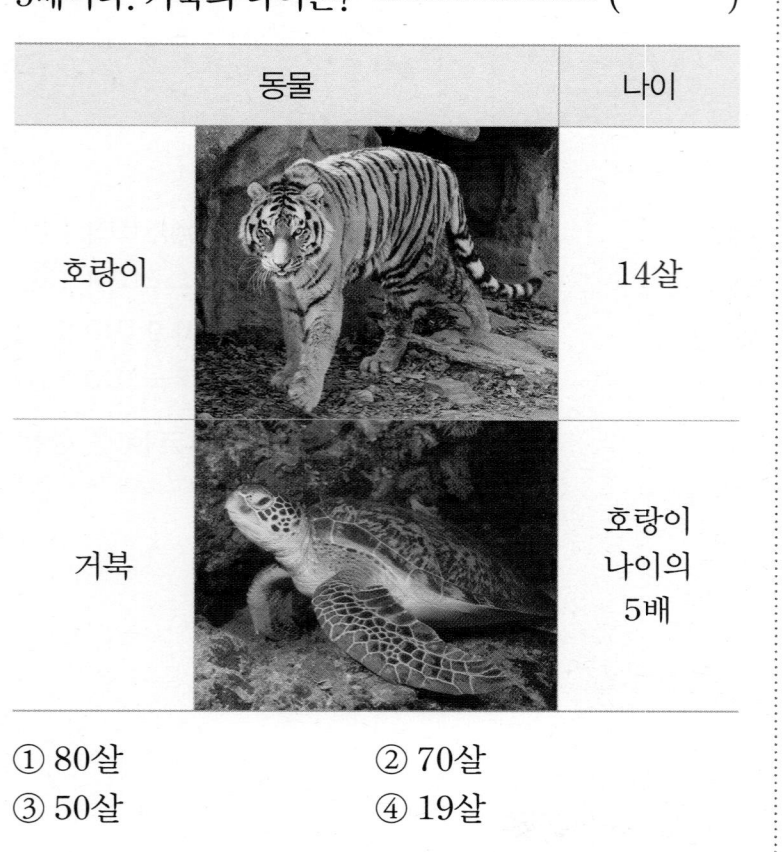

동물	나이
호랑이	14살
거북	호랑이 나이의 5배

① 80살   ② 70살
③ 50살   ④ 19살

관련 단원 : 2학기 / 2. 나눗셈

19 다음 중 나머지가 2인 나눗셈은? ·········· (   )

① 66÷9   ② 49÷6

③ 32÷5   ④ 26÷5

관련 단원 : 2학기 / 4. 분수

20 사다리를 타고 내려가 도착한 곳이 잘못된 곳은? ······· (   )

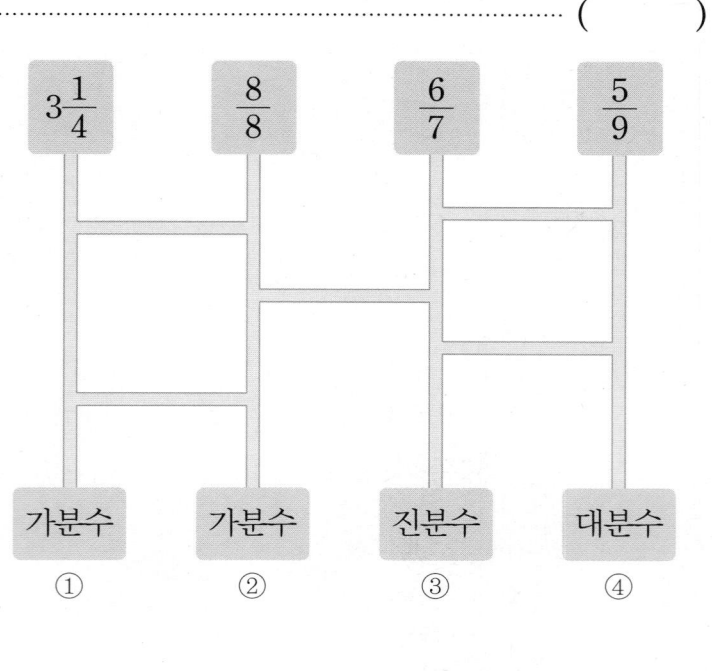

$3\frac{1}{4}$	$\frac{8}{8}$	$\frac{6}{7}$	$\frac{5}{9}$
가분수	가분수	진분수	대분수
①	②	③	④

관련 단원 : 1학기 / 5. 길이와 시간

21 야구 경기가 시작한 시각과 끝난 시각을 나타낸 것이다. 야구 경기를 한 시간은? ··············· (   )

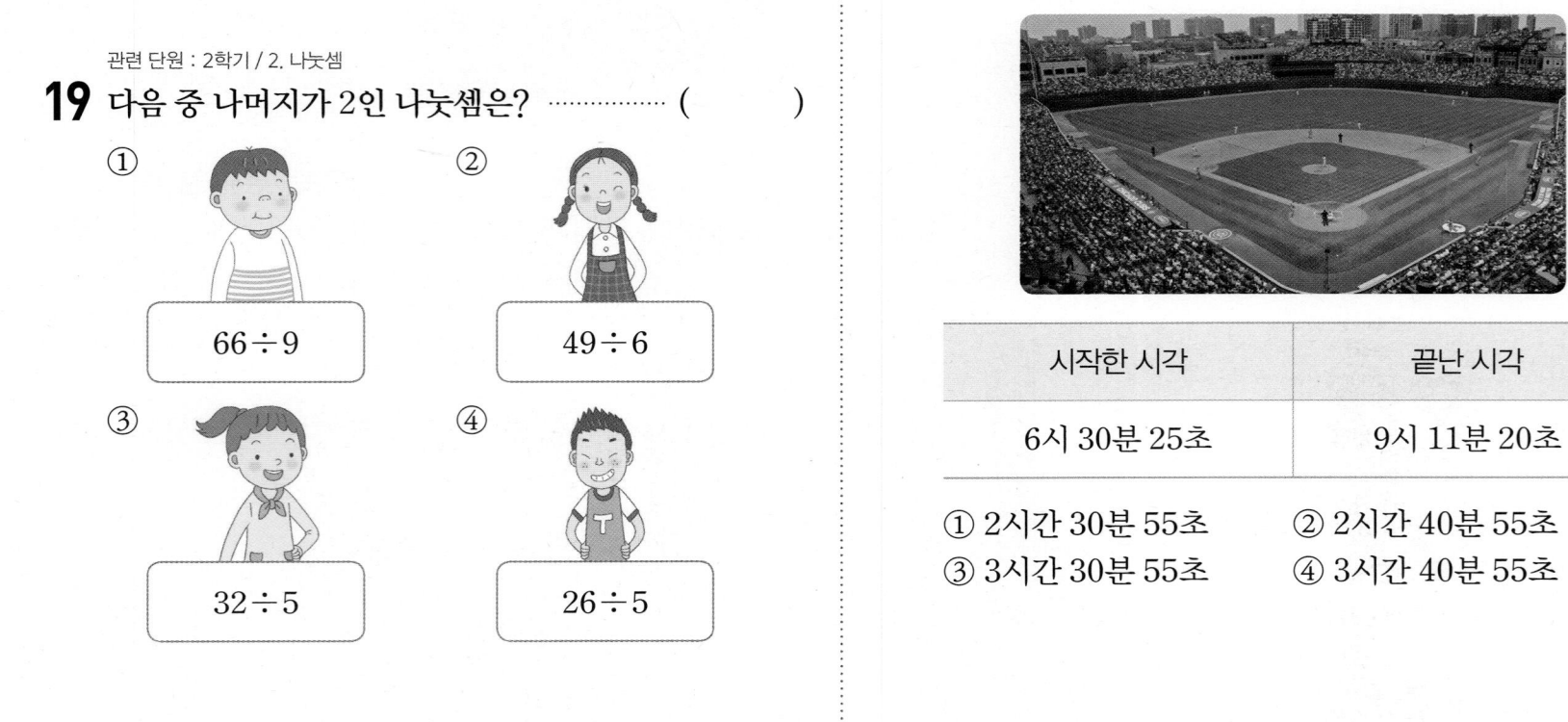

시작한 시각	끝난 시각
6시 30분 25초	9시 11분 20초

① 2시간 30분 55초   ② 2시간 40분 55초
③ 3시간 30분 55초   ④ 3시간 40분 55초

관련 단원 : 2학기 / 1. 곱셈

22 □ 안에 들어갈 수 있는 수는? ·············· (   )

$$56 \times \boxed{} 0 > 2000$$

① 1   ② 2
③ 3   ④ 4

관련 단원 : 2학기 / 6. 자료의 정리

23 어느 꽃 가게에서 하루 동안 팔린 꽃의 수를 조사하여 나타낸 그림그래프이다. 팔린 꽃의 수가 해바라기보다 많은 것은? ····························· (   )

하루 동안 팔린 꽃의 수

종류	꽃의 수
국화	✿ ✿ ✿ ✿
장미	✿ ✾ ✾ ✾ ✾ ✾ ✾
해바라기	✿ ✿ ✿ ✾ ✾
튤립	✿ ✿ ✾ ✾ ✾
백합	✿ ✿ ✿ ✾

✿ 10송이
✾ 1송이

① 국화   ② 장미
③ 튤립   ④ 백합

관련 단원 : 2학기 / 5. 들이와 무게

24 가장 많은 들이와 가장 적은 들이의 합은? ··· (   )

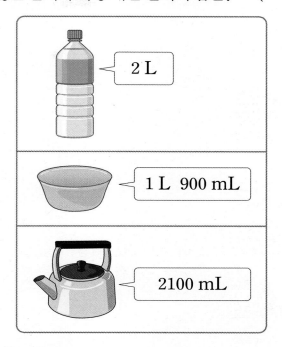

2 L

1 L 900 mL

2100 mL

① 4 L 100 mL   ② 4 L
③ 3 L 900 mL   ④ 3 L

관련 단원 : 2학기 / 3. 원

25 한 원의 반지름이 6 cm인 원 3개를 서로 맞닿게 그린 것이다. 각 원의 중심인 점 ㄱ, 점 ㄴ, 점 ㄷ을 이어 그린 삼각형 ㄱㄴㄷ의 세 변의 길이의 합은? ··· (   )

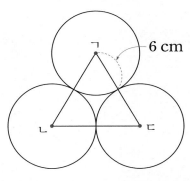

6 cm

① 12 cm   ② 18 cm
③ 36 cm   ④ 48 cm

♣ 수고하였습니다. ♣
답안지에 답을 정확히 표기하였는지 확인하시오.

초등학교 4학년 기초학력 진단검사
과 학

제4교시

( )초등학교　　4학년 ( )반 ( )번　　이름 ( )

정답 ▶ 24쪽

❖ 검사지의 문항 수(25문항)와 면수(6면)를 확인하시오.
❖ 답안지에 학교명, 반, 번호, 이름을 정확히 쓰시오.
❖ 모든 문제는 문제당 4점입니다.

관련 단원 : 1학기 / 4. 자석의 이용

1 다음은 막대자석의 극에 붙여 놓았던 머리핀을 수수깡 조각에 꽂아 물에 띄운 모습이다. 머리핀이 가리키는 방향과 나침반 바늘이 가리키는 방향을 바르게 짝 지은 것은? ··· ( )

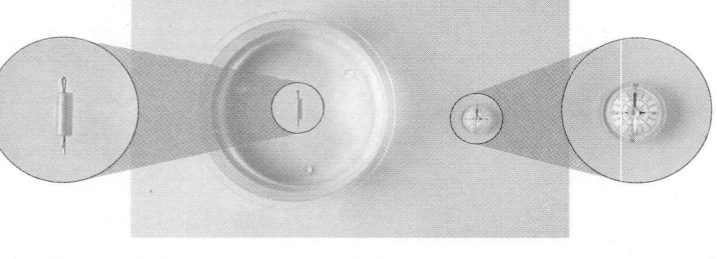

　　　　머리핀　　　　　나침반 바늘
① 동쪽과 서쪽　　　동쪽과 서쪽
② 동쪽과 서쪽　　　북쪽과 남쪽
③ 북쪽과 남쪽　　　동쪽과 서쪽
④ 북쪽과 남쪽　　　북쪽과 남쪽

관련 단원 : 1학기 / 4. 자석의 이용

2 다음은 막대자석 두 개를 마주 보게 하여 나란히 놓고 한 자석을 다른 자석 쪽으로 밀었을 때의 결과이다. 이에 대한 설명으로 옳은 것은? ················· ( )

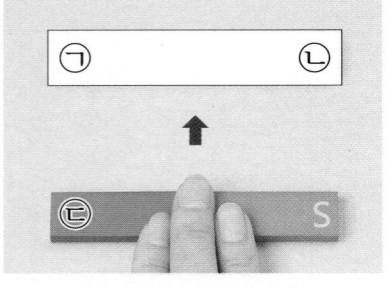

▲ 자석이 서로 밀어 냄.

① 막대자석의 ㉠과 ㉡은 극을 알 수 없다.
② 막대자석의 ㉠과 ㉡은 서로 같은 극이다.
③ 막대자석의 ㉠과 ㉢은 서로 같은 극이다.
④ 막대자석의 ㉠과 ㉢은 서로 다른 극이다.

관련 단원 : 1학기 / 4. 자석의 이용

3 다음 자석을 이용해 만든 생활용품 중 이용한 자석의 성질이 나머지와 다른 하나는? ················· ( )

① ▲ 자석 걸고리
② ▲ 자석 클립 통

③ ▲ 자석 집게
④ ▲ 신발끈 매듭기

관련 단원 : 2학기 / 5. 소리의 성질

4 다음과 같이 소리가 나는 목과 스피커에 손을 대 보았을 때의 공통된 결과로 옳은 것은? ················· ( )

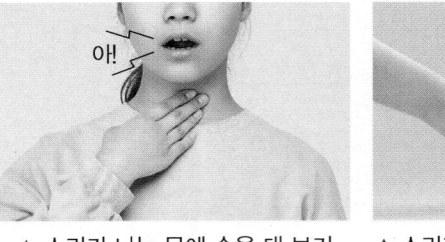
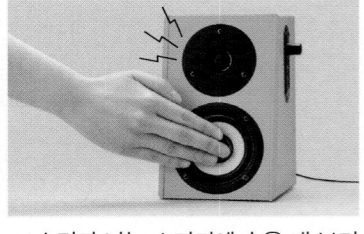

▲ 소리가 나는 목에 손을 대 보기　　▲ 소리가 나는 스피커에 손을 대 보기

① 소리가 멈춘다.
② 떨림이 느껴진다.
③ 소리가 점점 커진다.
④ 소리가 점점 작아진다.

과 학

관련 단원 : 2학기 / 5. 소리의 성질

5 다음 ㉠, ㉡에 들어갈 말을 바르게 짝 지은 것은?
························· (   )

> **작은북으로 소리의 세기 비교하기**
>
> 〈실험 방법〉
>
>   작은북 위에 좁쌀을 올려놓고, 작은북을 약하게 칠 때와 세게 칠 때 작은북 위의 좁쌀이 튀어 오르는 모습과 소리의 세기를 비교한다.
>
> 〈실험 결과〉
>
>
>
> ▲ 작은북을 약하게 칠 때   ▲ 작은북을 세게 칠 때
>
> • 작은북을 약하게 치면 북이 작게 떨리면서 좁쌀이 낮게 튀어 오르고 ㉠ 소리가 난다.
> • 작은북을 세게 치면 북이 크게 떨리면서 좁쌀이 높게 튀어 오르고 ㉡ 소리가 난다.

	㉠	㉡		㉠	㉡
①	큰	작은	②	작은	큰
③	높은	낮은	④	낮은	높은

관련 단원 : 2학기 / 5. 소리의 성질

6 다음과 같이 플라스틱 통 속에 소리가 나는 스피커를 넣고, 여러 가지 물체를 이용해 스피커의 소리를 들을 때 소리가 크게 들리는 순서대로 나열한 것은?
························· (   )

▲ 아무것도 들지 않고   ▲ 나무판을 들고 소리   ▲ 스타이로폼판을 들고
　 소리 듣기 　　　　　　 듣기 　　　　　　　　 소리 듣기

① ㉠, ㉡, ㉢   ② ㉡, ㉠, ㉢
③ ㉡, ㉢, ㉠   ④ ㉢, ㉡, ㉠

관련 단원 : 1학기 / 2. 물질의 성질

7 다음과 같이 금속 도구로 나무 조각을 하는 것을 통해 알 수 있는 점으로 옳은 것은? ················· (   )

① 금속은 나무보다 가볍다.
② 금속은 나무보다 단단하다.
③ 나무는 금속보다 단단하다.
④ 나무는 물에 뜨고, 금속은 물에 가라앉는다.

관련 단원 : 1학기 / 2. 물질의 성질

8 다음과 같은 좋은 점이 있는 컵은? ············· (   )

> 가볍고 단단하며, 모양과 색깔이 다양하다.

①
　▲ 금속 컵

②
　▲ 유리컵

③
　▲ 도자기 컵

④
　▲ 플라스틱 컵

관련 단원 : 1학기 / 2. 물질의 성질

9 다음과 같이 물, 붕사, 폴리비닐 알코올을 섞어 탱탱볼을 만드는 실험에 대한 설명으로 옳지 <u>않은</u> 것은? ········· (   )

 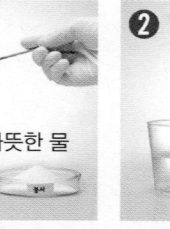  

▲ 따뜻한 물에 붕사 두 숟가락을 넣고 젓기 | ▲ ❶의 컵에 폴리비닐 알코올을 다섯 숟가락 넣고 젓기 | ▲ 엉긴 물질을 꺼내 손으로 주무르면서 공 모양 만들기

① 물에 붕사를 섞으면 물이 뿌옇게 흐려진다.
② 만들어진 탱탱볼을 바닥에 떨어뜨리면 튀어 오른다.
③ 만들어진 탱탱볼은 알갱이가 투명하고 광택이 있다.
④ 만들어진 탱탱볼은 시간이 지나면 처음 물질로 되돌아간다.

관련 단원 : 2학기 / 4. 물질의 상태

10 다음은 물을 여러 가지 모양의 투명한 그릇에 차례대로 옮겨 담은 모습이다. 이에 대한 설명으로 옳지 <u>않은</u> 것은? ·················· (   )

▲ 그릇에 물을 넣고 물의 높이 표시하기 | ▲ 물을 여러 가지 모양의 그릇에 옮겨 담기 | ▲ 처음 ❶의 그릇에 물을 다시 옮겨 담기

① 물의 모양은 담는 그릇에 따라 변한다.
② 물의 높이는 담는 그릇에 따라 변한다.
③ 물의 부피는 담는 그릇에 따라 변한다.
④ ❹의 결과 물의 높이가 처음 표시했던 물의 높이와 같다.

관련 단원 : 2학기 / 4. 물질의 상태

11 다음 □ 안에 들어갈 말로 옳은 것은? ········ (   )

공기의 성질 알아보기

〈실험 과정〉
❶ 수조에 물을 담고, 물의 높이를 표시한다.
❷ 물 위에 페트병 뚜껑을 띄운다.
❸ 바닥에 구멍이 뚫리지 않은 컵을 뒤집어 페트병 뚜껑을 덮은 뒤 수조 바닥까지 밀어 넣는다.
❹ 바닥에 구멍이 뚫린 플라스틱 컵으로 ❸의 과정을 반복한다.

〈실험 결과〉

구분	바닥에 구멍이 뚫리지 않은 컵	바닥에 구멍이 뚫린 컵
모습	 페트병 뚜껑 / 물의 높이	
수조 안의 물의 높이	물의 높이가 높아짐.	물의 높이 변화가 없음.

〈알게 된 점〉
공기는 [   ]

① 무게가 없다.
② 이동하지 않는다.
③ 공간을 차지한다.
④ 부피를 차지하지 않는다.

관련 단원 : 2학기 / 4. 물질의 상태

12 다음은 우리 주위의 물질을 물질의 상태에 따라 분류한 것이다. 잘못 분류한 것은? ·················· (   )

고체	액체	기체
나무, 돌	소금, 식초	공기

① 돌
② 소금
③ 식초
④ 공기

관련 단원 : 1학기 / 3. 동물의 한살이

13 다음 중 다 자랐을 때 동물의 암수가 쉽게 구별되는 동물이 <u>아닌</u> 것은? ·························· (　　　)

① ▲ 사자　　② ▲ 원앙

③ ▲ 사슴　　④ ▲ 돼지

관련 단원 : 1학기 / 3. 동물의 한살이

14 다음과 같은 한살이 과정을 거치는 곤충이 <u>아닌</u> 것은? ··· (　　　)

> 알 → 애벌레 → 번데기 → 어른벌레

①
▲ 나비

②
▲ 개미

③
▲ 잠자리

④
▲ 사슴벌레

관련 단원 : 1학기 / 3. 동물의 한살이

15 다음 중 개의 한살이에 대한 설명으로 옳지 <u>않은</u> 것은? ································· (　　　)

▲ 갓 태어난 강아지　　▲ 큰 강아지　　▲ 다 자란 개

① 갓 태어난 강아지는 눈이 감겨 있고 귀도 막혀 있다.
② 큰 강아지는 어미젖을 먹으며 자란다.
③ 다 자란 개는 짝짓기를 하여 암컷이 새끼를 낳는다.
④ 갓 태어난 강아지와 다 자란 개의 모습이 비슷하다.

관련 단원 : 2학기 / 2. 동물의 생활

16 다음과 같이 동물을 분류한 기준으로 옳은 것은? ·· (　　　)

분류 기준 : [　　　　　　　　　　　　　]

그렇다.

▲ 꿀벌　　▲ 참새
▲ 메뚜기　　▲ 소금쟁이

그렇지 않다.

▲ 개구리　　▲ 토끼
▲ 달팽이　　▲ 뱀

① 알을 낳는가?
② 다리가 있는가?
③ 날개가 있는가?
④ 물속에서 살 수 있는가?

관련 단원 : 2학기 / 2. 동물의 생활

17 다음 두 동물의 공통점으로 옳은 것은? …… (   )

▲ 붕어

▲ 다슬기

① 기어서 이동한다.
② 헤엄쳐서 이동한다.
③ 아가미로 숨을 쉰다.
④ 몸이 비늘로 덮여 있다.

관련 단원 : 2학기 / 2. 동물의 생활

18 다음 중 생활 속에서 오른쪽 동물의 특징을 활용한 예는?
………………………………… (   )

▲ 문어 빨판

①

▲ 집게 차

②

▲ 물갈퀴

③

▲ 고속 열차의 앞부분

④

▲ 칫솔걸이

관련 단원 : 1학기 / 5. 지구의 모습

19 다음 중 지구의 모습에 대한 설명으로 옳지 않은 것은? ………………………………… (   )

① 둥근 공 모양이다.
② 표면에서 어둡게 보이는 곳을 '바다'라고 한다.
③ 표면에서는 산, 들, 강, 바다 등의 다양한 모습을 볼 수 있다.
④ 크기가 매우 크기 때문에 지구 위에 있는 우리 눈에는 편평하게 보인다.

관련 단원 : 1학기 / 5. 지구의 모습

20 다음의 지도에서 육지 칸과 바다 칸의 수를 세어 비교했을 때의 결과로 옳은 것은? ………………… (   )

■ 육지 □ 바다

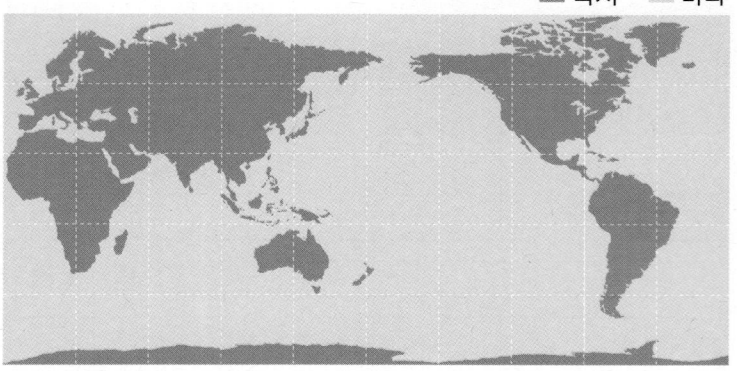

① 육지가 바다보다 더 넓다.
② 바다가 육지보다 더 넓다.
③ 바다와 육지의 넓이가 비슷하다.
④ 육지의 물이 바닷물보다 더 많다.

관련 단원 : 1학기 / 5. 지구의 모습

21 다음 중 달 표면에서 오른쪽과 같은 모습이 생긴 까닭으로 옳은 것은? ………………… (   )

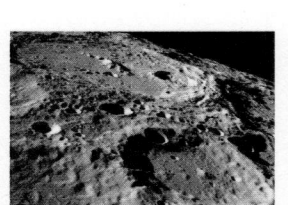

① 물이 흐른 자국이다.
② 우주선이 착륙해서 생겼다.
③ 바람에 돌이 깎인 흔적이다.
④ 우주 공간을 떠돌던 돌덩이가 충돌하여 생겼다.

관련 단원 : 2학기 / 3. 지표의 변화

22 다음과 같이 얼음 설탕을 플라스틱 통에 넣고 흔드는 실험을 통해 알 수 있는 자연 현상으로 옳은 것은? ……………………………………………… (　　　)

▲ 통을 흔들기 전의　　▲ 플라스틱 통을　　▲ 통을 흔든 뒤의 얼음
　얼음 설탕의 모습　　　흔드는 모습　　　　설탕의 모습

① 흐르는 물은 흙을 깎는다.
② 바위나 돌이 작게 부서져 흙이 만들어진다.
③ 강 상류에서 강 하류로 가면서 강폭이 넓어진다.
④ 흐르는 물은 오랜 시간에 걸쳐 땅 표면을 변화시킨다.

관련 단원 : 2학기 / 3. 지표의 변화

23 다음은 운동장 흙이 든 비커와 화단 흙이 든 비커에 물을 붓고 유리 막대로 저은 뒤 잠시 놓아두었을 때 물에 뜬 물질을 건져낸 것이다. ㉠에 들어갈 말로 옳은 것은? …………………………………………… (　　　)

물에 뜬 물질　　　　　　　　　　　　　물에 뜬 물질

▲ 운동장 흙　　　　　▲ 화단 흙

　화단 흙에는 운동장 흙보다 식물의 뿌리나 죽은 곤충, 나뭇잎 조각 등이 썩은 것인 ⃞㉠ 이/가 많기 때문에 화단 흙에서 식물이 잘 자란다.

① 모래
② 쓰레기
③ 부식물
④ 물에 가라앉는 물질

관련 단원 : 2학기 / 3. 지표의 변화

24 다음은 강의 전체적인 모습을 나타낸 그림이다. ㉠ 지역과 ㉡ 지역에서 활발하게 일어나는 흐르는 물의 작용을 바르게 짝 지은 것은? …………………… (　　　)

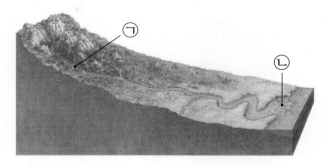

	㉠ 지역	㉡ 지역
①	침식 작용	침식 작용
②	침식 작용	퇴적 작용
③	퇴적 작용	침식 작용
④	퇴적 작용	퇴적 작용

관련 단원 : 2학기 / 3. 지표의 변화

25 다음 두 지형의 공통점으로 옳은 것은? …… (　　　)

▲ 구멍이 뚫린 바위　　　　　▲ 가파른 절벽

① 강 상류에서 많이 볼 수 있다.
② 짧은 시간 동안에 만들어졌다.
③ 바닷물의 침식 작용으로 만들어졌다.
④ 바닷물의 퇴적 작용으로 만들어졌다.

♣ 수고하였습니다. ♣
답안지에 답을 정확히 표기하였는지 확인하시오.

초등학교 4학년 기초학력 진단검사
영 어

제5교시

( )초등학교   4학년 ( )반 ( )번   이름 ( )

정답 ▶ 26쪽

❖ 검사지의 문항 수(25문항)와 면수(5면)를 확인하시오.
❖ 답안지에 학교명, 반, 번호, 이름을 정확히 쓰시오.
❖ 모든 문제는 문제당 4점입니다.

1번부터 21번까지는 듣고 답하는 문제입니다. 녹음 내용을 잘 듣고, 물음에 답하기 바랍니다. 내용은 한 번만 들려줍니다.
듣기 자료는 '**교재 홈페이지 → 초등 → 학습지원 → 학습자료실**'에 있습니다.

1 다음을 듣고, 들려주는 낱말과 첫소리가 같은 것을 고르시오. ····························· ( )

① ② ③ ④

2 다음을 듣고, 들려주는 낱말과 일치하는 동물을 고르시오. ····························· ( )

①   ②

③    ④

3 다음을 듣고, 숫자와 낱말이 일치하는 것을 고르시오.
····························· ( )

① 8   ② 3

③ 4   ④ 9

4 다음을 듣고, 그림과 일치하는 낱말을 고르시오.
····························· ( )

① ② ③ ④

5 다음을 듣고, 그림과 낱말이 일치하지 <u>않는</u> 것을 고르시오. ····························· ( )

①   ②

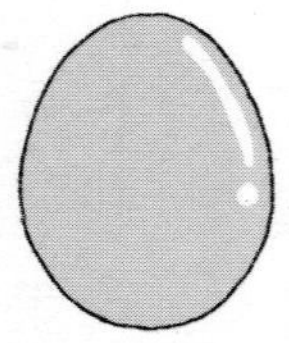

③ 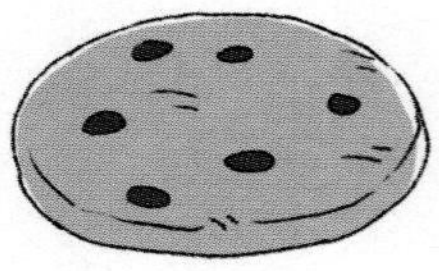   ④

6 대화를 듣고, 내용과 일치하는 것을 고르시오.
.... (   )

①    ②

③    ④

7 다음을 듣고, 이어질 대답으로 가장 알맞은 것을 고르시오. .... (   )

①   ②   ③   ④

8 그림을 보고, 이어질 말로 알맞은 것을 고르시오.
.... (   )

①   ②   ③   ④

9 그림을 보고, 내용이 일치하는 것을 고르시오.
.... (   )

①   ②   ③   ④

10 그림을 보고, 남자 어린이가 할 말로 가장 알맞은 것을 고르시오. .... (   )

①   ②   ③   ④

11 대화를 듣고, 내용과 일치하는 날씨를 고르시오.
.... (　　　)

① ②

③ ④

12 그림을 보고, 가장 알맞은 대화를 고르시오. (　　　)

① ② ③ ④

13 대화를 듣고, 어떤 물건인지 고르시오. ...... (　　　)
① 공책 ② 책
③ 지우개 ④ 가방

14 그림을 보고, 이어질 응답으로 가장 알맞은 것을 고르시오. .... (　　　)

① ② ③ ④

15 대화를 듣고, 여자 어린이가 할 수 있다고 말한 것을 고르시오. .... (　　　)

① ②

③ ④

16 대화를 듣고, 남자 어린이가 좋아한다고 말한 것을 고르시오. ·· (   )

①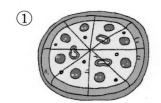

②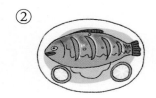

③

④

17 대화를 듣고, 누구에 대해 말하고 있는지 고르시오. ·· (   )

① 엄마   ② 아빠
③ 언니   ④ 오빠

18 그림을 보고, 이어질 응답으로 가장 알맞은 것을 고르시오. ·································· (   )

①   ②   ③   ④

19 대화를 듣고, 여자 어린이의 자전거를 고르시오. ·· (   )

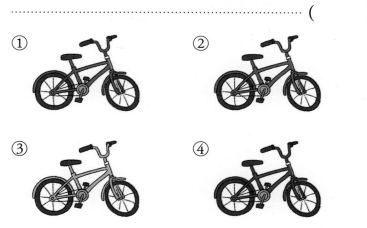

20 대화를 듣고, 수진이와 토니의 나이를 바르게 짝 지은 것을 고르시오. ································ (   )

	수진	토니
①	6살	10살
②	6살	9살
③	7살	10살
④	7살	9살

21 다음을 듣고, 자연스러운 대화를 고르시오. (   )

①   ②   ③   ④

이제 듣기 문제가 모두 끝났습니다. 22번부터는 검사지의 지시에 따라 답하기 바랍니다.

22 다음 중 대문자를 소문자로 바꾸어 짝 지은 것으로 옳은 것을 고르시오. ·········· (   )

① A – e   ② C – f
③ H – h   ④ Q – j

24 다음 낱말 카드를 읽고, 그 의미로 알맞은 것을 고르시오. ················ (   )

> dog

① 곰   ② 고양이
③ 원숭이   ④ 개

23 다음 그림에 해당하는 낱말을 고르시오. ····· (   )

① green   ② yellow
③ red   ④ blue

25 다음 낱말을 소문자로 고쳐 쓴 것으로 옳은 것을 고르시오. ················ (   )

> RULER

① ruler   ② lurer
③ rvler   ④ ruiel

♣ 수고하였습니다. ♣
답안지에 답을 정확히 표기하였는지 확인하시오.

초등학교 **4**학년 기초학력 진단검사

국 어

제**1**교시

( )초등학교 4학년 ( )반 ( )번 이름 ( )

정답 ▶ 30쪽

❖ 검사지의 문항 수(25문항)와 면수(6면)를 확인하시오.
❖ 답안지에 학교명, 반, 번호, 이름을 정확히 쓰시오.
❖ 모든 문제는 문제당 4점입니다.

[1~2] 다음 글을 읽고 물음에 답하시오.

나는 갈매기야.
큰 바위섬에 살고 있지. 파란 하늘과 구름은 언제 봐도 좋아. 따뜻한 바람이 불면 높이 날아올라 물고기 떼를 찾고, 배가 부르면 친구들과 모여서 수다를 떨지.
잡은 물고기를 먹는 것도 아주 좋아해.
적어도 그때까지는 그랬어.
"뿌우우우우웅!" / 어느 날, 큰 배가 바위섬으로 다가왔어.
"㉠쿵작 뿡짝 띠리리라라."
노랫소리와 함께 큰 배가 바위섬 옆을 지났지.
소리를 지르고, 손을 흔들고, 뽀뽀를 하고, 노래를 부르는 많은 사람이 있었어.
큰 배 뒤쪽에서는 아이들이 무언가를 던지고 있었어.
툭툭! 바스락! / 어, 이게 뭐지? 콕콕 쪼아 봤어.
짭조름하고 고소한 냄새에 코끝이 찡했어.
조심스럽게 한 입 깨물어 보았지.
와그작. / 바삭! 바삭!
"꺄아악!" / 이…… 이 맛은 뭐지?
그건 마치 훌쩍 날아오른 뒤에 바다 한쪽이 "쿵!" 무너져 내린 거대한 구멍 속으로 바닷물과 함께 빨려 드는 느낌이었어.

관련 단원 : 1학기 / 1. 재미가 톡톡톡

1 ㉠에서 감각적으로 표현한 것은? ……………… ( )

① 뱃고동 소리
② 갈매기 울음소리
③ 배에서 나는 음악 소리
④ 갈매기가 물고기를 먹는 소리

관련 단원 : 1학기 / 1. 재미가 톡톡톡

2 아이들이 던진 '무언가'와 관련이 없는 감각적 표현은?
……………………………………………… ( )

① 바삭! 바삭!
② 툭툭! 바스락!
③ 뿌우우우우웅!
④ 짭조름하고 고소한 냄새

관련 단원 : 1학기 / 2. 문단의 짜임

3 ㉠~㉣ 중 중심 문장끼리 짝지어진 것은? … ( )

㈎ ㉠장승은 여러 가지 구실을 했습니다. ㉡우리 조상은 장승이 나쁜 병이나 기운이 마을로 들어오는 것을 막아 준다고 믿었습니다. 장승은 나그네에게 길을 알려 주기도 했습니다. 또 장승은 마을과 마을 사이를 나누는 구실도 했습니다.
㈏ ㉢장승은 나무나 돌에 사람 얼굴 모습을 조각해 만들었습니다. 할아버지처럼 친근한 얼굴도 있고, 도깨비처럼 무서운 얼굴도 있습니다. ㉣우스꽝스러운 장난꾸러기 얼굴을 한 장승도 있습니다.

① ㉠, ㉡
② ㉠, ㉢
③ ㉡, ㉢
④ ㉡, ㉣

관련 단원 : 1학기 / 3. 알맞은 높임 표현

4 다음 정음이의 말을 바르게 고쳐 쓴 것은? · ( )

정음: 할머니, 물어볼 것이 있어요.

① 할머니, 물어볼 것이 있어.
② 할머니, 여쭈어볼 것이 있어.
③ 할머니, 물어볼 것이 있습니다.
④ 할머니, 여쭈어볼 것이 있어요.

국 어

[5~6] 다음 글을 읽고 물음에 답하시오.

> "어머니, 제 곰돌이 머리핀 못 보셨어요?"
> 책상 위에 놓아두었던 머리핀이 보이지 않았다.
> "머리핀? 조금 전에 민주가 꽂고 유치원에 갔는데……."
> "제 머리핀인데 왜 민주가 꽂고 갔어요?"
> "네가 일찍 일어나서 챙기지 않으니 그런 일이 생기지. 오늘은 그냥 다른 것으로 하고 가. 그러다 지각하겠다."
> 민주가 내 물건을 마음대로 가져간 건데 어머니께서는 내 탓이라고 하신다.
> 어머니께서는 늘 동생 편만 드신다.
> "오늘 물감 가져가야 한다고 하지 않았니? 가방에 잘 넣었어?"
> 가방을 메고 방을 나서는데 어머니께서 또 말씀하셨다. 나는 어머니 말씀에 대꾸도 하지 않고 집을 나섰다.
> 학교에 왔는데 기분이 좋지 않았다.
> "민서야, 이것 봐라. 어머니께서 새 물감 사 주셨다."
> 내 짝 정아가 새로 산 물감을 가방에서 꺼내며 자랑했다. 나는 괜히 짜증이 났다. 맞다, '그림물감'. 가방을 살펴봤다. 물감이 없었다. 아침에 분명 챙겼는데 보이지 않았다. 그때서야 신발 신을 때 물감을 현관에 두고 온 것이 떠올랐다.

관련 단원 : 1학기 / 4. 내 마음을 편지에 담아

5 민서에게 일어난 일은? ·························· (   )

① 물감을 방에 두고 학교에 갔다.
② 정아가 새로 산 물감을 빌려주었다.
③ 자신이 아끼는 머리핀을 동생이 꽂고 갔다.
④ 일찍 일어나서 머리에 꽂을 머리핀을 챙겼다.

관련 단원 : 1학기 / 4. 내 마음을 편지에 담아

6 글에 나타난 민서의 마음과 관련이 없는 것은 무엇입니까? ························· (   )

① 화난다.
② 속상하다.
③ 서운하다.
④ 신기하다.

[7~8] 다음 글을 읽고 물음에 답하시오.

> 선생님: 지금부터 어린이 박물관을 안내하겠습니다. 어린이 박물관은 1층의 역사 전시관과 2층의 옛이야기 전시관으로 이루어져 있어요. 옛이야기 전시관에서는 매달 옛이야기 하나를 정해서 전시하고 있는데, 이달의 옛이야기는 「흥부와 놀부」예요. 옛이야기 전시관 안으로 들어가면, '이야기 알기', '이야기 속으로', '이야기 세상' 구역으로 나누어지지요. 먼저 '이야기 알기'에서는 옛이야기의 줄거리를 재미있는 그림으로 알아볼 수 있어요. 그리고 '이야기 속으로'에서는 옛이야기에 나오는 여러 가지 체험활동을 할 수 있어요. 마지막으로 '이야기 세상'에서는 옛이야기와 관련된 조상의 생활 모습과 옛이야기 속 과학 지식을 알아볼 수 있어요.

관련 단원 : 1학기 / 5. 중요한 내용을 적어요

7 선생님의 말씀을 듣고 나눈 대화에서 빈칸에 들어갈 알맞은 말은? ······················ (   )

① 역사 전시관
② 이야기 알기
③ 이야기 세상
④ 이야기 속으로

관련 단원 : 1학기 / 5. 중요한 내용을 적어요

8 선생님의 말씀을 잘못 메모한 부분은? ······· (   )

> ### 옛이야기 전시관
>
> 이번 달 옛이야기: ㉠흥부와 놀부
> 1. ㉡이야기 알기: 줄거리를 그림으로 알아보기
> 2. 이야기 속으로: ㉢옛이야기에 나오는 체험활동
> 3. 이야기 세상: ㉣조상의 생활 모습, 오늘날의 생활 모습 비교 전시

① ㉠   ② ㉡
③ ㉢   ④ ㉣

[9~10] 다음 글을 읽고 물음에 답하시오.

(가) "참새다!"

야구공을 찾으려고 꽃밭으로 들어갔던 승호가 소리쳤습니다. 승호는 야구공을 장미꽃 속에서 찾아 던졌습니다. 그리고 조심스럽게 참새를 잡았습니다. 야구를 하던 아이들이 우르르 몰려왔습니다.

"아기 참새구나."

"엄마를 잃어버렸나 봐."

(나) 승호는 참새를 안고 교실로 갔습니다.

"선생님, 참새 잡았어요."

승호를 뒤따라온 아이들이 승호보다 먼저 소란스럽게 말했습니다.

"참새를 어떻게 잡았니?"

"잘 날지 못하는 아기 참새예요."

(다) "선생님, 교실에서 키워요."

"그래야겠구나. 날 수가 없으니 잘 날 수 있을 때까지만 키우자."

관련 단원 : 1학기 / 6. 일이 일어난 까닭

9 승호가 발견한 참새에 대한 설명으로 알맞은 것은?
.... ( )

① 엄마 참새였다.
② 잘 날지 못했다.
③ 교실에서 살고 있었다.
④ 승호가 던진 야구공에 맞았다.

관련 단원 : 1학기 / 6. 일이 일어난 까닭

10 승호가 참새를 발견한 다음 일어난 일은? … ( )

① 참새의 엄마를 찾았다.
② 참새가 잘 날 수 있게 되었다.
③ 잡은 참새를 교실에서 키우게 되었다.
④ 승호가 던진 야구공이 꽃밭으로 날아갔다.

관련 단원 : 1학기 / 7. 반갑다, 국어사전

11 다음 중 형태가 바뀌지 않는 낱말은? .... ( )

① 동생   ② 먹다
③ 웃다   ④ 달리다

관련 단원 : 1학기 / 8. 의견이 있어요

12 다음 글에서 빈칸에 들어갈 알맞은 말은? … ( )

날마다 ⬚⬚⬚⬚⬚ 하는 습관을 기릅시다. 날마다 운동하면 몸과 마음이 건강해지기 때문입니다. 예를 들어 아침 일찍 일어나 달리기나 줄넘기 같은 운동을 하면 하루를 활기차게 시작할 수 있습니다. 그리고 그날 무엇을 할지 생각해 보는 여유가 생길 수 있습니다. 이처럼 날마다 운동하면 우리 생활에 많은 도움이 됩니다. 따라서 날마다 운동하는 습관을 기르도록 노력해야 합니다.

① 소식   ② 운동
③ 줄넘기   ④ 달리기

관련 단원 : 1학기 / 9. 어떤 내용일까

13 밑줄 그은 낱말과 바꾸어 쓸 수 있는 말이 <u>아닌</u> 것은?
.... ( )

다람쥐처럼 쥐 무리에 속하는 동물들은 이빨이 계속해서 자란다고 해요. 그렇기 때문에 이빨을 <u>닳게</u> 하려고 쉬지 않고 나무를 쏠거나 딱딱한 열매를 갉아 먹는 것이죠.

① 줄어들게   ② 짧아지게
③ 작아지게   ④ 길어지게

국 어

[14 ~ 15] 다음 글을 읽고 물음에 답하시오.

부벨라는 발 근처 땅바닥을 자세히 들여다보았어요. 땅속에서 지렁이 한 마리가 고개만 빠끔히 내밀고는 말을 하고 있었어요.

이번에는 부벨라가 말을 시작했어요.

"난 부벨라야. 네 이름은 뭐니?"

"이제야 뭔가 제대로 되네. 나는 지렁이라고 해."

"아니, 네 이름 말이야. 제이미나 다니엘 같은."

지렁이는 온몸이 흔들릴 정도로 고개를 가로저었어요.

㉠"지렁이 이름이 제이미라고?"

지렁이는 그렇게 되묻더니 요란하게 웃으며 말을 잇지 못했답니다.

"정말 웃기지도 않네. 우리 지렁이들은 젠체하고 살지 않아. 우리는 그냥 지렁이야."

"너는 내가 무섭지 않니?"

"왜 너를 무서워해야 하는데?"

"내가 너보다 훨씬 덩치가 크니까."

부벨라는 당연하다는 듯이 대답했어요.

"무슨 그런 말도 안 되는 소리가 다 있어? 이 세상 모든 것이 다 나보다 커. 만약 나보다 큰 것들에게 말 붙이기를 겁냈다면 난 계속 입을 다물고 살아야했을걸."

관련 단원 : 2학기 / 1. 작품을 보고 느낌을 나누어요

14 ㉠을 읽을 때 알맞은 목소리는? ·············· (   )

① 겁이 난 듯 떨리는 목소리
② 속삭이듯이 아주 작은 목소리
③ 감동해서 목이 잠긴 듯한 목소리
④ 어이없다는 듯 크고 높은 목소리

관련 단원 : 2학기 / 1. 작품을 보고 느낌을 나누어요

15 지렁이의 몸짓이나 말투를 보고 알 수 있는 지렁이의 성격은? ··································· (   )

① 둔하고 어리석다.
② 자신만만하고 당당하다.
③ 잘난 체하고 이기적이다.
④ 수줍음이 많고 소심하다.

[16 ~ 17] 다음 글을 읽고 물음에 답하시오.

갯벌을 보존해야 하는 까닭

㉮ 바닷물이 육지로 밀려오는 밀물 때 갯벌은 바닷물로 덮여 있어 보이지 않지만 자연과 사람에게 여러 가지 도움을 줍니다.

㉯ 갯벌은 다양한 생물이 살 수 있는 장소입니다. 갯벌에 물이 들어오기도 하고 빠지기도 하면서 생물이 살기에 적합한 환경을 만듭니다. 그래서 게, 조개, 갯지렁이, 불가사리, 물고기 같은 여러 가지 생명체가 삽니다. 또한 갯벌은 철새들이 휴식하거나 번식하려고 이동하는 중간에 머물며 살기도 하는 장소입니다.

㉰ 어민들은 갯벌에서 수산물을 키우고 거두어 돈을 법니다. 어민들은 갯벌에서 조개나 물고기, 낙지 따위를 잡아 팝니다. 또 갯벌은 생물이 살기에 좋은 환경이므로 어민들이 바다 생물들을 직접 키우기도 합니다. 이것을 양식이라고 하는데, 양식은 농민들이 밭이나 논에서 농작물을 키워 파는 것과 비슷합니다.

㉱ 갯벌은 기후를 조절하고 홍수를 줄여 주는 역할을 합니다. 갯벌 흙은 물을 많이 흡수해 저장했다가 내보내는 기능을 합니다. 그러므로 갯벌은 비가 많이 오면 빗물을 저장해 갑작스러운 홍수를 막아 줍니다.

관련 단원 : 2학기 / 2. 중심 생각을 찾아요

16 갯벌이 자연과 사람에게 주는 여러 가지 도움과 관련이 <u>없는</u> 것은? ···························· (   )

① 기후를 조절하고 홍수를 줄여 준다.
② 농민들이 농작물을 기르는 데 필요한 물을 제공한다.
③ 다양한 생물이 갯벌에서 살 수 있는 환경을 제공한다.
④ 어민들은 갯벌에서 수산물을 키우고 거두어 돈을 벌 수 있다.

관련 단원 : 2학기 / 2. 중심 생각을 찾아요

17 글의 제목을 보고 알 수 있는 글쓴이의 생각을 바르게 짐작한 사람은? ··························· (   )

① 용기: 갯벌을 보호할 필요가 없다고 주장하는 것 같아.
② 범이: 갯벌이 어떻게 생겨났는지에 대해 설명하려는 것 같아.
③ 윤정: 갯벌을 보존해야 할 까닭을 강조하기 위해 쓴 글인 것 같아.
④ 기동: 갯벌을 보호했을 때 어떤 힘든 점이 있는지 알리려는 것 같아.

관련 단원 : 2학기 / 3. 자신의 경험을 글로 써요

18 다음 그림을 보고 봄에 있었던 일에 대한 생각이나 느낌을 쓴 것은? ··············· ( )

봄에 있었던 일

① 도자기를 빚었다.
② 도자기 공방에 도착했다.
③ 도자기와 관련된 영상을 보았다.
④ 처음 도자기를 빚어 봐서 신기하고 재미있었다.

[19 ~ 20] 다음 시를 읽고 물음에 답하시오.

> 감기
>
> ┌ 내 몸에
> ㉠ 불덩이가 들어왔다.
> └ – 뜨끈뜨끈.
> ┌ 불덩이를 따라
> ㉡ 몹시 추운 사람도 들어왔다.
> └ – 오들오들.
>
> ┌ 약을 먹고 나니
> ㉢ 느릿느릿,
> └ 거북이도 들어오고
> ┌ 까무룩,
> ㉣ 잠꾸러기도 들어왔다.

관련 단원 : 2학기 / 4. 감동을 나타내요

19 ㉠~㉣ 중 말하는 이가 약을 먹고 몹시 졸린 상태임을 알 수 있는 부분은? ··············· ( )

① ㉠   ② ㉡
③ ㉢   ④ ㉣

관련 단원 : 2학기 / 4. 감동을 나타내요

20 이 시를 읽을 때, 더 생생하고 실감 나는 느낌이 들게 하는 표현과 관련이 없는 것은? ··············· ( )

① 뜨끈뜨끈
② 오들오들
③ 느릿느릿
④ 들어왔다

관련 단원 : 2학기 / 5. 바르게 대화해요

21 다음 대화에 대한 설명으로 틀린 것은? ······ ( )

(전화벨이 울린다.)
민지: 여보세요?
지원: 여보세요, 민지 있나요?
민지: 제가 민지인데, 누구신가요?
지원: 나, 지원이야.

① 전화로 대화하고 있다.
② 전화를 건 사람은 지원이다.
③ 지원이는 전화 예절을 지켜 말하였다.
④ '여보세요'는 전화 대화에서 자주 사용하는 말이다.

관련 단원 : 2학기 / 6. 마음을 담아 글을 써요

22 다음 글에 나타난 규리의 마음을 나타내는 말로 어울리지 않는 것은? ·········· ( )

> 오늘 음악 시간에는 리코더를 연주했다. 내 짝 민호는 리코더 연주가 서툴다. 선생님께서는 민호가 리코더를 연주하는 것을 보시더니 내게 말씀하셨다.
> "규리야, 네가 민호 좀 도와주렴."
> 나는 음악 시간 내내 민호의 리코더 선생님이 되었다.
> "규리야, '솔' 음은 어떻게 소리 내니?"
> "응, 내가 가르쳐 줄게."
> 민호는 가르쳐 주는 대로 잘 따라 했다.
> "아, 이렇게 하는 거구나. 고마워, 규리야."
> 민호가 잘하자 나도 덩달아 기분이 좋아졌다.

① 기쁘다
② 귀찮다
③ 뿌듯하다
④ 자랑스럽다

관련 단원 : 2학기 / 7. 글을 읽고 소개해요

23 이 글에 대한 설명으로 알맞지 않은 것은? · ( )

① 책 전체 내용을 빠짐없이 다 썼다.
② 책을 읽은 뒤에 쓴 독서 감상문이다.
③ 책을 읽고 난 뒤에 든 생각이나 느낌을 썼다.
④ 글쓴이가 읽은 책은 『바위나리와 아기별』이다.

관련 단원 : 2학기 / 7. 글을 읽고 소개해요

24 ㉠의 기본형은? ································· ( )

① 간호다
② 간호이다
③ 간호하다
④ 간호하던

[23 ~ 24] 다음 글을 읽고 물음에 답하시오.

㈎ 오늘은 학교에서 『바위나리와 아기별』이라는 책을 읽었다. 앞표지에 있는 바위나리와 아기별 그림이 무척 예뻐서 내용이 궁금했기 때문이다. 이 책은 바위나리와 아기별의 우정 이야기이다.

㈏ 바위나리는 바닷가에 핀 아름다운 꽃이었다. 하지만 친구가 없어 늘 외로웠다. 어느 날 밤, 아기별이 하늘에서 내려와 둘은 친구가 되었고, 바위나리와 아기별은 밤마다 만나 즐겁게 놀았다.

㈐ 그러던 어느 날, 병이 든 바위나리를 ㉠간호하던 아기별은 너무 늦게 하늘 나라로 올라가 그 벌로 다시는 바닷가에 내려오지 못했다. 아기별을 기다리던 바위나리는 점점 시들다가 그만 바람이 세게 불어 바다로 날려 갔다.

㈑ 나는 이 책에서 바위나리를 그리워하며 울다가 빛을 잃은 아기별이 하늘 나라에서 쫓겨나 바다로 떨어진 장면이 가장 기억에 남는다. 왜냐하면 살아 있을 때에는 만나지 못하다가 죽은 뒤에야 같이 있을 수 있게 된 것이 너무 슬펐기 때문이다.

㈒ 이 책을 읽고 주위에 바위나리처럼 외로운 친구가 있는지 생각해 보았다. 그리고 그 친구에게 아기별과 같은 친구가 되어야겠다는 생각이 들었다. 나는 바위나리와 아기별의 우정이 아름다우면서도 안타깝고 슬펐다.

관련 단원 : 2학기 / 8. 글의 흐름을 생각해요

25 다음 글에 나온 차례를 나타내는 말이 아닌 것은? ································· ( )

> 세 가닥 땋기는 머리를 땋을 때 많이 쓰는 방법입니다. 먼저, 왼쪽 첫 번째 그림과 같이 실 세 가닥을 나란히 폅니다. 두 번째, 왼쪽 빨간색 실을 가운데 파란색 실 위로 올립니다. 그러면 왼쪽 실이 가운데로 오고, 가운데 실이 왼쪽으로 가게 됩니다. 세 번째, 오른쪽 노란색 실을 가운데로 온 실 위에 올립니다. 다시 처음처럼 왼쪽으로 간 실을 가운데로, 오른쪽으로 간 실을 가운데로 올립니다. 이 방법을 계속 반복하면 실이 땋아집니다.

① 먼저
② 두 번째
③ 세 번째
④ 이 방법

♣ 수고하였습니다. ♣
답안지에 답을 정확히 표기하였는지 확인하시오.

초등학교 4학년 기초학력 진단검사
사 회

제2교시

( )초등학교   4학년 ( )반 ( )번   이름 ( )

정답 ▶ 32쪽

❖ 검사지의 문항 수(25문항)와 면수(6면)를 확인하시오.
❖ 답안지에 학교명, 반, 번호, 이름을 정확히 쓰시오.
❖ 모든 문제는 문제당 4점입니다.

[1~2] 다음은 같은 고장에 사는 서윤이와 형석이가 고장의 모습을 그린 그림이다. 그림을 보고 물음에 답하시오.

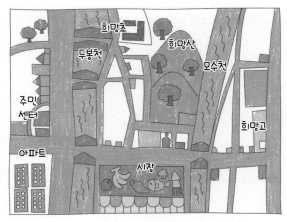

▲ 서윤이의 그림

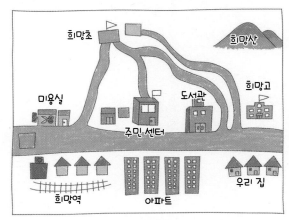

▲ 형석이의 그림

관련 단원 : 1학기 / 1. ❶ 우리가 생각하는 고장의 모습

1 다음 중 서윤이의 그림에는 있지만 형석이의 그림에는 없는 것은? ······················ ( )

① 희망초   ② 아파트
③ 두봉천   ④ 주민 센터

관련 단원 : 1학기 / 1. ❶ 우리가 생각하는 고장의 모습

2 같은 고장을 그린 서윤이와 형석이의 그림이 다른 이유로 알맞지 않은 것은? ···················· ( )

① 사람마다 고장을 그리는 방법이 다르기 때문이다.
② 같은 장소라도 표현하는 방법이 다르기 때문이다.
③ 같은 고장에 살면서 비슷한 경험을 했기 때문이다.
④ 사람마다 생각하는 고장의 모습이 다양하기 때문이다.

관련 단원 : 1학기 / 1. ❷ 하늘에서 내려다본 고장의 모습

3 다음 사진에 대한 알맞은 내용을 보기 에서 모두 고른 것은? ···················· ( )

▲ 위에서 찍은 사진   ▲ 옆에서 찍은 사진

보기
㉠ 서로 다른 두 장소를 나타낸 사진입니다.
㉡ 둘다 인공위성을 이용해 찍은 사진입니다.
㉢ 같은 장소도 다양한 위치에서 바라볼 수 있습니다.
㉣ 바라보는 위치에 따라 같은 장소가 다르게 보입니다.

① ㉠, ㉡   ② ㉠, ㉣
③ ㉡, ㉢   ④ ㉢, ㉣

관련 단원 : 1학기 / 1. ❷ 하늘에서 내려다본 고장의 모습

4 다음 세 고개 퀴즈의 정답으로 알맞은 것은?(   )

> 👆 인공위성 사진을 이용해 만든 지도

> ✌️ 디지털 정보로 표현한 지도

> 🖐️ 컴퓨터, 스마트폰, 길도우미로 이용 가능

① 지구본   ② 백지도
③ 그림 지도   ④ 디지털 영상 지도

관련 단원 : 1학기 / 2. ❶ 우리 고장의 옛이야기

5 다음 옛이야기와 관련 있는 지명으로 알맞은 것은?
.... (   )

> 조선의 왕인 정조가 아버지의 산소로 가던 중 낮에도 짐승이 나타날 것 같은 울창한 숲을 만났다. 이곳에는 다니는 사람도 거의 없었다고 한다. 이에 정조는 이곳에 두 개의 장승을 세우라고 명령해 장승이 세워지게 되었다.

① 피맛골   ② 장승배기
③ 서빙고동   ④ 두물머리

관련 단원 : 1학기 / 2. ❶ 우리 고장의 옛이야기

6 다음과 같은 이야기가 전해 내려오는 지역으로 알맞은 것은? .... (   )

> 설문대 할망은 거인으로 치마폭에 흙을 담아 옮겨 와서 한라산을 만들었다. 할망은 한라산을 만든 후에 봉우리가 너무 뾰족해서 윗부분을 잡아 던졌는데 움푹 파인 곳이 백록담이 되었다.

① 용인시   ② 성남시
③ 제주도   ④ 수원시

관련 단원 : 1학기 / 2. ❷ 우리 고장의 문화유산

7 다음 설명에 따라 유형 문화유산과 무형 문화유산의 예를 알맞게 짝 지은 것은? .... (   )

유형 문화유산	무형 문화유산
건축물, 과학 발명품과 같이 형태가 있는 문화유산	예술 활동, 기술과 같이 형태가 없는 문화유산

	유형 문화유산	무형 문화유산
①	성덕 대왕 신종	탈춤
②	탈춤	불국사
③	가야금 병창	첨성대
④	누비	향교

관련 단원 : 1학기 / 2. ❷ 우리 고장의 문화유산

8 다음과 같은 문화유산을 소개하는 자료에 들어갈 내용으로 알맞지 <u>않은</u> 것은? ·················· (   )

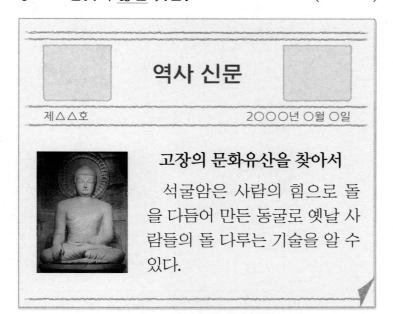

① 답사 방법   ② 소개할 내용
③ 문화유산 사진   ④ 문화유산 이름

관련 단원 : 1학기 / 3. ❶ 교통수단의 발달과 생활 모습의 변화

9 다음에서 설명하는 교통수단으로 알맞은 것은?
·················· (   )

> • 옛날에 이용한 교통수단입니다.
> • 안에 사람이 앉아있고 여러 사람이 함께 들었던 집 모양의 탈것입니다.

①
▲ 돛단배

②
▲ 가마

③
▲ 소달구지

④
▲ 뗏목

관련 단원 : 1학기 / 3. ❶ 교통수단의 발달과 생활 모습의 변화

10 다음 학생이 설명하는 교통수단으로 알맞은 것은?
·················· (   )

> 길이 가파르고 겨울에 눈이 많이 오는 울릉도에서 이용하는 교통수단이에요.

① 갯배   ② 지하철
③ 비행기   ④ 지프 택시

관련 단원 : 1학기 / 3. ❷ 통신 수단의 발달과 생활 모습의 변화

11 다음 밑줄 친 '이것'으로 알맞은 옛날의 통신 수단은?
·················· (   )

> • <u>이것</u>은 적이 쳐들어오거나 위급한 상황이 발생했을 때 사용한 통신 수단이다.
> • <u>이것</u>을 쳐서 큰 소리를 내면 많은 사람이 들을 수 있었다.

① 북   ② 파발
③ 봉수   ④ 신호 연

관련 단원 : 1학기 / 3. ❷ 통신 수단의 발달과 생활 모습의 변화

12 다음 ㉠에 들어갈 내용으로 알맞지 <u>않은</u> 것은?
·················· (   )

> 〈 조사 보고서 〉
> • 조사 주제 : 오늘날 통신 수단의 이용 모습
> • 조사 내용
>   – 편지로 소식을 전한다.
>   – _____㉠_____

① 길도우미로 길을 찾는다.
② 인터넷으로 영화를 예매한다.
③ 말을 타고 가서 소식을 전한다.
④ 스마트폰으로 얼굴을 보면서 전화한다.

관련 단원 : 2학기 / 1. ❶ 우리 고장의 환경과 생활 모습

13 다음은 경상북도 포항시의 계절별 기온과 강수량을 나타낸 그래프이다. ㉠과 ㉡에 들어갈 달을 알맞게 짝 지은 것은? ·································· (   )

▲ 평균 기온

▲ 평균 강수량

기온이 가장 높은 달은 (㉠   )이고 강수량 이 가장 많은 달은 (㉡   )입니다.

	㉠	㉡
①	4월	1월
②	7월	7월
③	10월	10월
④	1월	7월

관련 단원 : 2학기 / 1. ❶ 우리 고장의 환경과 생활 모습

14 다음은 바다가 있는 고장에 사는 사람들이 하는 일에 대한 퀴즈이다. 두 문제 모두 정답을 쓴 사람은? ·································· (   )

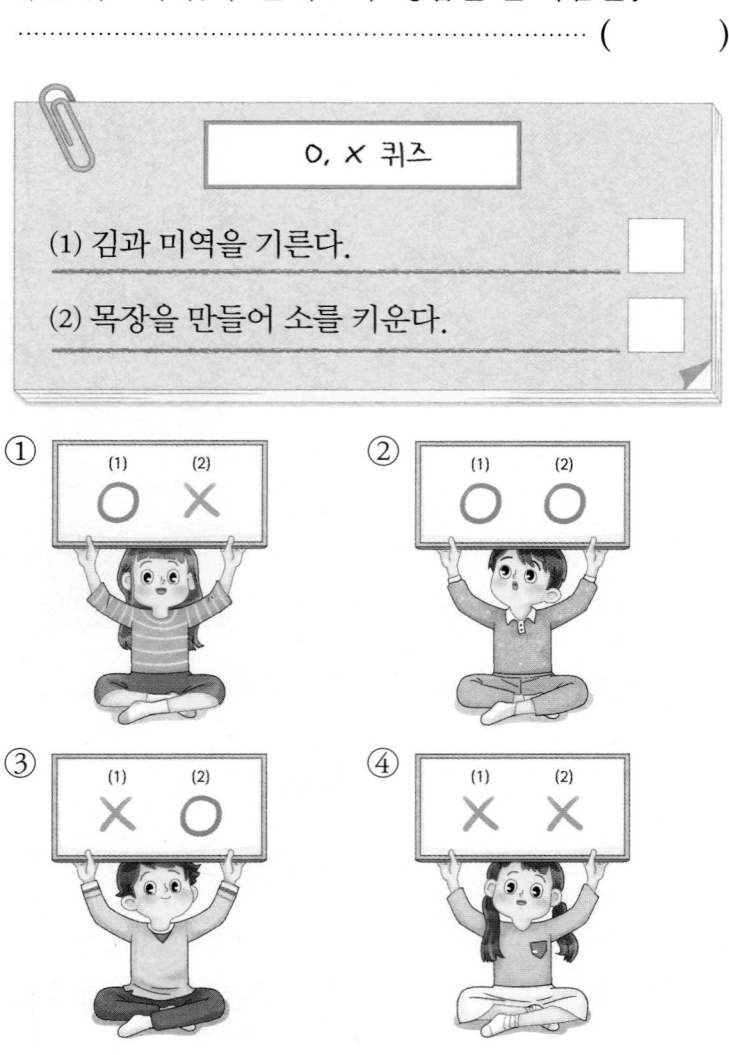

O, X 퀴즈

(1) 김과 미역을 기른다.

(2) 목장을 만들어 소를 키운다.

관련 단원 : 2학기 / 1. ❷ 환경에 따른 의식주 생활 모습

15 다음과 같은 의생활 모습에 대한 설명으로 알맞은 것은? ·································· (   )

① 모래바람을 막으려고 긴 옷을 입는다.
② 뜨거운 햇볕을 막기 위해 망토를 걸친다.
③ 더위를 피하려고 챙이 넓은 모자를 쓴다.
④ 추위를 막기 위해 동물의 털로 만든 옷을 입는다.

관련 단원 : 2학기 / 1. ❷ 환경에 따른 의식주 생활 모습

16 다음에서 설명하고 있는 집으로 알맞은 것은? ·································· (   )

나무를 쉽게 구할 수 있는 고장에서는 나뭇조각으로 지붕을 얹은 집을 지었습니다.

① ▲ 우데기집
② ▲ 터돋움집
③ ▲ 너와집
④ ▲ 동굴집

관련 단원 : 2학기 / 2. ❶ 옛날과 오늘날의 생활 모습

17 다음 ☐ 안에 들어갈 알맞은 말은? ………… ( )

> 옛날 사람들은 추위를 피하거나 동물들의 공격을 막기 위해 주로 ☐☐☐(이)나 바위 그늘에서 살았습니다.

① 동굴　　　　　　　② 기와집
③ 초가집　　　　　　④ 아파트

관련 단원 : 2학기 / 2. ❶ 옛날과 오늘날의 생활 모습

18 다음 ㉠에 들어갈 도구로 알맞은 것은? …… ( )

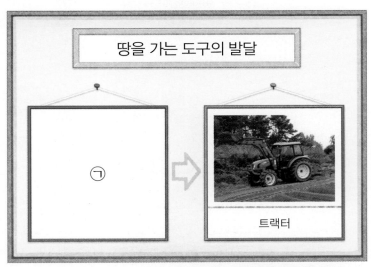

땅을 가는 도구의 발달

㉠ ➡ 트랙터

①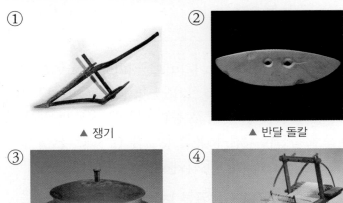
▲ 쟁기

② ▲ 반달 돌칼

③ ▲ 가마솥

④ ▲ 베틀

관련 단원 : 2학기 / 2. ❷ 옛날과 오늘날의 세시 풍속

19 다음 ㉠에 들어갈 말로 알맞은 것은? ……… ( )

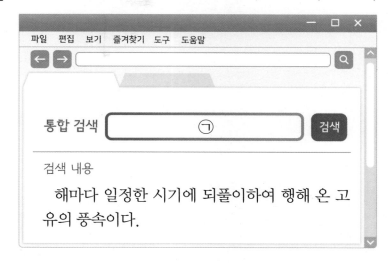

> 파일　편집　보기　즐겨찾기　도구　도움말
>
> 통합 검색　[㉠]　검색
>
> 검색 내용
>
> 해마다 일정한 시기에 되풀이하여 행해 온 고유의 풍속이다.

① 습관　　　　　　　② 명절
③ 문화유산　　　　　④ 세시 풍속

관련 단원 : 2학기 / 2. ❷ 옛날과 오늘날의 세시 풍속

20 다음과 같은 세시 풍속이 있는 명절로 알맞은 것은?
……………………………………………………… ( )

> • 부채 주고받기
> • 창포물에 머리 감기
> • 그네뛰기와 씨름하기

① 동지　　　　　　　② 단오
③ 삼복　　　　　　　④ 추석

관련 단원 : 2학기 / 2. ❷ 옛날과 오늘날의 세시 풍속

21 다음에서 설명하는 명절에 먹은 음식으로 알맞은 것은? ………………………………………………… ( )

> 이날에는 곡식과 과일을 수확하고 조상들께 감사의 의미로 차례를 지내고 성묘를 했어요.

① 송편　　　　　　　② 떡국
③ 육개장　　　　　　④ 오곡밥

관련 단원 : 2학기 / 3. ❶ 가족의 구성과 역할 변화

22 다음 ㉠에 들어갈 내용으로 알맞은 것은? ·· (   )

옛날의 결혼식 모습

옛날에는 신랑의 집에서 신랑의 부모님께 폐백을 드렸다. 폐백 때 신부와 신랑이 집안 어른들께 큰절을 올리면 어른들은 절을 받은 후에 신부의 치마에 (㉠)을/를 던져 주었다. 여기에는 '자식을 많이 낳고 부자가 되라'는 의미가 담겨 있었다.

① 바나나
② 사과와 배
③ 대추와 밤
④ 나무 기러기

관련 단원 : 2학기 / 3. ❶ 가족의 구성과 역할 변화

23 다음 대화에서 ㉠에 들어갈 내용으로 알맞지 않은 것은? ··· (   )

옛날 가족의 생활 모습은 어땠을까?

옛날에는 ㉠

① 집안일을 가족 구성원이 나누어 했어.
② 아버지의 뜻에 따라 집안의 중요한 일을 결정했어.
③ 여성은 사회생활을 하지 않고 집안일을 도맡아 했어.
④ 남자들이 주로 농사를 짓거나 장사를 하는 등 바깥일을 했어.

관련 단원 : 2학기 / 3. ❷ 다양한 가족이 살아가는 모습

24 다음 ㉠과 ㉡에 들어갈 가족의 형태를 알맞게 짝 지은 것은? ··· (   )

민수네 가족은 부모님이 재혼하여 만들어진 ㉠ 입니다.
우리 가족은 아버지와 어머니의 국적과 문화가 다른 ㉡ 입니다.

	㉠	㉡
①	핵가족	한 부모 가족
②	재혼 가족	다문화 가족
③	입양 가족	조손 가족
④	조손 가족	재혼 가족

관련 단원 : 2학기 / 3. ❷ 다양한 가족이 살아가는 모습

25 다음 중 다양한 가족의 모습에 대해 바른 생각을 가지고 있는 사람은? ······························· (   )

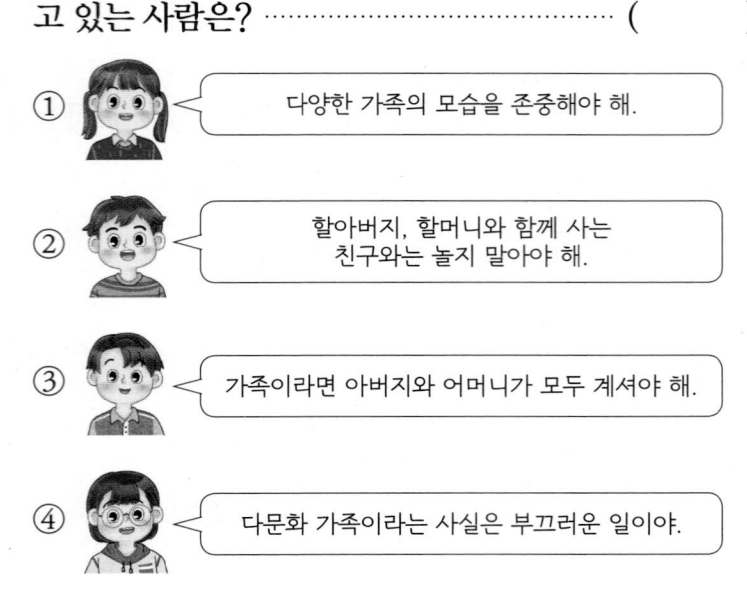

① 다양한 가족의 모습을 존중해야 해.

② 할아버지, 할머니와 함께 사는 친구와는 놀지 말아야 해.

③ 가족이라면 아버지와 어머니가 모두 계셔야 해.

④ 다문화 가족이라는 사실은 부끄러운 일이야.

♣ 수고하였습니다. ♣
답안지에 답을 정확히 표기하였는지 확인하시오.

초등학교 4학년 기초학력 진단검사

수 학

제3교시

( )초등학교　　4학년　( )반　( )번　　이름 ( )

정답 ▶ 34쪽

관련 단원 : 1학기 / 2. 평면도형

1 도형의 이름을 바르게 읽은 것은? ·········· ( )

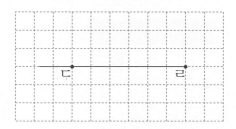

① 선분 ㄷㄹ　　　　② 반직선 ㄷㄹ
③ 반직선 ㄹㄷ　　　④ 직선 ㄹㄷ

관련 단원 : 2학기 / 3. 원

2 다음 중 원의 반지름은? ·············· ( )

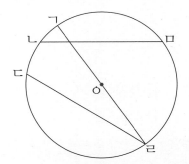

① 선분 ㄱㅇ　　　　② 선분 ㄱㄹ
③ 선분 ㄴㅁ　　　　④ 선분 ㄷㄹ

관련 단원 : 2학기 / 1. 곱셈

3 다음을 계산한 결과는? ················· ( )

① 1804　　　　② 1824
③ 1924　　　　④ 2024

관련 단원 : 1학기 / 5. 길이와 시간

4 시각을 바르게 읽은 것은? ············· ( )

① 4시 6분 5초　　　② 4시 6분 7초
③ 4시 30분 7초　　④ 4시 30분 10초

관련 단원 : 1학기 / 5. 길이와 시간

5 터널의 길이를 m로 나타낸 것은? ·········· ( )

이 터널의 길이는 7 km 700 m입니다.

① 7 m　　　　② 77 m
③ 7070 m　　④ 7700 m

관련 단원 : 1학기 / 1. 덧셈과 뺄셈

6 천재초등학교에서 청군과 백군으로 나누어 운동회를 하고 있다. 현재 두 팀의 점수 차는? ………… (   )

① 447점 ② 457점
③ 547점 ④ 557점

관련 단원 : 2학기 / 1. 곱셈

7 지우개 3개의 값은? ………………………… (   )

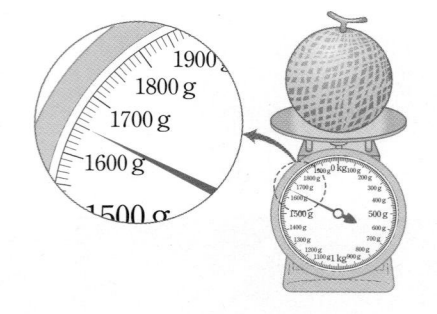

지우개
판매가(1개)   550원
구매 수량 선택   3 ∨
☆ 바로 구매 | 장바구니

① 1550원 ② 1650원
③ 2550원 ④ 2650원

관련 단원 : 2학기 / 5. 들이와 무게

8 멜론의 무게는? …………………………… (   )

1900
1800 g
1700 g
1600 g
1500 g

① 1 kg 600 g ② 1 kg 605 g
③ 1 kg 650 g ④ 16 kg 50 g

관련 단원 : 2학기 / 2. 나눗셈

9 현호는 동화책 36쪽을 3일 동안 매일 똑같이 나누어 읽으려고 한다. 하루에 읽어야 할 쪽수는?… (   )

① 9쪽 ② 10쪽
③ 11쪽 ④ 12쪽

관련 단원 : 2학기 / 5. 들이와 무게

10 들이가 17 L 400 mL인 물통에 가득 채운 물을 쏟아 물통에 13 L 200 mL가 남았다. 쏟은 물의 양은?
………………………………………… (   )

① 3 L 200 mL ② 3 L 600 mL
③ 4 L 200 mL ④ 4 L 600 mL

관련 단원 : 2학기 / 4. 분수

11 땅콩 20개를 4개씩 묶었을 때 땅콩 8개는 전체의 몇 분의 몇인지 분수로 나타낸 것은? ·············· (   )

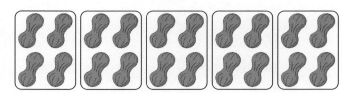

① $\dfrac{1}{5}$ ② $\dfrac{2}{5}$

③ $\dfrac{3}{5}$ ④ $\dfrac{4}{5}$

관련 단원 : 2학기 / 6. 자료의 정리

12 소영이네 반 학생들이 좋아하는 간식을 조사한 자료를 보고 표로 나타내려고 한다. ㉠, ㉡, ㉢에 알맞은 수를 각각 바르게 쓴 것은? ···················· (   )

●: 남학생 ●: 여학생

좋아하는 간식

간식	과자	과일	빵	합계
남학생 수(명)	4	㉠	5	11
여학생 수(명)	4	4	㉡	㉢

① ㉠-2, ㉡-3, ㉢-22

② ㉠-2, ㉡-3, ㉢-11

③ ㉠-6, ㉡-3, ㉢-11

④ ㉠-6, ㉡-8, ㉢-16

관련 단원 : 1학기 / 2. 평면도형

13 직각이 가장 많은 도형은? ··············· (   )

① 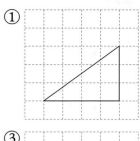 ②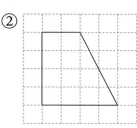

③ 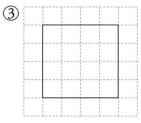 ④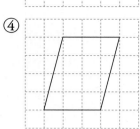

관련 단원 : 1학기 / 6. 분수와 소수

14 다음 중 잘못된 것은? ··············· (   )

①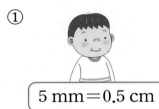
5 mm=0.5 cm

②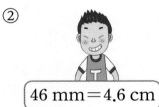
46 mm=4.6 cm

③
1.2 cm=12 mm

④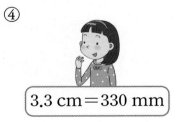
3.3 cm=330 mm

수 학

관련 단원 : 1학기 / 4. 곱셈

15 다음과 계산 결과가 같은 것은? ·············· (   )

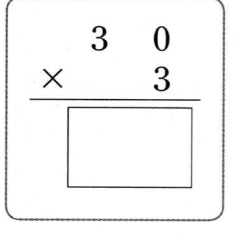

    ① 18×5 ② 20×4

    ③ 21×6 ④ 15×3

[16 ~ 17] 어느 마을의 과수원별 사과나무의 수를 조사하여 나타낸 그림그래프이다. 기쁨 과수원의 사과나무가 26그루일 때 물음에 답하시오.

사과나무의 수

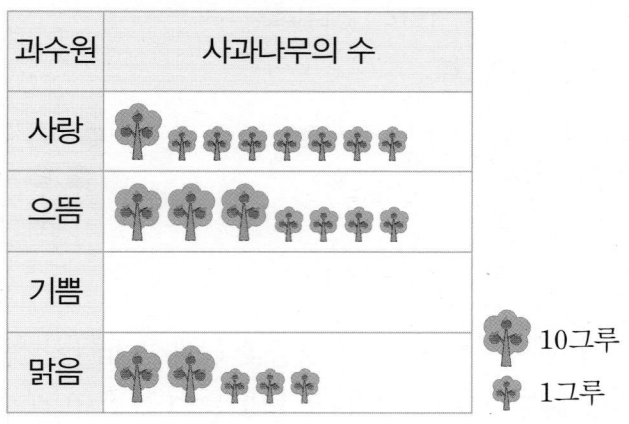

관련 단원 : 2학기 / 6. 자료의 정리

16 기쁨 과수원의 그림으로 알맞은 것은? ······ (   )

관련 단원 : 2학기 / 6. 자료의 정리

17 사과나무가 가장 많은 과수원은? ············· (   )

    ① 사랑 과수원   ② 으뜸 과수원

    ③ 기쁨 과수원   ④ 맑음 과수원

관련 단원 : 2학기 / 4. 분수

18 다음 중 분수의 크기를 바르게 비교한 것은? (   )

    ① $\dfrac{7}{6} > \dfrac{8}{6}$ ② $3\dfrac{1}{5} < 2\dfrac{4}{5}$

    ③ $2\dfrac{1}{3} < \dfrac{5}{3}$ ④ $\dfrac{9}{4} < 2\dfrac{2}{4}$

관련 단원 : 2학기 / 2. 나눗셈

19 나머지가 6이 될 수 없는 것은? ·············· (   )

    ① $\boxed{} \div 6$ ② $\boxed{} \div 7$

    ③ $\boxed{} \div 8$ ④ $\boxed{} \div 9$

관련 단원 : 2학기 / 3. 원

20 다음은 점 ㅇ이 원의 중심이고 반지름이 6 cm인 원이다. 선분 ㄱㄴ의 길이가 8 cm일 때 삼각형 ㄱㅇㄴ의 세 변의 길이의 합은? ····················· (   )

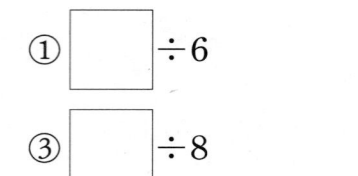

    ① 12 cm   ② 14 cm

    ③ 18 cm   ④ 20 cm

관련 단원 : 2학기 / 3. 원

21 주어진 모양을 그리기 위하여 컴퍼스의 침을 꽂아야 할 곳의 수는? ················ (   )

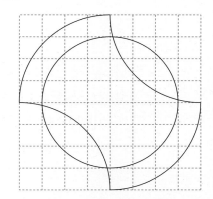

① 2군데   ② 3군데
③ 4군데   ④ 5군데

관련 단원 : 1학기 / 6. 분수와 소수

22 $\frac{1}{3}$ 보다 큰 분수는? ·················· (   )

① $\frac{1}{4}$ ② $\frac{1}{8}$
③ $\frac{1}{6}$ ④ $\frac{1}{2}$

관련 단원 : 1학기 / 3. 나눗셈

23 어떤 수를 8로 나누었더니 몫이 5가 되었다. 어떤 수를 구하면? ················ (   )

(어떤 수)÷8＝5

① 8   ② 13
③ 40   ④ 64

관련 단원 : 1학기 / 4. 곱셈

24 □ 안에 알맞은 수는? ·················· (   )

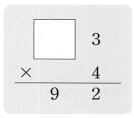

① 1   ② 2
③ 3   ④ 4

관련 단원 : 2학기 / 5. 들이와 무게

25 책이 들어 있는 가방의 무게는 1 kg 300 g이다. 가방에서 한 권에 200 g인 책을 2권 꺼낸 후 가방의 무게는? ················ (   )

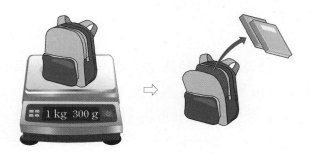

① 1 kg 100 g   ② 1 kg
③ 900 g   ④ 400 g

♣ 수고하였습니다. ♣
답안지에 답을 정확히 표기하였는지 확인하시오.

초등학교 4학년 기초학력 진단검사

과 학

제4교시

( )초등학교   4학년 ( )반 ( )번   이름 ( )

정답 ▶ 36쪽

❖ 검사지의 문항 수(25문항)와 면수(6면)를 확인하시오.

❖ 답안지에 학교명, 반, 번호, 이름을 정확히 쓰시오.

❖ 모든 문제는 문제당 4점입니다.

관련 단원 : 1학기 / 4. 자석의 이용

1 다음은 막대자석을 클립이 든 종이 상자에 넣었다가 천천히 들어 올리는 모습이다. 이에 대한 설명으로 옳은 것은? ·· ( )

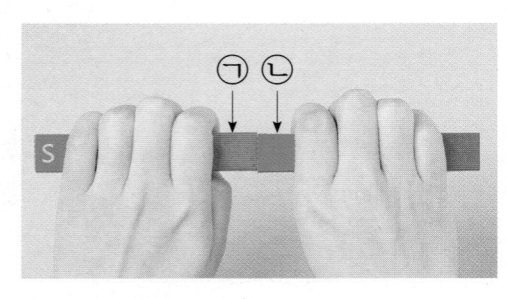

① 자석의 극은 한 개이다.
② 자석의 극은 가운데에 있다.
③ 클립이 적게 붙는 부분이 자석의 극이다.
④ 클립이 많이 붙는 부분은 자석의 양쪽 끝부분이다.

관련 단원 : 1학기 / 4. 자석의 이용

2 다음과 같이 막대자석 두 개를 마주 보게 나란히 놓고 가까이 가져갔더니 두 개의 자석이 서로 끌어당겼다. 이를 통해 알 수 있는 점으로 옳은 것은? ···· ( )

① ㉠과 ㉡은 둘 다 N극이다.
② ㉠과 ㉡은 둘 다 S극이다.
③ ㉠과 ㉡은 서로 같은 극이다.
④ ㉠과 ㉡은 서로 다른 극이다.

관련 단원 : 1학기 / 4. 자석의 이용

3 다음과 같이 나침반을 자석 주위에 놓았을 때 나침반 바늘의 움직임에 대한 설명으로 옳은 것은? ( )

① 나침반 바늘은 모두 막대자석의 가운데를 가리킨다.
② 나침반 바늘의 N극은 막대자석의 S극을 가리킨다.
③ 나침반 바늘의 S극은 막대자석의 S극을 가리킨다.
④ 막대자석의 N극과 S극을 반대로 놓아도 나침반 바늘이 가리키는 방향은 달라지지 않는다.

관련 단원 : 2학기 / 5. 소리의 성질

4 다음 중 우리 생활에서 작은 소리를 낼 때로 옳은 것은? ·· ( )

① ▲ 멀리 있는 친구를 부를 때

② ▲ 수업 시간에 친구들 앞에서 발표할 때

③ ▲ 피아노로 조용한 곡을 연주할 때

④ ▲ 야구장에서 우리 팀을 응원할 때

과 학

관련 단원 : 2학기 / 5. 소리의 성질

5 다음은 물이 담긴 수조에 플라스틱 관을 넣고 소리가 나는 스피커를 찾는 모습이다. 플라스틱 관이 스피커에 가까워질 때 나타나는 현상으로 옳은 것은? (   )

플라스틱 관→

① 소리가 들리지 않는다.
② 소리가 더 크게 들린다.
③ 소리가 더 작게 들린다.
④ 소리의 크기가 변하지 않는다.

관련 단원 : 2학기 / 5. 소리의 성질

6 다음 중 소리가 잘 전달되지 않는 물질을 이용하여 소음을 줄이는 예는? ································· (   )

▲ 도로 방음벽

▲ 공연장 천장의 반사판

▲ 과속 방지 턱

▲ 음악실의 방음벽

관련 단원 : 1학기 / 2. 물질의 성질

7 여러 가지 물질로 이루어진 장난감 중 다음과 같은 특징이 있는 것은? ································· (   )

- 쉽게 구부러진다.
- 늘어났다가 다시 돌아온다.

▲ 장난감 자동차 – 금속

▲ 장난감 오리 – 고무

▲ 장난감 블록 – 플라스틱

▲ 장난감 기차 – 나무

관련 단원 : 1학기 / 2. 물질의 성질

8 다음의 물, 붕사, 폴리비닐 알코올을 섞어 탱탱볼을 만들 때에 나타나는 현상으로 옳은 것은? ··· (   )

▲ 물

▲ 붕사

▲ 폴리비닐 알코올

① 아무런 변화가 없다.
② 물과 붕사를 섞으면 서로 엉긴다.
③ 물과 붕사를 섞으면 물이 뿌옇게 흐려진다.
④ 세 가지 물질을 섞으면 푸른색으로 변한다.

관련 단원 : 1학기 / 2. 물질의 성질

9 다음은 물질의 성질을 이용해 연필꽂이를 설계한 모습이다. ㉠ 부분을 가볍고 투명한 재료로 사용하려고 할 때 알맞은 것은? ·········· (　　　)

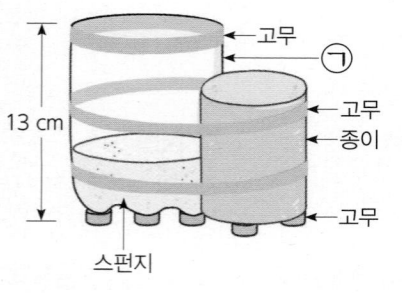

① 깡통
② 우유갑
③ 페트병
④ 유리컵

관련 단원 : 2학기 / 4. 물질의 상태

10 다음 물질의 상태에 대한 설명으로 옳은 것은?
·········· (　　　)

▲ 플라스틱 막대　　　　　　▲ 책

① 눈으로 볼 수 없다.
② 손으로 잡을 수 없다.
③ 담는 그릇이 바뀌면 모양이 변한다.
④ 담는 그릇이 바뀌어도 부피가 변하지 않는다.

관련 단원 : 2학기 / 4. 물질의 상태

11 다음과 같은 활동을 하면서 나타나는 변화를 관찰할 때 확인할 수 있는 사실로 옳은 것은? ········ (　　　)

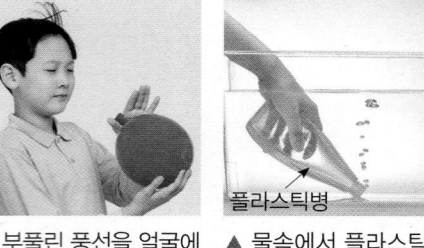 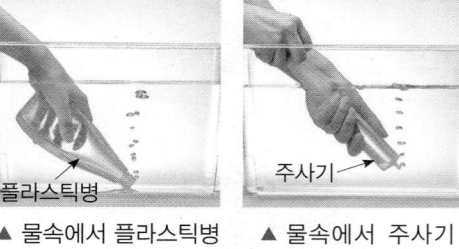 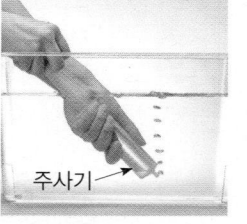

▲ 부풀린 풍선을 얼굴에　　▲ 물속에서 플라스틱병　　▲ 물속에서 주사기
　대고 입구 열기　　　　　　 누르기　　　　　　　　 피스톤 밀기

① 공기는 느낄 수 없다.
② 공기는 그릇에 담을 수 없다.
③ 공기는 액체와 같은 물질의 상태이다.
④ 공기는 눈이 보이지 않지만 우리 주변에 있다.

관련 단원 : 2학기 / 4. 물질의 상태

12 다음과 같이 주사기로 만든 코끼리 나팔 장난감에서 주사기의 피스톤을 밀 때 비닐관 속 공기가 화살표 방향으로 움직이는 까닭은? ····················· (　　　)

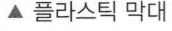

① 공기는 가볍기 때문이다.
② 공기는 부피가 일정하기 때문이다.
③ 공기는 모양이 일정하기 때문이다.
④ 공기는 다른 곳으로 이동할 수 있기 때문이다.

관련 단원 : 2학기 / 4. 물질의 상태

13 다음 실험으로 알 수 있는 공기의 성질은? (   )

> ### 공기의 성질 알아보기
>
> 〈실험 과정〉
>
> ❶ 페트병 입구에 공기 주입 마개를 끼운 뒤 전자저울로 무게를 측정한다.
>
>
>
> ❷ 공기 주입 마개를 눌러 페트병이 팽팽해질 때까지 공기를 채운다.
>
> ❸ 공기를 가득 채운 페트병의 무게를 전자저울로 측정한다.
>
> 〈실험 결과〉
>
> | 구분 | 페트병의 무게(g) |
> |---|---|
> | 공기 주입 마개를 누르기 전 | 51.4 |
> | 공기 주입 마개를 누른 후 | 52.0 |

① 무게가 있다.
② 부피가 없다.
③ 공간을 차지한다.
④ 다른 곳으로 이동할 수 없다.

관련 단원 : 1학기 / 3. 동물의 한살이

14 오른쪽은 배추흰나비 한살이 중 번데기 단계의 모습이다. 이에 대한 설명으로 옳지 <u>않은</u> 것은? ··················· (   )

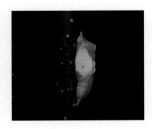

① 자라지 않는다.
② 먹이를 많이 먹는다.
③ 여러 개의 마디가 있다.
④ 이동하지 않고 한 곳에 붙어 있다.

관련 단원 : 1학기 / 3. 동물의 한살이

15 다음과 같은 한살이를 거치는 곤충은? ······· (   )

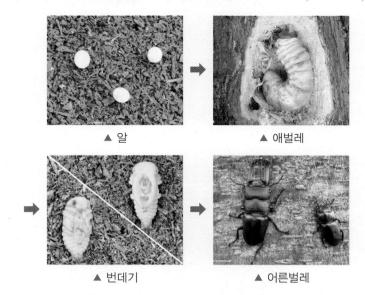

▲ 알   ▲ 애벌레

▲ 번데기   ▲ 어른벌레

① 메뚜기
② 사마귀
③ 노린재
④ 사슴벌레

관련 단원 : 1학기 / 3. 동물의 한살이

16 다음 중 갓 태어난 강아지와 다 자란 개의 공통점이 <u>아닌</u> 것은? ························· (   )

▲ 갓 태어난 강아지   ▲ 다 자란 개

① 꼬리가 있다.
② 몸이 털로 덮여 있다.
③ 코에는 털이 있고, 말라 있다.
④ 주둥이가 길쭉하게 튀어나와 있다.

관련 단원 : 2학기 / 2. 동물의 생활

17 다음 동물을 분류하는 기준으로 알맞지 <u>않은</u> 것은?
·· (   )

▲ 잠자리   ▲ 달팽이   ▲ 개미

① 다리가 있는가?
② 날개가 있는가?
③ 더듬이가 있는가?
④ 다른 동물을 먹는가?

관련 단원 : 2학기 / 2. 동물의 생활

18 다음은 땅에서 사는 동물을 관찰한 내용이다. 이 동물의 이름은? ······················· (   )

> • 땅속을 기어다닌다.
> • 몸이 고리 모양의 마디로 되어 있다.
> • 몸이 길고 원통 모양이며, 피부가 매끄럽다.

① ▲ 뱀   ② ▲ 지렁이
③ ▲ 공벌레   ④ ▲ 땅강아지

관련 단원 : 2학기 / 2. 동물의 생활

19 다음 중 낙타가 사막에서 잘 살 수 있는 특징으로 옳지 <u>않은</u> 것은? ·········· (   )

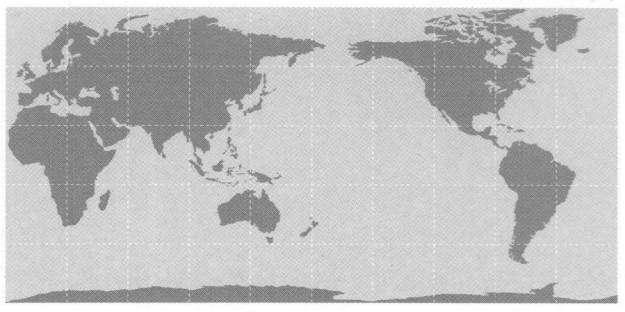

▲ 낙타

① 발바닥이 넓다.
② 혹에 지방을 저장한다.
③ 콧구멍을 여닫을 수 있다.
④ 앞다리로 땅을 잘 팔 수 있다.

관련 단원 : 1학기 / 5. 지구의 모습

20 다음 지도에서 육지 칸과 바다 칸의 수를 세어 비교하여 알 수 있는 것은? ······················ (   )

■ 육지   ■ 바다

① 육지의 높이
② 바다의 깊이
③ 육지와 바다의 넓이 비교
④ 육지와 바다의 생물 비교

관련 단원 : 1학기 / 5. 지구의 모습

21 다음은 마젤란 탐험대가 세계 일주를 한 뱃길을 나타낸 것이다. ㉠ 위치에서 바로 다음에 지난 길의 기호는? ······················ (   )

스페인 출발 (세비야)   필리핀 (사마르섬)   대서양   태평양   ㉠   인도양   ㉤   태평양   ㉡   ㉢   ㉣   브라질 (리우데자네이루)   마젤란 해협   ← 마젤란 탐험대의 이동 방향

① ㉡
② ㉢
③ ㉣
④ ㉤

관련 단원 : 1학기 / 5. 지구의 모습

22 달 표면에 다음과 같이 보이는 부분은 달의 무엇인가?
　　　　　　　‥‥‥‥‥‥‥‥‥‥‥‥‥‥‥‥‥ (　　　)

> • 어둡게 보이는 부분이다.
> • 달 표면의 색깔이 어두운 것이다.

① 산
② 바다
③ 호수
④ 충돌 구덩이

관련 단원 : 2학기 / 3. 지표의 변화

23 다음은 운동장 흙과 화단 흙의 물 빠짐을 비교하는 실험이다. 이 실험에서 같게 해야 할 조건이 <u>아닌</u> 것은?
　　　　　　　‥‥‥‥‥‥‥‥‥‥‥‥‥‥‥‥‥ (　　　)

① 물의 양
② 흙의 종류
③ 물을 붓는 빠르기
④ 플라스틱 통의 크기

관련 단원 : 2학기 / 3. 지표의 변화

24 다음 실험의 과정 ❶에서 색 모래를 뿌리는 까닭은?
　　　　　　　‥‥‥‥‥‥‥‥‥‥‥‥‥‥‥‥‥ (　　　)

> **흐르는 물에 의한 지표의 모습 변화 관찰하기**
> 〈실험 과정〉
> ❶ 흙 언덕을 만들고, 색 모래를 흙 언덕 위쪽에 뿌린다.
> ❷ 페트병에 물을 담아 흙 언덕 위쪽에서 물을 흘려 보낸다.
> ❸ 흙 언덕에서 흙이 깎인 곳과 흙이 흘러내려 쌓인 곳을 관찰한다.
>
>

① 흙이 잘 쌓이게 하기 위해서이다.
② 흙이 잘 깎이게 하기 위해서이다.
③ 흙 언덕의 모습을 아름답게 하기 위해서이다.
④ 흙이 이동하는 모습을 쉽게 알아보기 위해서이다.

관련 단원 : 2학기 / 3. 지표의 변화

25 다음은 강 주변의 모습이다. ㉠ 지역에 대한 설명으로 옳은 것은? ‥‥‥‥‥‥‥‥‥‥‥‥‥‥ (　　　)

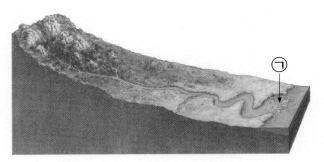

① 강폭이 좁다.
② 계곡이나 산을 많이 볼 수 있다.
③ 강폭이 넓고, 강의 경사가 급하다.
④ 침식 작용보다 퇴적 작용이 활발하게 일어난다.

> ♣ 수고하였습니다. ♣
> 답안지에 답을 정확히 표기하였는지 확인하시오.

초등학교 4학년 기초학력 진단검사

영 어

제5교시

( )초등학교 　　 4학년 ( )반 ( )번 　　 이름 ( )

정답 ▶ 38쪽

❖ 검사지의 문항 수(25문항)와 면수(5면)를 확인하시오.
❖ 답안지에 학교명, 반, 번호, 이름을 정확히 쓰시오.
❖ 모든 문제는 문제당 4점입니다.

1번부터 21번까지는 듣고 답하는 문제입니다. 녹음 내용을 잘 듣고, 물음에 답하기 바랍니다. 내용은 한 번만 들려줍니다.
듣기 자료는 '**교재 홈페이지 → 초등 → 학습지원 → 학습자료실**'에 있습니다.

1 다음을 듣고, 첫소리가 같은 낱말끼리 짝 지은 것을 고르시오. ·························· ( )

① ② ③ ④

2 다음을 듣고, 그림과 낱말이 일치하는 것을 고르시오. ·························· ( )

①  ②

③  ④

3 그림을 보고, 가장 알맞은 대화를 고르시오. ( )

① ② ③ ④

4 다음을 듣고, 숫자와 낱말이 일치하지 <u>않는</u> 것을 고르시오. ·························· ( )

| ① | 7 | ② | 6 |
| ③ | 2 | ④ | 10 |

5 다음을 듣고, 들려주는 낱말과 일치하는 것을 고르시오. ·························· ( )

①  ②

③  ④

6 다음을 듣고, 그림과 일치하는 낱말을 고르시오.
··· (   )

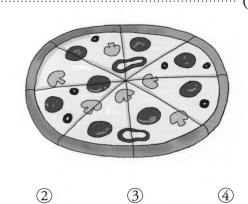

①   ②   ③   ④

7 다음을 듣고, 자연스러운 대화를 고르시오. (   )
①   ②   ③   ④

8 대화를 듣고, 내용과 일치하는 것을 고르시오.
··· (   )

9 그림을 보고, 가장 알맞은 대화를 고르시오. (   )

①   ②   ③   ④

10 그림을 보고, 여자 어린이가 할 말로 가장 알맞은 것을 고르시오. ································· (   )

①   ②   ③   ④

11 다음을 듣고, 날씨와 그림이 일치하는 것을 고르시오.
·· (   )

12 그림을 보고, 이어질 대답으로 가장 알맞은 것을 고르시오. ··· (   )

① ② ③ ④

13 대화를 듣고, 민수와 리사가 할 수 있는 것을 바르게 짝 지은 것을 고르시오. ················· (   )

	민수	리사
①	노래하기	춤추기
②	노래하기	점프하기
③	점프하기	점프하기
④	점프하기	춤추기

14 다음을 듣고, 이어질 대답으로 가장 알맞은 것을 고르시오. ·································· (   )

① ② ③ ④

15 대화를 듣고, 내용과 일치하는 것을 고르시오.
·· (   )

16 대화를 듣고, 엄마가 좋아한다고 말한 것을 고르시오.
·· (   )

① 바나나   ② 사과
③ 딸기   ④ 오렌지

17 대화를 듣고, 누구에 대해 말하고 있는지 고르시오. ( )

①  ②

③  ④

18 그림을 보고, 가장 알맞은 대화를 고르시오. ( )

① ② ③ ④

19 다음을 듣고, 이어질 대답으로 가장 알맞은 것을 고르시오. ( )

① ② ③ ④

20 대화를 듣고, 남자 어린이가 가지고 있는 것을 고르시오. ( )

① 연필 ② 지우개
③ 필통 ④ 공책

21 다음을 듣고, 자연스러운 대화를 고르시오. ( )

① ② ③ ④

> 이제 듣기 문제가 모두 끝났습니다. 22번부터는 검사지의 지시에 따라 답하기 바랍니다.

22 다음 중 대문자를 소문자로 바꾸어 짝 지은 것으로 알맞지 <u>않은</u> 것을 고르시오. ·················· (   )

① B − b
② E − e
③ F − g
④ Y − y

24 다음 낱말 카드를 읽고, 그 의미로 알맞은 것을 고르시오. ·················· (   )

> scissors

① 풀
② 가위
③ 자
④ 가방

23 다음 그림에 해당하는 낱말을 고르시오. ····· (   )

① tomato
② orange
③ banana
④ potato

25 다음 낱말을 소문자로 고쳐 쓴 것으로 옳은 것을 고르시오. ·················· (   )

> **BROTHER**

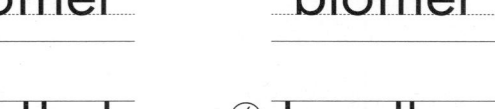

① brother
② blotner
③ drothel
④ bradher

초등학교 4학년 기초학력 진단검사
국 어

( )초등학교 4학년 ( )반 ( )번 이름 ( )

정답 ▶ 42쪽

❖ 검사지의 문항 수(25문항)와 면수(6면)를 확인하시오.
❖ 답안지에 학교명, 반, 번호, 이름을 정확히 쓰시오.
❖ 모든 문제는 문제당 4점입니다.
❖ '실전 모의평가' 정답을 OMR 카드에 표기해 보시오.

[1~2] 다음 시를 읽고 물음에 답하시오.

이틀째 앓아누워
학교에 못 갔는데, 누가 벌써
학교 갔다 돌아왔는지
골목에서 공 튀는 소리 들린다.

㉠탕탕–
땅바닥을 두들기고
㉡탕탕탕–
담벼락을 두들기고
㉢탕탕탕탕–
꽉 닫힌 창문을 두들기며
골목 가득 울리는
소리

내 방 안까지 들어와
이리 튕기고 저리 튕겨 다닌다.

까무룩 또 잠들려는 나를
뒤흔들어 깨우고는, 내 몸속까지
튀어 들어와 탕탕탕–
내 맥박을 두들긴다.

1 말하는 이가 학교에 가지 못한 까닭은? …… ( )

① 몸이 아파서
② 눈이 많이 와서
③ 이사를 가는 날이어서
④ 축구 시합을 하는 날이어서

2 ㉠~㉢이 흉내 내는 소리는? ……………… ( )

① 공이 튀는 소리
② 총을 쏘는 소리
③ 공이 구르는 소리
④ 바람이 부는 소리

3 다음 글 ㈎, ㈏에서 말하고자 하는 것이 알맞게 짝 지어진 것은? ……………………………… ( )

㈎ 장승은 여러 가지 구실을 했습니다. 우리 조상은 장승이 나쁜 병이나 기운이 마을로 들어오는 것을 막아 준다고 믿었습니다. 장승은 나그네에게 길을 알려 주기도 했습니다.

㈏ 장승은 나무나 돌에 사람 얼굴 모습을 조각해 만들었습니다. 할아버지처럼 친근한 얼굴도 있고, 도깨비처럼 무서운 얼굴도 있습니다. 우스꽝스러운 장난꾸러기 얼굴을 한 장승도 있습니다.

	㈎	㈏
①	장승의 구실	장승의 생김새
②	장승의 크기	장승의 구실
③	장승을 놓는 장소	장승의 생김새
④	장승을 만드는 방법	장승의 구실

4 다음 대화의 ㉠을 높임 표현에 맞게 고쳐 쓴 것은? ……………………………… ( )

① 좋아한다
② 좋아합니다
③ 좋아하세요
④ 좋아하는구나

국 어

5 다음 대화의 ㉠, ㉡에 들어갈 말이 바르게 짝 지어진 것은? ·· (   )

> 정음아, 할머니 들어오셨니?

> ㉠ . 거실에 ㉡ .

	㉠	㉡
①	응	있어
②	네	있어요
③	응	계세요
④	네	계세요

6 다음 편지에서 정혁이가 할아버지께 전하고자 하는 마음은? ······································· (   )

> 할아버지, 그동안 안녕하셨어요?
> 할아버지, 생신 축하드려요.
> 할아버지 댁에 가면 항상 반갑게 맞아 주시고, 재미있는 이야기도 많이 들려주셔서 감사합니다.
> 작년 할아버지 생신에는 제가 다리를 다쳐서 찾아뵙지 못해 많이 아쉬웠어요. 그런데 이번 생신에는 가족 모두 모여서 즐거운 시간을 보낼 수 있어서 정말 기뻐요.
> 할아버지, 다시 한번 생신 축하드려요. 항상 건강하시길 바랄게요.
> 　　　　　　　　　　　20○○년 4월 14일
> 　　　　　　　　　　　　　손자 정혁 올림

① 슬픈 마음
② 섭섭한 마음
③ 죄송한 마음
④ 축하하는 마음

[7~8] 다음 글을 읽고 물음에 답하시오.

> **복을 물어다 주는 제비**
>
> 　우리 조상은 제비를 복과 재물을 가져다주는 좋은 새라고 여겼습니다. 제비는 주로 음력 9월 9일 즈음 강남에 갔다가 3월 3일 즈음에 돌아오는데, 우리 조상은 이처럼 홀수가 겹치는 날을 운이 좋은 날이라 하여 길일이라고 불렀습니다. 따라서 좋은 날에 떠나 좋은 날에 돌아오는 제비는 그만큼 영리하고 행운을 가져다주는 동물일 것이라고 생각했던 것입니다. 그래서 집에 제비가 들어와 둥지를 틀면 좋은 일이 생길 것이라고 믿고 반겼습니다.

7 제비에 대한 우리 조상의 생각으로 알맞은 것은?
·· (   )

① 농사를 방해하는 나쁜 새이다.
② 불행을 몰고 오는 불길한 새이다.
③ 복과 재물을 가져다주는 좋은 새이다.
④ 집에 둥지를 틀어 잠을 방해하는 시끄러운 새이다.

8 이 글의 내용을 듣고 요약한 다음 메모에서 부족한 점을 바르게 말한 것은? ······················· (   )

> **복을 물어다 주는 제비**
>
> • 9월 9일, 3월 3일
> • 제비 둥지

① 어려운 낱말을 사용하였다.
② 들은 내용을 문장으로 적었다.
③ 들은 내용을 모두 적으려고 하였다.
④ 너무 간추려서 중요한 내용을 알기 힘들다.

[9 ~ 10] 다음 글을 읽고 물음에 답하시오.

> ㉮ 승호는 참새를 안고 교실로 갔습니다.
> "선생님, 참새 잡았어요."
> 승호를 뒤따라온 아이들이 승호보다 먼저 소란스럽게 말했습니다.
> "참새를 어떻게 잡았니?"
> "잘 날지 못하는 아기 참새예요."
> ㉯ "선생님, 교실에서 키워요."
> "그래야겠구나. 날 수가 없으니 잘 날 수 있을 때까지만 키우자."
> "그럼 아기 참새도 우리 반이네요?"
> "참새 이름을 정해요."
> 아이들은 앞다투어 그럴듯한 이름들을 말했습니다. 선생님께서는 아이들이 말한 이름들을 모두 칠판에 쓰셨습니다. 많은 이름 가운데에서 '짹짹콩콩'으로 부르자는 아이가 가장 많았습니다.
> ㉰ 그날 저녁이었습니다. 승호는 교실에 혼자 남겨 두고 온 짹짹콩콩이가 걱정이 되어 잠을 이룰 수가 없었습니다. 걱정을 하던 승호는 살그머니 밖으로 나왔습니다. 그리고 학교를 향해 달렸습니다. 승호는 조금 무서웠지만 조심조심 복도를 걸어 교실로 갔습니다.
> "어?"
> 승호는 두 눈을 동그랗게 떴습니다. 교실에는 선생님과 여러 명의 아이가 와 있었습니다.
> "너도 짹짹콩콩이가 걱정돼서 왔구나."

9 아기 참새를 교실에서 키우기로 한 까닭은? ( )

① 아기 참새가 날지 못하여서
② 아기 참새가 선생님을 엄마로 생각하여서
③ 아기 참새가 날려 주어도 다시 교실로 돌아와서
④ 아이들이 참새를 키우는 관찰 학습을 하고 있어서

10 다음 일의 원인으로 알맞은 것은? .... ( )

> 승호가 저녁에 교실로 갔다.

① 승호는 학교에 알림장을 두고 왔다.
② 승호는 교실에 혼자 남은 참새가 걱정이 되었다.
③ 승호가 참새에게 먹이를 줄 당번으로 결정되었다.
④ 승호는 저녁에 교실에서 친구들과 만나기로 하였다.

11 다음 중 형태가 바뀌지 <u>않는</u> 낱말은? .... ( )

① 뛰다
② 학교
③ 가다
④ 귀엽다

12 다음 글에 나타난 글쓴이의 의견으로 알맞은 것은?
.... ( )

> ㉮ 좋은 습관이 무엇인지를 알아보고, 좋은 습관을 기르려고 노력해 봅시다.
> 첫째, 약속을 잘 지키는 습관을 기릅시다. 약속은 자신이나 다른 사람과 어떤 일을 지키기로 다짐한 것으로 신뢰를 줄 수 있기 때문입니다.
> ㉯ 둘째, 날마다 운동하는 습관을 기릅시다. 날마다 운동하면 몸과 마음이 건강해지기 때문입니다. 예를 들어 아침 일찍 일어나 달리기나 줄넘기 같은 운동을 하면 하루를 활기차게 시작할 수 있습니다.

① 거짓말을 하지 말자.
② 아침에 일찍 일어나자.
③ 잘하는 운동을 한 가지 이상 만들자.
④ 우리 모두 좋은 습관을 기를 수 있도록 꾸준히 노력하자.

13 다음 글에서 '어떤 일이 일어날'의 뜻을 가진 낱말은?
.... ( )

> ### 수영 금지 안내문
>
> ○○폭포는 ①수심이 매우 깊어서 물에 빠질 경우 사고가 ②발생할 수 있는 ③장소이므로 수영이나 물놀이를 ④삼가 주시기 바랍니다.
> △△시공원관리사업소장 · △△소방서장

14 다음 빈칸에 알맞은 장금이의 표정은? ……… (　　　)

▲ 강아지 몽몽이가 뛰어다니는 바람에 잔치에 쓸 국수가 엉망이 되고, 장금이는 수라간 궁녀에게 꾸중을 듣습니다.

① 　②

③ 　④

15 다음 장면에 나타난 인물의 마음으로 알맞은 것은?
……………………………… (　　　)

① 고마운 마음
② 뿌듯한 마음
③ 즐거운 마음
④ 속상한 마음

16 다음 글의 내용을 이해할 때 도움이 되는 경험은?
……………………………… (　　　)

　　안전하게 과학 실험을 하려면 과학 실험 안전 수칙을 확인하고 실천해 안전사고의 위험을 줄여야겠습니다. 지금부터 과학 실험 안전 수칙을 알아보겠습니다.
　　첫째, 선생님께서 계시지 않을 때에는 과학 실험을 하지 않습니다. 과학실에는 조심히 다루어야 할 실험 기구와 위험한 화학 약품이 많습니다. 선생님의 말씀에 따라 실험 기구나 화학 약품을 다루어야 사고가 나는 것을 예방할 수 있습니다. 그러므로 선생님께서 계시지 않을 때에는 과학 실험을 해서는 안 됩니다.
　　둘째, 과학실에서는 절대 장난을 치면 안 됩니다. 과학실에는 깨지기 쉽거나 위험한 실험 기구가 많습니다. 장난을 치다가 유리로 만들어진 실험 기구가 깨지면 날카로운 유리 조각이 생겨 이 유리 조각에 사람이 다칠 수 있습니다.

① 친구와 다투었던 경험
② 새 친구를 사귀었던 경험
③ 과학 실험을 해 보았던 경험
④ 가족과 여행을 가 보았던 경험

17 다음 중 바르게 띄어 쓴 문장은? ……………… (　　　)

① 이번∨가을에만∨두번째네.
② 이번∨가을에만∨두∨번째네.
③ 이번가을에만∨두∨번째∨네.
④ 이∨번∨가을에만∨두번째∨네.

[18 ~ 19] 다음 시를 읽고 물음에 답하시오.

> 강가 고운 모래밭에서
> 발가락 옴지락거려
> 두더지처럼 파고들었다.
>
> 지구가 간지러운지
> 굼질굼질 움직였다.
>
> 아, 내 작은 신호에도
> 지구는 대답해 주는구나.
>
> 그 큰 몸짓에
> 이 조그마한 발짓
> 그래도 지구는 대답해 주는구나.

18 다음 중 이 시에 사용된 흉내 내는 말은? ···· (   )

① 강가
② 지구
③ 두더지
④ 굼질굼질

19 이 시에서 지구의 대답으로 볼 수 있는 것은?
·· (   )

① 강물의 흐름
② 모래의 움직임
③ 내리쬐는 햇볕
④ 강물이 흐르는 소리

20 다음 대화에서 남자아이가 잘못한 점은? ···· (   )

> (지하철 소리)
> 남자아이: (큰 목소리로)
>   하하! 그래. 너 이번 주
>   에 뭐 하니? 우리 이번
>   주에 축구할래? 지난
>   주에 비가 와서 축구
>   를 하지 못했잖아.

① 화난 표정으로 대화한 점
② 높임 표현을 사용하지 않은 점
③ 너무 작은 목소리로 대화한 점
④ 공공장소에서 큰 소리로 통화한 점

21 다음 글에서 '내'가 겪은 일은? ···················· (   )

> 오늘 음악 시간에는 리코더를 연주했다. 내 짝 민호는 리코더 연주가 서툴다. 선생님께서는 민호가 리코더를 연주하는 것을 보시더니 내게 말씀하셨다.
> "규리야, 네가 민호 좀 도와주렴."
> 나는 음악 시간 내내 민호의 리코더 선생님이 되었다.
> "규리야, '솔' 음은 어떻게 소리 내니?"
> "응, 내가 가르쳐 줄게."
> 민호는 가르쳐 주는 대로 잘 따라 했다.
> "아, 이렇게 하는 거구나. 고마워, 규리야."
> 민호가 잘하자 나도 덩달아 기분이 좋아졌다.

① 친구에게 리코더를 빌려주었다.
② 짝에게 리코더 부는 방법을 배웠다.
③ 짝에게 리코더 연주 방법을 알려 주었다.
④ 짝과 함께 친구들 앞에서 리코더 연주를 하였다.

[22 ~ 23] 다음 글을 읽고 물음에 답하시오.

㉮ 오늘은 학교에서 『바위나리와 아기별』이라는 책을 읽었다. 앞표지에 있는 바위나리와 아기별 그림이 무척 예뻐서 내용이 궁금했기 때문이다. 이 책은 바위나리와 아기별의 우정 이야기이다.

㉯ 바위나리는 바닷가에 핀 아름다운 꽃이었다. 하지만 친구가 없어 늘 외로웠다. 어느 날 밤, 아기별이 하늘에서 내려와 둘은 친구가 되었고, 바위나리와 아기별은 밤마다 만나 즐겁게 놀았다.

그러던 어느 날, 병이 든 바위나리를 간호하던 아기별은 너무 늦게 하늘 나라로 올라가 그 벌로 다시는 바닷가에 내려오지 못했다. 아기별을 기다리던 바위나리는 점점 시들다가 그만 바람이 세게 불어 바다로 날려 갔다.

㉰ 이 책을 읽고 주위에 바위나리처럼 외로운 친구가 있는지 생각해 보았다. 그리고 그 친구에게 아기별과 같은 친구가 되어야겠다는 생각이 들었다. 나는 바위나리와 아기별의 우정이 아름다우면서도 안타깝고 슬펐다.

22 글쓴이가 『바위나리와 아기별』을 읽게 된 까닭으로 알맞은 것은? ······················· (   )

① 책의 제목을 보고
② 앞표지의 그림을 보고
③ 다른 친구가 쓴 독서 감상문을 읽고
④ 인터넷에서 책을 소개하는 글을 읽고

23 글 ㉰에서 주로 표현하고 있는 것은? ········· (   )

① 책 내용
② 책의 그림
③ 책의 글쓴이
④ 책을 읽은 뒤에 든 생각이나 느낌

24 다음 글의 　㉠　에 들어갈 말로 가장 알맞은 것은? ································· (   )

세 가닥 땋기는 머리를 땋을 때 많이 쓰는 방법입니다. 　㉠　, 왼쪽 첫 번째 그림과 같이 실 세 가닥을 나란히 폅니다. 두 번째, 왼쪽 빨간색 실을 가운데 파란색 실 위로 올립니다. 그러면 왼쪽 실이 가운데로 오고, 가운데 실이 왼쪽으로 가게 됩니다. 세 번째, 오른쪽 노란색 실을 가운데로 온 실 위에 올립니다. 다시 처음처럼 왼쪽으로 간 실을 가운데로, 오른쪽으로 간 실을 가운데로 올립니다. 이 방법을 계속 반복하면 실이 땋아집니다.

① 먼저
② 그다음
③ 끝으로
④ 마지막으로

25 다음 글에서 호랑이의 말에 어울리는 목소리로 가장 알맞은 것은? ······················· (   )

호랑이: 나그네님, 제발 문고리를 따고 문짝을 좀 열어 주십시오.
나그네: 뭐요? 문을 열어 달라고? 열어 주면 뛰쳐나와서 나를 잡아먹을 것이 아니오?
호랑이: 아닙니다. 제가 은혜를 모르고 그런 짓을 할 리가 있겠습니까? (앞발을 비비며 자꾸 절을 한다.)

① 화난 목소리
② 당당한 목소리
③ 간절한 목소리
④ 귀찮아하는 목소리

♣ 수고하였습니다. ♣
답안지에 답을 정확히 표기하였는지 확인하시오.

초등학교 4학년 기초학력 진단검사
사 회

제2교시

( )초등학교 4학년 ( )반 ( )번 이름 ( )

정답 ▶ 44쪽

❖ 검사지의 문항 수(25문항)와 면수(6면)를 확인하시오.
❖ 답안지에 학교명, 반, 번호, 이름을 정확히 쓰시오.
❖ 모든 문제는 문제당 4점입니다.
❖ '실전 모의평가' 정답을 OMR 카드에 표기해 보시오.

1 다음은 ○○ 고장의 장소 알림판이다. ㉠에 들어갈 장소로 알맞은 것은? ·············· ( )

① 놀이터   ② 기차역
③ 도서관   ④ 전통 시장

3 다음을 보고 알 수 있는 디지털 영상 지도의 장점으로 알맞은 것은? ·············· ( )

▲ 디지털 영상 지도   ▲ 일반 지도

① 고장의 생생한 모습을 볼 수 있다.
② 확대와 축소 기능을 이용할 수 있다.
③ 스마트폰으로 언제 어디서든 이용할 수 있다.
④ 바라보는 위치에 따라 장소가 다르게 보인다.

2 다음은 지아와 희철이가 고장의 모습을 그린 것이다. 다음 ㉠에 들어갈 말로 알맞은 것은? ········· ( )

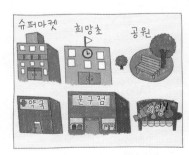 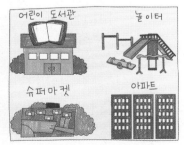

▲ 지아가 그린 고장의 모습   ▲ 희철이가 그린 고장의 모습

지아와 희철이는 둘 다 ㉠ 을/를 그렸지만 모양과 크기는 다릅니다.

① 희망초   ② 놀이터
③ 아파트   ④ 슈퍼마켓

4 친구들이 백지도에 고장의 주요 장소를 나타내려고 한다. 장소의 특징을 잘 나타내는 그림이나 기호를 선택한 사람은? ·············· ( )

① 기차역은 기차를 타는 곳이니까 골대와 축구공으로 나타냈어.

② 음식점은 먹거리와 관련이 있으니까 숟가락과 젓가락으로 나타냈어.

③ 공원은 풀과 나무가 많으니까 별 모양으로 나타냈어.

④ 축구 경기장은 경기를 하는 곳이니까 버스 모양으로 나타냈어.

5 다음 ㉠과 ㉡에 들어갈 지명을 알맞게 짝 지은 것은?
.... ( )

㉠	㉡
백성들이 말을 탄 양반을 피하려고 만든 좁은 길이 있었다.	북한강과 남한강의 두 물줄기가 만나는 곳이다.

	㉠	㉡
①	피맛골	두물머리
②	탄천	쌍둥이산
③	포은	얼음골
④	서빙고동	장승배기

6 다음과 같은 지명이 붙여지는 데 영향을 미친 것으로 알맞은 것은? .... ( )

- 기와말 : 기와를 굽던 큰 가마터가 있던 곳
- 말죽거리 : 서울을 오가는 사람들이 말에게 죽을 끓여 먹이던 곳

① 인물   ② 문화유산
③ 자연환경   ④ 생활 모습

7 다음 문화유산에 어울리는 설명 카드로 알맞은 것은?
.... ( )

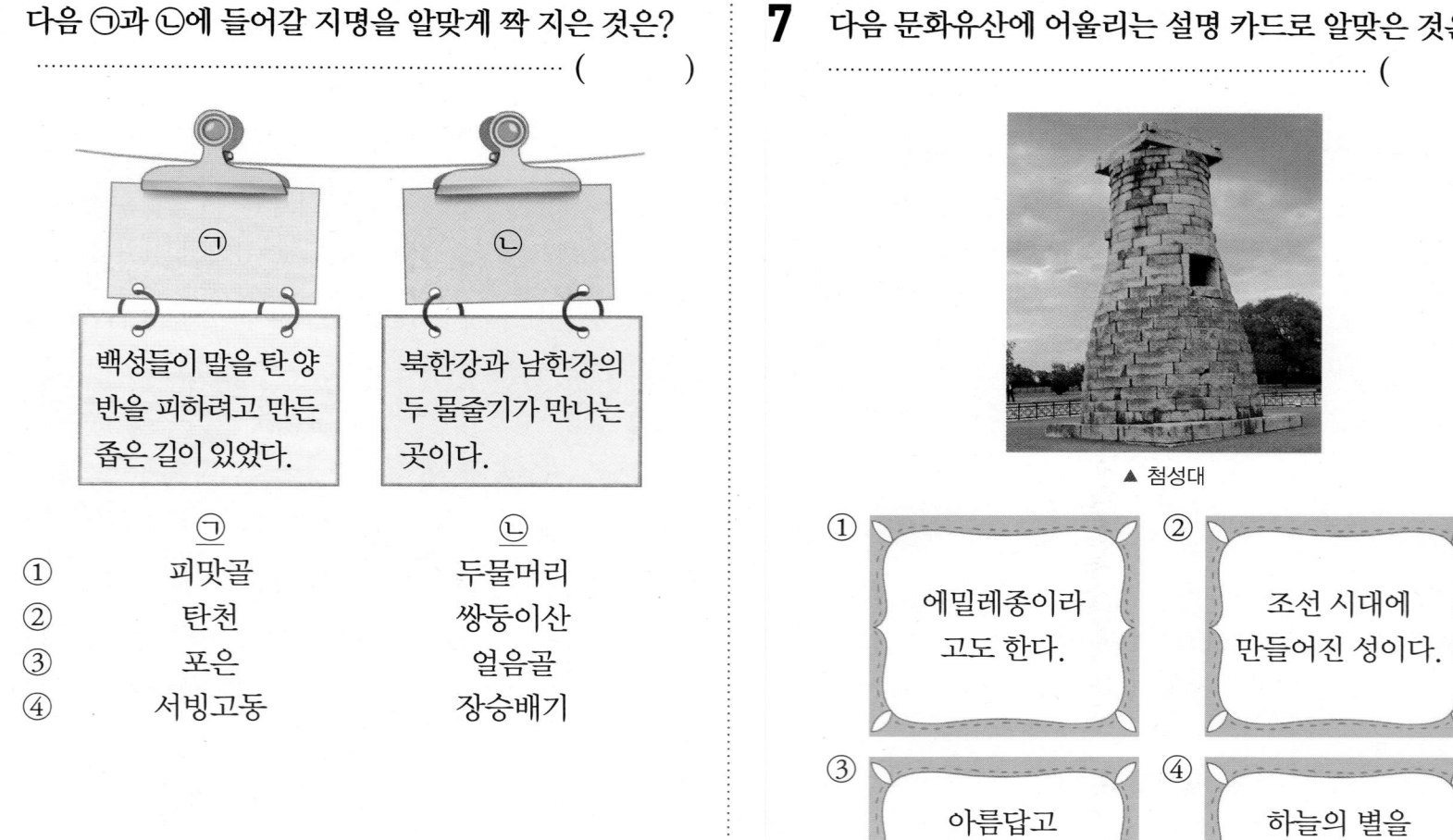

▲ 첨성대

① 에밀레종이라고도 한다.	② 조선 시대에 만들어진 성이다.
③ 아름답고 화려하게 만든 절이다.	④ 하늘의 별을 관찰하고 기록하던 곳이다.

8 다음 ㉠에 들어갈 문화유산 조사 방법으로 알맞은 것은? .... ( )

<   ㉠   >
- 조사할 대상이 있는 현장에 직접 가서 조사하는 방법이다.
- 생생한 지식을 얻을 수 있고, 기억에 오래 남고 흥미롭다.

① 답사하기   ② 면담하기
③ 도서관 가기   ④ 인터넷 검색하기

9 다음 보기에서 옛날의 교통수단을 알맞게 고른 것은?
····················· (   )

① ㉠, ㉡

② ㉠, ㉣

③ ㉡, ㉢

④ ㉢, ㉣

10 다음 가로 열쇠 ㉠에 들어갈 말로 알맞은 것은?
····················· (   )

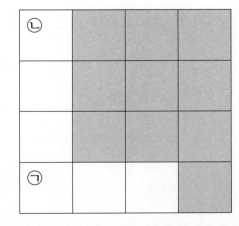

가로 열쇠	세로 열쇠
㉠ 사람과 함께 자동차를 실어 운반하는 배	㉡ 산이나 높은 곳을 쉽고 빠르게 오르내릴 때 이용하는 교통수단

① 경운기

② 카페리

③ 비행기

④ 자전거

11 다음은 통신 수단에 대한 세 고개 퀴즈이다. 정답으로 알맞은 것은? ····················· (   )

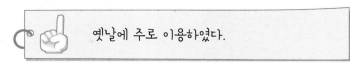
옛날에 주로 이용하였다.

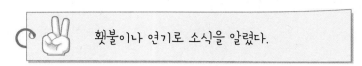
횃불이나 연기로 소식을 알렸다.

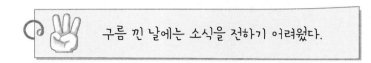
구름 낀 날에는 소식을 전하기 어려웠다.

① 방

② 봉수

③ 파발

④ 신호 연

12 다음 통신 수단의 등장으로 달라진 우리의 생활 모습으로 알맞은 것은? ····················· (   )

▲ 스마트폰

① 무거운 짐을 옮길 수 있다.

② 자동차가 스스로 주행을 한다.

③ 얼굴을 보면서 통화할 수 있다.

④ 물속에서도 의사소통을 할 수 있다.

13 다음 설명에 해당하는 것은? ·············· (　　)

> 인문 환경이란 자연환경을 이용해 사람들이 만든 환경을 말합니다.

①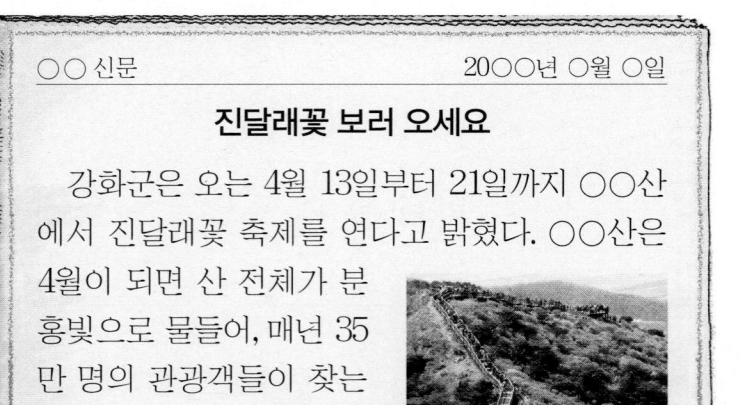
▲ 산

②
▲ 하천

③
▲ 논

④
▲ 눈

14 다음 신문 기사와 관련된 계절은? ············ (　　)

○○ 신문　　　　　　　20○○년 ○월 ○일
진달래꽃 보러 오세요
　　강화군은 오는 4월 13일부터 21일까지 ○○산에서 진달래꽃 축제를 연다고 밝혔다. ○○산은 4월이 되면 산 전체가 분홍빛으로 물들어, 매년 35만 명의 관광객들이 찾는 관광 명소로 자리 잡았다.

① 봄　　　　　　② 여름
③ 가을　　　　　④ 겨울

15 다음 ㉠에 들어갈 내용으로 알맞은 것은? ·· (　　)

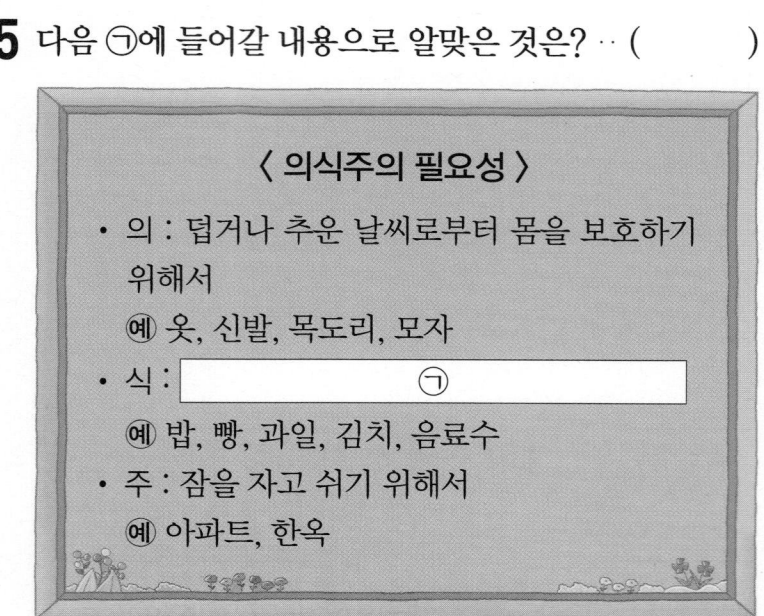

〈 의식주의 필요성 〉
• 의 : 덥거나 추운 날씨로부터 몸을 보호하기 위해서
　예 옷, 신발, 목도리, 모자
• 식 : 　　　　　㉠
　예 밥, 빵, 과일, 김치, 음료수
• 주 : 잠을 자고 쉬기 위해서
　예 아파트, 한옥

① 영양분을 얻기 위해서
② 재미있게 놀기 위해서
③ 더위와 추위를 피하기 위해서
④ 무서운 동물을 피하기 위해서

16 다음 □ 안에 들어갈 지역으로 알맞은 것은?
·· (　　)

> 바다와 멀리 떨어져 있는 　　　　에서는 운반하는 동안 고등어가 상하지 않도록 고등어를 소금에 절였습니다.

① 평양　　　　　　② 안동
③ 서산　　　　　　④ 제주

17 다음에서 설명하는 집으로 알맞은 것은? ··· (　　)

겨울철에 눈이 많이 내리는 울릉도에서 눈이 많이 와도 집 안을 자유롭게 다닐 수 있도록 만든 집입니다.

① 너와집　　　　② 초가집
③ 우데기집　　　　④ 터돋움집

18 다음은 옛날 사람들이 사용하던 도구이다. 이 도구들의 쓰임으로 알맞은 것은? ······························· (　　)

▲ 거친무늬 청동 거울　　　▲ 청동 방울

① 옷감 만들기　　　② 제사 지내기
③ 동물 사냥하기　　④ 음식이나 곡식 담기

19 다음 ㉠에 들어갈 도구로 알맞은 것은? ······ (　　)

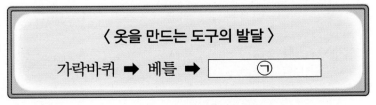

〈 옷을 만드는 도구의 발달 〉
가락바퀴 ➡ 베틀 ➡ 　㉠

① 쟁기　　　　　② 재봉틀
③ 가마솥　　　　④ 탈곡기

20 다음과 같은 세시 풍속이 있는 명절로 알맞은 것은?
······························· (　　)

① 동지　　　　　　② 추석
③ 한식　　　　　　④ 정월 대보름

21 다음 ㉠에 들어갈 내용으로 알맞은 것은? ·· (　　)

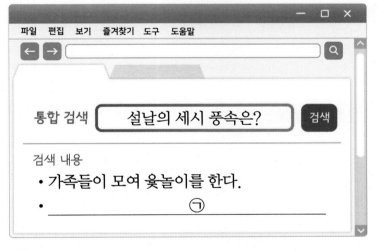

통합 검색　　설날의 세시 풍속은?　　검색

검색 내용
• 가족들이 모여 윷놀이를 한다.
• 　　　㉠

① 그네뛰기와 씨름을 한다.
② 건강을 빌며 부럼을 깨문다.
③ 차례를 지내고 세배를 한다.
④ 송편을 빚고 토란국을 먹는다.

22 다음은 옛날과 오늘날 결혼식에 대한 내용이다. ㉠에 들어갈 말로 알맞은 것은? ·········· ( )

구분	옛날의 결혼식	오늘날의 결혼식
결혼식 장소	신부의 집	결혼식장
입는 옷	한복	• 신랑 : 턱시도 • 신부 : 웨딩드레스
주고받는 물건	㉠	결혼반지
폐백	신랑의 집에서 신랑의 부모님께 드림.	결혼식장의 폐백실에서 신랑과 신부의 부모님께 드림.

① 편지 ② 송편
③ 대추와 밤 ④ 나무 기러기

23 옛날에 다음과 같은 가족 형태가 많았던 까닭을 알맞게 말한 사람은? ····················· ( )

> 옛날에는 부모와 결혼한 자녀가 함께 사는 가족이 많았습니다.

① 나라에서 법으로 정했기 때문이야.

② 일자리를 찾아 가족들이 도시로 갔기 때문이야.

③ 농사를 지어 일손이 많이 필요했기 때문이야.

④ 사람들이 큰 집에서 살았기 때문이야.

24 다음 그림과 관련된 가족 문제의 해결 방법으로 알맞은 것은? ················· ( )

① 동생과 사이좋게 지내기
② 스마트폰의 사용 줄이기
③ 집안일은 가족 모두가 함께하기
④ 자기 잘못을 뉘우치지 않고 핑계 대기

25 다음은 가족에 대한 퀴즈이다. 두 문제 모두 정답을 쓴 사람은? ····················· ( )

> O, X 퀴즈
>
> (1) 각 가족이 사는 모습은 다양하다.
>
> (2) 부모님 모두가 한국 사람이어야 가족이다.

① (1) O (2) X
② (1) O (2) O
③ (1) X (2) O
④ (1) X (2) X

> ♣ 수고하였습니다. ♣
> 답안지에 답을 정확히 표기하였는지 확인하시오.

초등학교 4학년 기초학력 진단검사

수 학

제3교시

( )초등학교   4학년 ( )반 ( )번   이름 ( )

정답 ▶ 46쪽

❖ 검사지의 문항 수(25문항)와 면수(5면)를 확인하시오.
❖ 답안지에 학교명, 반, 번호, 이름을 정확히 쓰시오.
❖ 모든 문제는 문제당 4점입니다.
❖ '실전 모의평가' 정답을 OMR 카드에 표기해 보시오.

1 다음 중 원의 중심은? ·················· (   )

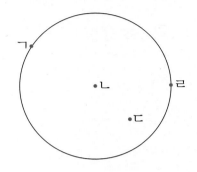

① 점 ㄱ   ② 점 ㄴ
③ 점 ㄷ   ④ 점 ㄹ

2 다음은 각 도형을 똑같이 4개로 나눈 것이다. 전체에 대한 색칠한 부분의 크기를 대분수로 바르게 나타낸 것은? ·················· (   )

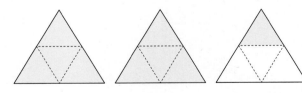

① $1\frac{1}{4}$ ② $2\frac{1}{4}$
③ $2\frac{3}{4}$ ④ $3\frac{1}{4}$

3 다음을 계산한 결과는? ················ (   )

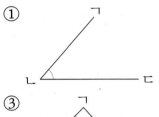

① 300   ② 308
③ 318   ④ 328

4 다음 중 각 ㄱㄴㄷ은? ··············· (   )

5 다음을 나눗셈식으로 나타낸 것은? ········· (   )

> 옥수수 12개를 한 명에게 2개씩 나누어 주었더니 6명에게 줄 수 있었다.

① $6 \div 2 = 3$ ② $6 \div 2 = 12$
③ $12 \div 1 = 12$ ④ $12 \div 2 = 6$

6 다음 우유 통의 들이를 mL로 나타낸 것은?( )

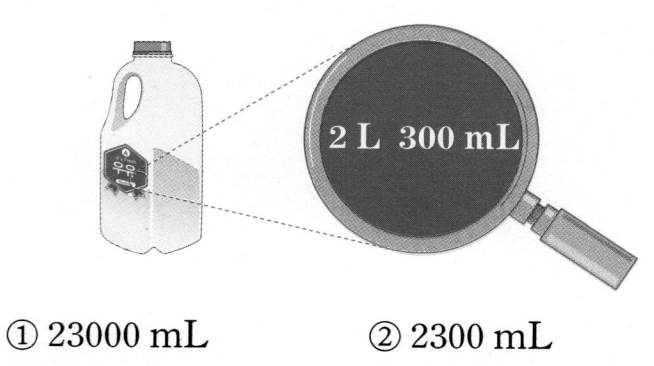

① 23000 mL ② 2300 mL
③ 230 mL ④ 23 mL

7 ㉠, ㉡에 알맞은 수를 각각 바르게 쓴 것은? ( )

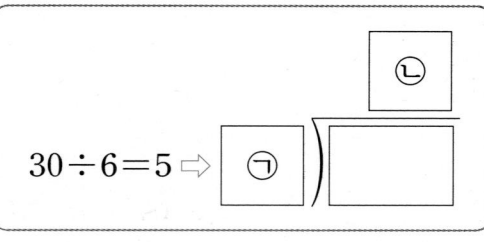

$30 \div 6 = 5$

① ㉠ - 30, ㉡ - 6 ② ㉠ - 30, ㉡ - 5
③ ㉠ - 5, ㉡ - 6 ④ ㉠ - 6, ㉡ - 5

8 다음 수직선에서 ㉠에 알맞은 소수는? …… ( )

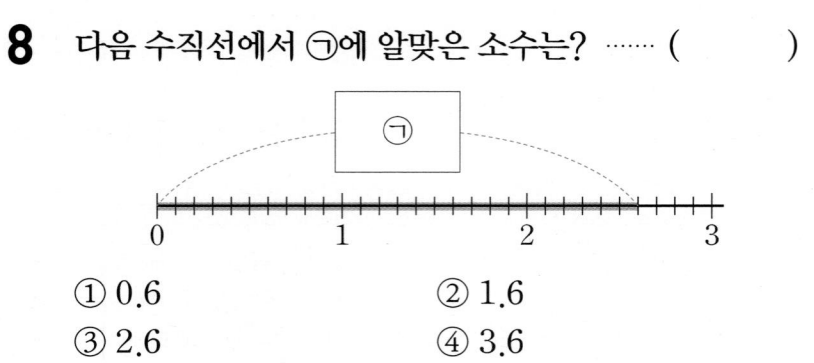

① 0.6 ② 1.6
③ 2.6 ④ 3.6

9 다음 가분수를 대분수로 나타낸 것으로 옳은 것은?
…………………………………………………………… ( )

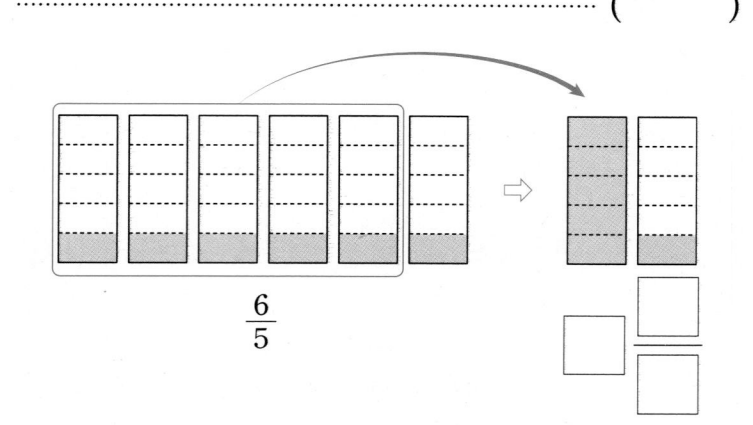

$\frac{6}{5}$

① $1\frac{1}{5}$ ② $1\frac{1}{10}$
③ $5\frac{1}{5}$ ④ $5\frac{1}{10}$

10 연필의 길이는? …………………………………… ( )

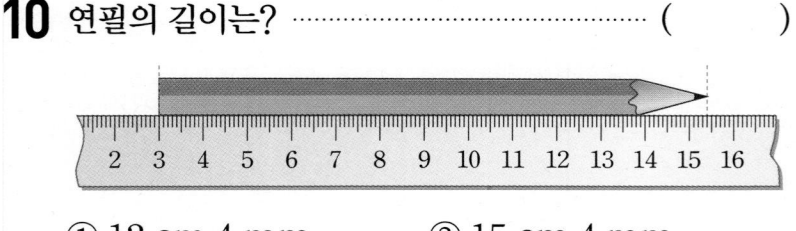

① 12 cm 4 mm ② 15 cm 4 mm
③ 124 cm ④ 154 cm

11 다음 중 직사각형의 개수는? ·············· (   )

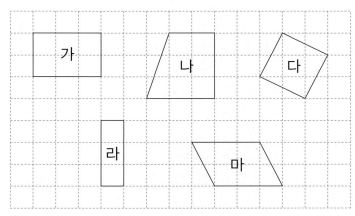

① 1개   ② 2개
③ 3개   ④ 4개

12 다음과 같이 책꽂이 한 칸에 책이 12권씩 꽂혀 있다. 4칸에 꽂혀 있는 책의 수는? ············ (   )

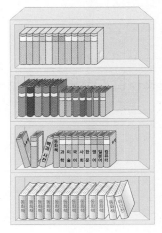

① 12권   ② 24권
③ 36권   ④ 48권

[13 ~ 15] 어느 마을의 가게별 도넛 판매량을 조사하여 나타낸 것이다. 물음에 답하시오.

가게별 도넛 판매량

가게	판매량
달달	🍩🍩🍩🍩🍩🍩🍩
달콤	🍩🍩🍩🍩🍩
새콤	🍩🍩🍩🍩

🍩 100개
🍩 10개

13 위와 같이 조사한 수를 그림으로 나타낸 것은? ··· (   )

① 표   ② 식
③ 그림그래프   ④ 자료

14 새콤 가게의 도넛 판매량은? ·············· (   )

① 23개   ② 230개
③ 320개   ④ 340개

15 도넛을 가장 많이 판 가게의 판매량과 가장 적게 판 가게의 판매량의 차는? ············ (   )

① 80개   ② 110개
③ 190개   ④ 490개

16 다음 중 나누어떨어지는 나눗셈은? ·········· (   )

① 18÷4

② 36÷5

③ 52÷6

④ 75÷3

17 네 변의 길이의 합이 44 cm인 정사각형의 한 변의 길이는? ·················· (   )

① 11 cm

② 22 cm

③ 132 cm

④ 176 cm

18 다음 중 가장 큰 수는? ·················· (   )

① $\frac{4}{10}$

② 0.9

③ 0.1이 7개인 수

④ $\frac{3}{10}$

19 지름이 20 cm인 원 안에 크기가 같은 원 2개를 그린 것이다. 작은 원의 반지름의 길이는? ········· (   )

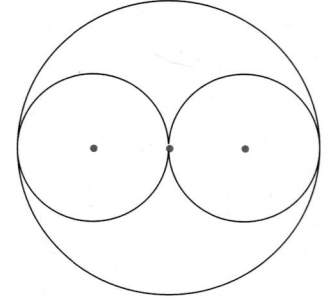

① 2 cm

② 4 cm

③ 5 cm

④ 10 cm

20 다음 영화가 끝나는 시각은? ·················· (   )

영화 입장권

(영수증 겸용)

천재의 여행

영화 시작 시각: 6시 14분 22초

상영 시간: 1시간 20분 35초

① 4시 43분 47초

② 5시 43분 47초

③ 7시 34분 7초

④ 7시 34분 57초

21 들이가 다음과 같은 주전자와 물병에 물을 가득 채운 후 하나의 빈 수조에 부으면 수조에 담긴 물의 양은? ·· ( )

주전자
3 L

물병
600 mL

① 36 mL
② 360 mL
③ 3 L 600 mL
④ 36 L

22 지름이 10 cm인 원 3개를 이어 붙여서 그렸다. 선분 ㄱㄴ의 길이는? ····································· ( )

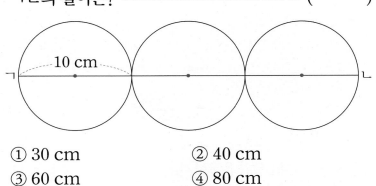

10 cm

① 30 cm
② 40 cm
③ 60 cm
④ 80 cm

23 쌀이 4 kg 200 g 들어 있는 항아리에 쌀 2500 g을 더 넣으면 항아리에 들어 있는 쌀의 무게는?( )

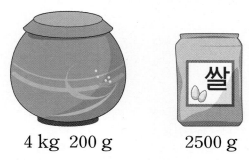

4 kg 200 g   2500 g

① 6 kg 200 g
② 6 kg 300 g
③ 6 kg 500 g
④ 6 kg 700 g

24 어떤 수에 24를 곱해야 할 것을 잘못하여 더했더니 58이 되었다. 바르게 계산한 값은? ············ ( )

① 716
② 816
③ 1392
④ 1968

25 수 카드 4장 중 3장을 골라 한 번씩만 사용하여 세 자리 수를 만들려고 한다. 만들 수 있는 가장 큰 수와 가장 작은 수의 합은? ································· ( )

① 652
② 677
③ 777
④ 787

초등학교 4학년 기초학력 진단검사

과 학

제4교시

( )초등학교 4학년 ( )반 ( )번 이름 ( )

정답 ▶ 48쪽

❖ 검사지의 문항 수(25문항)와 면수(6면)를 확인하시오.
❖ 답안지에 학교명, 반, 번호, 이름을 정확히 쓰시오.
❖ 모든 문제는 문제당 4점입니다.
❖ '실전 모의평가' 정답을 OMR 카드에 표기해 보시오.

1 다음과 같이 플라스틱 접시에 막대자석을 올려놓고 물에 띄웠다. 플라스틱 접시가 움직이지 않을 때 막대 자석의 N극과 S극이 가리키는 방향을 바르게 짝 지은 것은? …………………………………… ( )

N극	S극
① 동쪽	서쪽
② 서쪽	동쪽
③ 남쪽	북쪽
④ 북쪽	남쪽

2 다음과 같이 나침반의 동쪽으로 막대자석의 N극을 가까이 가져갔을 때의 결과로 옳은 것은? … ( )

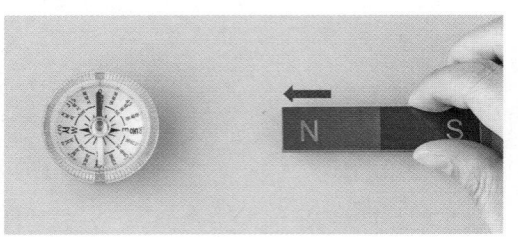

① 나침반 바늘이 계속 돈다.
② 나침반 바늘이 움직이지 않는다.
③ 나침반 바늘이 돌아 자석의 극을 가리킨다.
④ 나침반 바늘이 돌아 원래 가리키던 방향으로 되돌 아간다.

3 다음 자석 필통에 이용된 자석의 성질로 옳은 것은? …………………………………………… ( )

생활용품	자석이 있는 부분	편리한 점
▲ 자석 필통	필통을 열고 닫는 부분	필통 뚜껑이 잘 닫힌다.

① 물에 뜨는 성질
② 일정한 방향을 가리키는 성질
③ 철로 된 물체를 끌어당기는 성질
④ 같은 극끼리 서로 밀어 내는 성질

4 다음 중 떨림이 느껴지지 <u>않는</u> 것은? ……… ( )

①
▲ 소리가 나는 스피커에 손을 대 보았을 때

②
▲ 종을 쳤을 때

③
▲ 책상 위에 책을 올려놓았 을 때

④
▲ 소리굽쇠를 쳐서 물에 대 보았을 때

5 다음 중 높은 소리가 나는 경우는? ·············· (　　　)

①
▲ 작은북을 세게 칠 때

②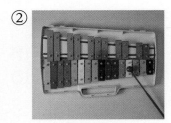
▲ 실로폰의 짧은 음판을 칠 때

③
▲ 실로폰의 긴 음판을 칠 때

④
▲ 팬 플루트의 긴 관을 불 때

6 다음과 같이 실 전화기로 멀리 있는 친구와 이야기할 때 이에 대한 설명으로 옳지 <u>않은</u> 것은? ····· (　　　)

① 실의 떨림으로 소리가 전달된다.
② 멀리 있는 친구의 목소리가 크게 들린다.
③ 실에 물을 묻히면 멀리 있는 친구의 목소리가 더 잘 들린다.
④ 실을 손으로 잡으면 멀리 있는 친구의 목소리가 더 잘 들린다.

7 다음 물체들을 만드는 데 공통적으로 이용된 물질의 성질로 옳은 것은? ······························ (　　　)

▲ 운동용 밴드　　　　　　▲ 고무줄

① 쉽게 구부러지지 않는다.
② 고유한 향과 무늬가 있다.
③ 광택이 있고, 나무보다 단단하다.
④ 잡아당기면 늘어났다가 놓으면 다시 돌아온다.

8 다음과 같은 좋은 점이 있는 장갑을 이루고 있는 물질은? ····································· (　　　)

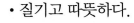
• 질기고 따뜻하다.
• 바람이 잘 들어오지 않는다.

①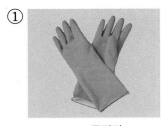
▲ 고무장갑

②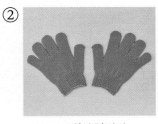
▲ 면(섬유)장갑

③
▲ 가죽 장갑

④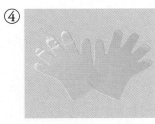
▲ 비닐(플라스틱)장갑

9 다음 □ 안에 들어갈 말로 옳지 <u>않은</u> 것은? ( )

서로 다른 물질을 섞었을 때의 변화 관찰하기

〈실험 과정〉

❶ 따뜻한 물이 담긴 컵에 붕사를 두 숟가락 넣고 유리 막대로 저어준다.

❷ ❶에 폴리비닐 알코올을 다섯 숟가락 넣고 저어 준다.

❸ 엉긴 물질을 꺼내 손으로 주무르면서 공 모양을 만든다.

〈실험 결과〉

물, 붕사를 섞기	물, 붕사, 폴리비닐 알코올을 섞기	엉긴 물질을 꺼내 공 모양 만들기
 따뜻한→물		
물이 뿌옇게 흐려짐.	서로 엉기고, 알갱이가 점점 커짐.	말랑말랑하고 고무 같은 느낌이 듦.

〈알게 된 점〉

　서로 다른 물질을 섞으면 섞기 전에 각 물질이 가지고 있던 ☐☐☐☐☐☐☐☐

---

① 색깔이 변하지 않는다.

② 성질이 변하기도 한다.

③ 광택이 변하기도 한다.

④ 손으로 만졌을 때의 느낌이 변하기도 한다.

10 다음과 같이 설계한 연필꽂이의 ㉠ 부분에 사용할 재료로 옳은 것은? ( )

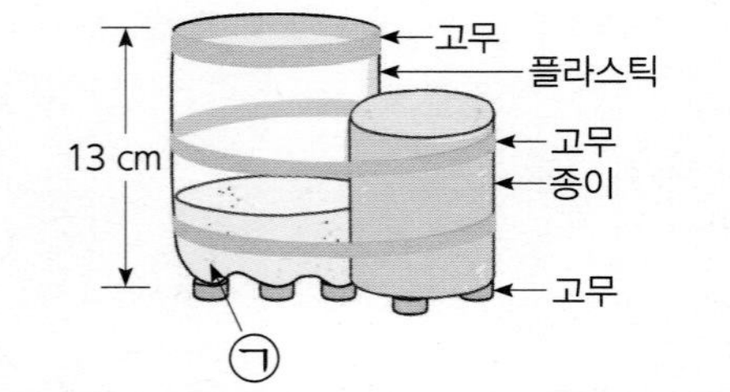

고무
플라스틱
고무
종이
고무
13 cm
㉠

┌ ㉠ ┐ 부분은 충격을 줄여 주는 물질의 성질을 이용하였다.

---

① 종이　　　　② 유리

③ 스펀지　　　④ 플라스틱

11 다음은 나무 막대를 여러 가지 모양의 그릇에 넣었을 때의 모습이다. 이에 대한 설명으로 옳은 것은?
( )

① 담는 그릇에 따라 나무 막대의 모양이 변한다.

② 담는 그릇에 따라 나무 막대의 크기가 변한다.

③ 담는 그릇이 바뀌어도 나무 막대의 모양과 크기가 변하지 않는다.

④ 담는 그릇에 따라 나무 막대의 모양과 크기가 변하기도 한다.

12 다음 물질의 공통된 성질로 옳은 것은? ······ ( )

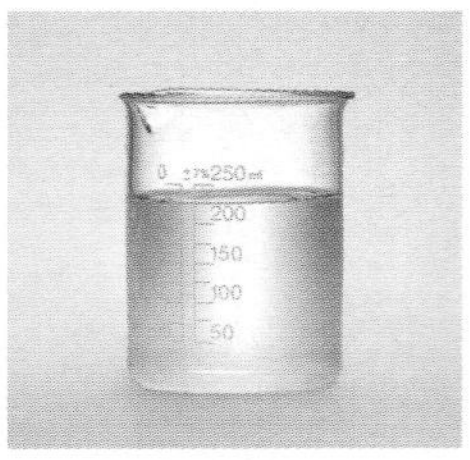

▲ 물 　　　　▲ 꿀 　　　　▲ 주스

① 그릇에 담을 수 없다.

② 손으로 잡을 수 있다.

③ 담는 그릇을 기울여도 모양이 변하지 않는다.

④ 담는 그릇에 따라 모양은 변하지만 부피는 변하지 않는다.

13 다음의 공기 주입 마개를 누르기 전 페트병의 무게는 51.4 g이다. 페트병의 무게가 가장 무거운 경우로 옳은 것은? ·········· (   )

① 공기 주입 마개를 누르지 않았을 때
② 공기 주입 마개를 한 번 눌렀을 때
③ 공기 주입 마개를 열 번 눌렀을 때
④ 공기 주입 마개를 스무 번 눌렀을 때

14 다음 중 암수 구별이 <u>어려운</u> 동물은? ·········· (   )

①
▲ 사자

②
▲ 참새

③
▲ 원앙

④
▲ 사슴

15 다음에서 설명하는 배추흰나비의 한살이 단계는?
···························· (   )

- 주변의 색깔과 비슷하다.
- 자라지 않고 움직이지 않는다.
- 털이 없고 가운데가 볼록한 모양이다.

① 애벌레
② 번데기
③ 어른벌레
④ 1번 허물을 벗은 애벌레

16 다음 동물에 대한 설명으로 옳지 <u>않은</u> 것은? (   )

▲ 다 자란 닭

① 몸이 깃털로 덮여 있다.
② 이마와 턱에 볏이 있다.
③ 꽁지깃이 길게 자라 있다.
④ 수컷은 알을 낳을 수 있다.

17 주변에서 볼 수 있는 동물 중 다음과 같은 특징이 있는 동물은? ·························· (   )

- 화단에서 산다.
- 더듬이가 있다.
- 딱딱한 껍데기로 몸을 보호하고, 미끄러지듯이 움직인다.

① 거미
② 개미
③ 달팽이
④ 공벌레

18 다음 중 사막여우가 몸에 비해 큰 귀를 가지고 있어서 사막에서 잘 살 수 있는 까닭으로 옳은 것은? (   )

① 체온 조절을 할 수 있다.
② 천적의 눈에 잘 보이지 않는다.
③ 먹이가 없어도 며칠 동안 생활할 수 있다.
④ 귓구멍을 여닫을 수 있어 모래바람이 불어도 귓속으로 모래가 잘 들어가지 않는다.

19 다음 중 우리 생활에서 오른쪽 동물의 특징을 활용한 예는?
······························ (   )

▲ 수리 발

① 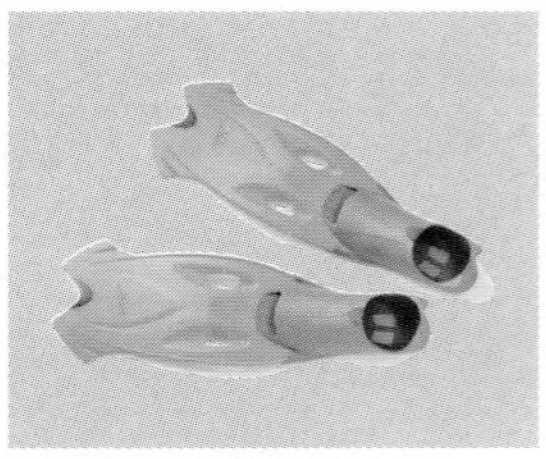
▲ 물갈퀴

② 
▲ 고속 열차

③ 
▲ 칫솔걸이

④ 
▲ 집게 차

20 다음과 같이 공기가 담긴 지퍼 백 입구를 살짝 열어서 얼굴을 가져다 대고 지퍼 백을 눌렀을 때에 대한 설명으로 옳은 것은? ······························ (   )

① 얼굴이 촉촉해진다.
② 공기의 냄새를 맡을 수 있다.
③ 공기가 무겁다는 것을 느낄 수 있다.
④ 공기가 빠져나오는 것을 느낄 수 있다.

21 다음 마젤란 탐험대가 세계 일주를 한 뱃길에 대한 설명으로 옳은 것은? ······························ (   )

← 마젤란 탐험대의 이동 방향

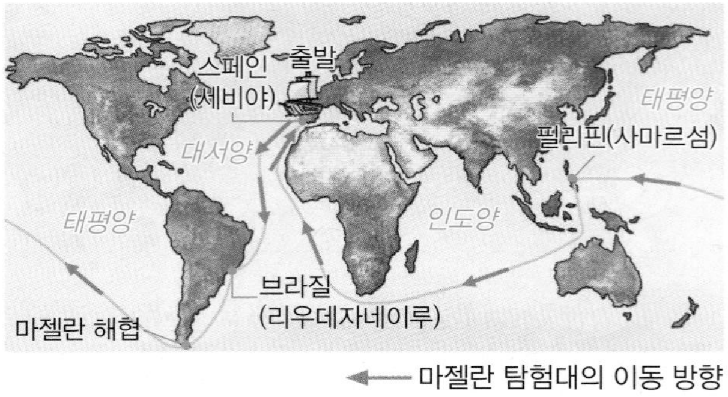

① 지구 끝에서 아래로 떨어졌다.
② 대서양에서 인도양 쪽으로 나아갔다.
③ 한 바퀴 돌아 출발한 곳으로 돌아왔다.
④ 중간에 길이 막혀 포기하고 반대 방향으로 되돌아왔다.

22 다음 중 지구와 달의 공통점으로 옳은 것은? (   )

▲ 지구   ▲ 달

① 바다에 물이 없다.
② 표면에 돌이 있다.
③ 하늘이 파란색으로 보인다.
④ 크고 작은 충돌 구덩이가 많다.

23 다음 실험은 운동장 흙과 화단 흙의 어떠한 차이를 알아보기 위한 것인가? ···················· (   )

운동장 흙과 화단 흙 비교하기

〈실험 과정〉
❶ 운동장 흙과 화단 흙이 든 비커에 각각 물을 붓고 유리 막대로 저은 뒤, 잠시 놓아둔다.
❷ 물에 뜬 물질을 핀셋으로 건져서 거름종이 위에 올려놓고 돋보기로 관찰한다.

▲ 운동장 흙   ▲ 화단 흙

① 색깔
② 무게
③ 물 빠짐
④ 부식물의 양

24 흙 언덕 위쪽에서 물을 흘려보냈더니 다음과 같이 흙 언덕의 모습이 변하였다. 그 까닭으로 옳은 것은? ···················· (   )

물을 흘려보내기 전	물을 흘려보낸 후

① 색 모래가 물에 녹았기 때문이다.
② 흙의 알갱이가 매우 크기 때문이다.
③ 흙이 색 모래와 골고루 섞였기 때문이다.
④ 흐르는 물에 의해 흙이 깎이거나 쌓였기 때문이다.

25 다음 설명에 해당하는 바닷가 지형은? ······ (   )

바닷물에 의해 바위가 깎이면서 가운데에 구멍이 뚫렸다.

①    ②

③    ④

♣ 수고하였습니다. ♣
답안지에 답을 정확히 표기하였는지 확인하시오.

초등학교 4학년 기초학력 진단검사
영 어

(   )초등학교   4학년 (   )반 (   )번   이름 (   )

정답 ▶ 50쪽

❖ 검사지의 문항 수(25문항)와 면수(5면)를 확인하시오.
❖ 답안지에 학교명, 반, 번호, 이름을 정확히 쓰시오.
❖ 모든 문제는 문제당 4점입니다.
❖ '실전 모의평가' 정답을 OMR 카드에 표기해 보시오.

1번부터 21번까지는 듣고 답하는 문제입니다. 녹음 내용을 잘 듣고, 물음에 답하기 바랍니다. 내용은 한 번만 들려줍니다.
듣기 자료는 '교재 홈페이지 → 초등 → 학습지원 → 학습자료실'에 있습니다.

1 다음을 듣고, 들려주는 낱말과 첫소리가 같은 것을 고르시오. ·············· (   )

①   ②   ③   ④

2 다음을 듣고, 그림과 낱말이 일치하는 것을 고르시오. ·············· (   )

3 다음을 듣고, 그림과 일치하는 낱말을 고르시오. ·············· (   )

①   ②   ③   ④

4 다음을 듣고, 바르게 짝 지은 숫자를 고르시오. ·············· (   )

5 다음을 듣고, 이어질 응답으로 가장 알맞은 것을 고르시오. ·············· (   )

①   ②   ③   ④

6 다음을 듣고, 그림에 <u>없는</u> 것을 고르시오. ·· (　　　)

① ② ③ ④

7 다음을 듣고, 이어질 응답으로 가장 알맞은 것을 고르시오. ································ (　　　)

① ② ③ ④

8 그림을 보고, 이어질 응답으로 가장 알맞은 것을 고르시오. ································ (　　　)

① ② ③ ④

9 대화를 듣고, 내용과 일치하는 것을 고르시오.
································ (　　　)

10 그림을 보고, 가장 알맞은 대화를 고르시오. (　　　)

① ② ③ ④

11 대화를 듣고, 남자 어린이가 할 수 있다고 말한 것을 고르시오. ····················· (　　　)

① 점프하기　　　② 수영하기
③ 춤추기　　　　④ 노래 부르기

12 대화를 듣고, 내용과 일치하는 것을 고르시오. ····························· (　　　)

13 그림을 보고, 이어질 대답으로 가장 알맞은 것을 고르시오. ····························· (　　　)

①　　　　②　　　　③　　　　④

14 대화를 듣고, 누구에 대해 말하고 있는지 고르시오. ····························· (　　　)

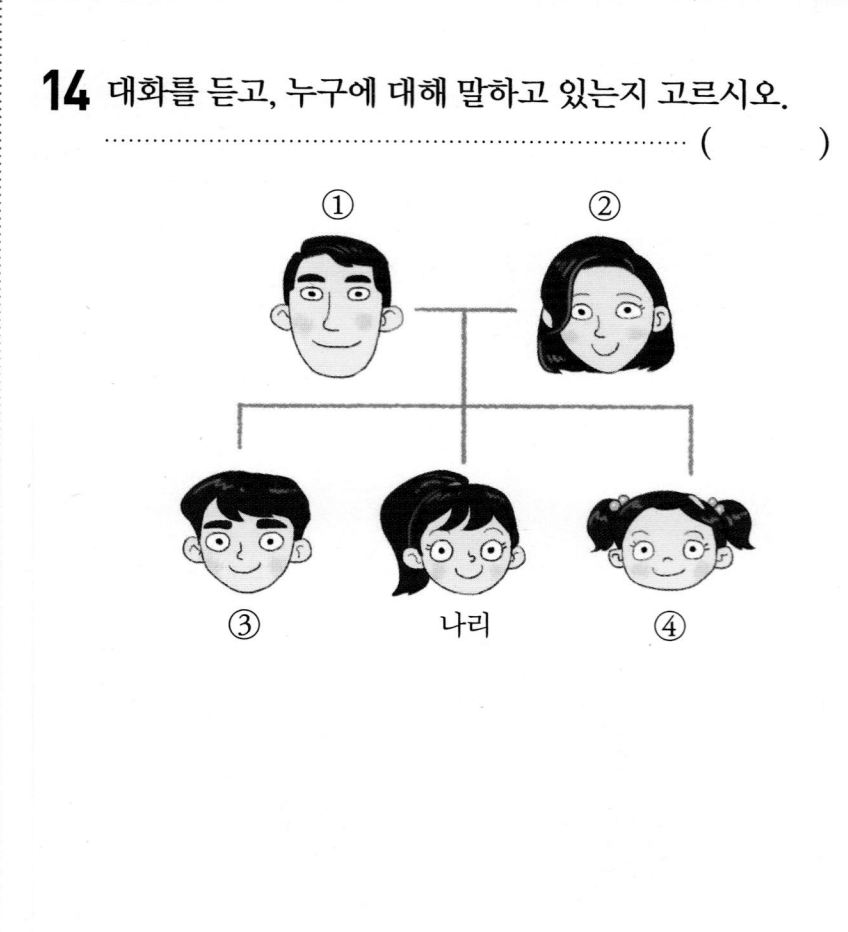

15 그림을 보고, 이어질 대답으로 가장 알맞은 것을 고르시오. ····························· (　　　)

①　　　②　　　③　　　④

16 다음을 듣고, 이어질 응답으로 가장 알맞은 것을 고르시오. ·· ( )
① ② ③ ④

17 대화를 듣고, 아빠가 좋아한다고 말한 것을 고르시오. ······························· ( )
① 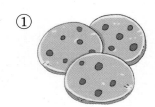 ②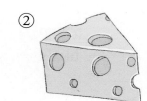
③ 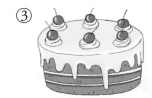 ④

18 대화를 듣고, 소라의 나이를 고르시오. ······ ( )
① 7살 ② 8살
③ 9살 ④ 10살

19 그림을 보고, 이어질 대답으로 가장 알맞은 것을 고르시오. ·· ( )

① ② ③ ④

20 대화를 듣고, 물건과 주인을 바르게 짝 지은 것을 고르시오. ································ ( )

	유나	앤디
①	가위	자
②	가위	풀
③	연필	자
④	연필	풀

21 다음을 듣고, 자연스러운 대화를 고르시오. ( )
① ② ③ ④

이제 듣기 문제가 모두 끝났습니다. 22번부터는 검사지의 지시에 따라 답하기 바랍니다.

22 다음 중 대문자를 소문자로 바꾸어 짝 지은 것으로 옳은 것을 고르시오. ·············· (   )

① J – g   ② N – m
③ R – l   ④ T – t

24 다음 낱말 카드를 읽고, 그 의미로 알맞은 것을 고르시오. ·············· (   )

> pencil

① 연필   ② 공책
③ 필통   ④ 지우개

23 다음 그림에 해당하는 낱말을 고르시오. ····· (   )

① run   ② swim
③ jump   ④ dance

25 다음 낱말을 소문자로 고쳐 쓴 것으로 옳은 것을 고르시오. ·············· (   )

> ORANGE

① oranje   ② olange
③ orange   ④ oramge

학교명 :
학년 :   반 :
이름 :

(1)	수험번호				성별
(2)	⓪①②③④⑤⑥⑦⑧⑨	⓪①②③④⑤⑥⑦⑧⑨	⓪①②③④⑤⑥⑦⑧⑨	⓪①②③④⑤⑥⑦⑧⑨	남 ○ 여 ○

※ (1)편 단에는 아라비아 숫자로 쓰고, (2)편 단에는 해당란에 까맣게 표기하여야 합니다.
※ 성별란에는 해당 성별 한 곳에만 표기하여야 합니다.

보기	문항	답표기란			
	1	①	②	③	④
	2	①	●	③	④
	3	●	②	③	●

감독자
확인란   인

국어

문항	답표기란			
1	①	②	③	④
2	①	②	③	④
3	①	②	③	④
4	①	②	③	④
5	①	②	③	④
6	①	②	③	④
7	①	②	③	④
8	①	②	③	④
9	①	②	③	④
10	①	②	③	④
11	①	②	③	④
12	①	②	③	④
13	①	②	③	④

문항	답표기란			
14	①	②	③	④
15	①	②	③	④
16	①	②	③	④
17	①	②	③	④
18	①	②	③	④
19	①	②	③	④
20	①	②	③	④
21	①	②	③	④
22	①	②	③	④
23	①	②	③	④
24	①	②	③	④
25	①	②	③	④

사회

문항	답표기란			
1	①	②	③	④
2	①	②	③	④
3	①	②	③	④
4	①	②	③	④
5	①	②	③	④
6	①	②	③	④
7	①	②	③	④
8	①	②	③	④
9	①	②	③	④
10	①	②	③	④
11	①	②	③	④
12	①	②	③	④
13	①	②	③	④

문항	답표기란			
14	①	②	③	④
15	①	②	③	④
16	①	②	③	④
17	①	②	③	④
18	①	②	③	④
19	①	②	③	④
20	①	②	③	④
21	①	②	③	④
22	①	②	③	④
23	①	②	③	④
24	①	②	③	④
25	①	②	③	④

영어

번호	①	②	③	④
1	①	②	③	④
2	①	②	③	④
3	①	②	③	④
4	①	②	③	④
5	①	②	③	④
6	①	②	③	④
7	①	②	③	④
8	①	②	③	④
9	①	②	③	④
10	①	②	③	④
11	①	②	③	④
12	①	②	③	④
13	①	②	③	④

번호	①	②	③	④
14	①	②	③	④
15	①	②	③	④
16	①	②	③	④
17	①	②	③	④
18	①	②	③	④
19	①	②	③	④
20	①	②	③	④
21	①	②	③	④
22	①	②	③	④
23	①	②	③	④
24	①	②	③	④
25	①	②	③	④

과학

번호	①	②	③	④
1	①	②	③	④
2	①	②	③	④
3	①	②	③	④
4	①	②	③	④
5	①	②	③	④
6	①	②	③	④
7	①	②	③	④
8	①	②	③	④
9	①	②	③	④
10	①	②	③	④
11	①	②	③	④
12	①	②	③	④
13	①	②	③	④

번호	①	②	③	④
14	①	②	③	④
15	①	②	③	④
16	①	②	③	④
17	①	②	③	④
18	①	②	③	④
19	①	②	③	④
20	①	②	③	④
21	①	②	③	④
22	①	②	③	④
23	①	②	③	④
24	①	②	③	④
25	①	②	③	④

수학

번호	①	②	③	④
1	①	②	③	④
2	①	②	③	④
3	①	②	③	④
4	①	②	③	④
5	①	②	③	④
6	①	②	③	④
7	①	②	③	④
8	①	②	③	④
9	①	②	③	④
10	①	②	③	④
11	①	②	③	④
12	①	②	③	④
13	①	②	③	④

번호	①	②	③	④
14	①	②	③	④
15	①	②	③	④
16	①	②	③	④
17	①	②	③	④
18	①	②	③	④
19	①	②	③	④
20	①	②	③	④
21	①	②	③	④
22	①	②	③	④
23	①	②	③	④
24	①	②	③	④
25	①	②	③	④

| 정답과 풀이 |

제 1 회
연습 모의평가

수학			33~37쪽
1 ④	2 ②	3 ③	4 ④
5 ②	6 ①	7 ③	8 ④
9 ②	10 ③	11 ④	12 ①
13 ①	14 ③	15 ④	16 ④
17 ③	18 ①	19 ②	20 ②
21 ③	22 ②	23 ③	24 ②
25 ③			

국어			21~26쪽
1 ④	2 ②	3 ②	4 ①
5 ③	6 ③	7 ①	8 ①
9 ④	10 ②	11 ④	12 ①
13 ③	14 ④	15 ③	16 ③
17 ④	18 ②	19 ④	20 ①
21 ③	22 ④	23 ①	24 ②
25 ③			

과학			38~43쪽
1 ③	2 ②	3 ②	4 ①
5 ①	6 ③	7 ③	8 ②
9 ④	10 ①	11 ④	12 ①
13 ②	14 ①	15 ④	16 ②
17 ③	18 ①	19 ①	20 ②
21 ①	22 ①	23 ①	24 ①
25 ④			

사회			27~32쪽
1 ③	2 ④	3 ③	4 ②
5 ③	6 ①	7 ③	8 ①
9 ②	10 ③	11 ④	12 ③
13 ④	14 ①	15 ④	16 ③
17 ①	18 ③	19 ④	20 ④
21 ③	22 ④	23 ②	24 ①
25 ②			

영어			44~48쪽
1 ②	2 ④	3 ①	4 ②
5 ③	6 ④	7 ①	8 ③
9 ④	10 ①	11 ③	12 ②
13 ④	14 ②	15 ①	16 ②
17 ④	18 ②	19 ③	20 ①
21 ④	22 ①	23 ②	24 ③
25 ②			

제 2 회
연습 모의평가

제**3**회
연습 모의평가

수학			89~93쪽
1 ③	2 ①	3 ③	4 ③
5 ④	6 ①	7 ②	8 ③
9 ④	10 ③	11 ②	12 ②
13 ③	14 ④	15 ①	16 ③
17 ②	18 ④	19 ①	20 ④
21 ②	22 ④	23 ③	24 ②
25 ③			

국어			77~82쪽
1 ③	2 ③	3 ②	4 ④
5 ③	6 ④	7 ④	8 ④
9 ②	10 ③	11 ①	12 ②
13 ④	14 ④	15 ②	16 ②
17 ③	18 ④	19 ④	20 ④
21 ③	22 ②	23 ①	24 ③
25 ④			

과학			94~99쪽
1 ④	2 ④	3 ②	4 ③
5 ②	6 ④	7 ②	8 ③
9 ③	10 ④	11 ④	12 ④
13 ①	14 ②	15 ④	16 ③
17 ③	18 ②	19 ④	20 ③
21 ①	22 ②	23 ②	24 ④
25 ④			

사회			83~88쪽
1 ③	2 ③	3 ④	4 ④
5 ②	6 ③	7 ①	8 ①
9 ②	10 ④	11 ①	12 ③
13 ②	14 ①	15 ①	16 ③
17 ①	18 ①	19 ④	20 ②
21 ①	22 ③	23 ①	24 ②
25 ①			

영어			100~104쪽
1 ④	2 ②	3 ①	4 ④
5 ③	6 ①	7 ②	8 ③
9 ②	10 ①	11 ④	12 ③
13 ②	14 ①	15 ④	16 ④
17 ③	18 ①	19 ③	20 ②
21 ①	22 ③	23 ④	24 ②
25 ①			

실전 모의평가

국어

문항 번호	학년 – 학기 – 교과서	평가 요소	내용 영역					정답
			듣·말	읽기	쓰기	문법	문학	
1	3 – 1 – 가	이야기의 내용 파악하기		○				④
2	3 – 1 – 가	인물의 말을 실감 나게 읽기		○				②
3	3 – 1 – 가	중심 내용 파악하기		○				②
4	3 – 1 – 가	글을 읽고 중심 문장 찾기		○				①
5	3 – 1 – 가	상황에 알맞은 높임 표현 알기				○		③
6	3 – 1 – 가	마음을 전하는 편지 쓰기			○			③
7	3 – 1 – 가	편지 글의 내용 요소 알기			○			①
8	3 – 1 – 가	메모할 때 주의할 점 알기	○					①
9	3 – 1 – 나	원인과 결과를 이어 주는 말 알기				○		④
10	3 – 1 – 나	낱말의 기본형 찾기				○		②
11	3 – 1 – 나	글쓴이의 주장과 근거 파악하기		○				④
12	3 – 1 – 나	글의 내용 파악하기		○				①
13	3 – 1 – 나	낱말의 뜻을 짐작하며 읽기		○				③
14	3 – 2 – 가	인물의 마음에 공감하며 작품 읽기					○	④
15	3 – 2 – 가	표정, 몸짓, 말투를 상상하며 읽기					○	③
16	3 – 2 – 가	관련된 지식이나 경험을 떠올리며 읽기		○				③
17	3 – 2 – 가	글에서 새롭게 알게 된 사실 정리하기		○				④
18	3 – 2 – 가	시에 어울리는 흉내 내는 말 떠올리기					○	②
19	3 – 2 – 가	시어의 의미 이해하기					○	④
20	3 – 2 – 나	대화의 이야깃거리 파악하기	○					①
21	3 – 2 – 나	전화 대화에서 지켜야 할 예절 알기	○					③
22	3 – 2 – 나	상대방을 생각하며 마음을 전하기			○			④
23	3 – 2 – 나	소개하는 글 쓰기			○			①
24	3 – 2 – 나	장소의 바뀜에 따라 글 쓰기			○			②
25	3 – 2 – 나	인물의 성격과 상황에 어울리는 목소리로 읽기					○	③

풀이

1 장승들은 밤이 되면 팔다리가 생겨 마음껏 뛰어놀 수 있기 때문에 신바람이 납니다.

2 멋쟁이 장승이 없어져서 깜짝 놀라 소리치는 말이므로 다급하게 소리치듯이 읽는 것이 어울립니다.

3 요즘도 한과를 먹으며, 옛날처럼 한과를 집에서 만들어 먹지 않고 시장에서 사 먹습니다.

4 문단의 내용을 대표하는 중심 문장이 문단의 가장 처음에 있습니다. 나머지는 중심 문장을 덧붙여 설명해 주는 뒷받침 문장입니다.

5 '에게' 대신 '께'를, '주다' 대신 '드리다'를 쓰고, '-요'를 써서 문장을 끝맺어야 합니다.

6 ⓒ '그런데'는 이어 주는 말입니다.

7 쓴 날짜는 '20○○년 4월 14일', 쓴 사람은 '정혁', 받을 사람은 '할아버지'입니다.

8 메모할 때에는 중요한 낱말 중심으로 중요한 내용을 정리해서 써야 합니다.

9 앞 문장이 결과, 뒤에 이어지는 문장이 원인에 해당하므로 '왜냐하면'이 들어가야 합니다.

10 형태가 바뀌지 않는 부분에 '-다'를 붙여 기본형을 만듭니다. ① '먹'은 형태가 바뀌지 않는 부분입니다.

11 일회용 나무젓가락을 만들려면 나무를 많이 베어야 하기 때문에 일회용 나무젓가락을 적게 써야 합니다.

12 어른이 된 반딧불이는 이슬을 먹고 삽니다.

13 반딧불이의 애벌레가 독으로 달팽이를 마비시키면, 달팽이가 움직이지 못한다고 했습니다.

14 부벨라는 정원사에게 지렁이가 무얼 먹고 사는지, 무슨 음식을 좋아하는지 모르겠다고 말했습니다.

15 정원사에게 고맙다고 말하는 장면이므로 고개를 아래로 숙이며 인사하는 몸짓과 웃는 표정, 감동해서 조금 목이 잠긴 말투가 어울립니다.

16 삼베, 모시, 무명은 식물에서 뽑은 실로 짠 옷감입니다.

17 옛날과 오늘날 옷감의 차이에 대해 알려 주는 글입니다. 옛날과 달리 오늘날에는 합성 섬유로 옷을 만드는 경우가 많습니다.

18 모래가 움직이는 모습에 어울리는 흉내 내는 말은 '굼질굼질'입니다.

19 발가락으로 모래밭을 파고든 것이 말하는 이가 말한 작은 신호입니다.

20 지수와 정아는 책 당번을 바꾸는 문제에 대하여 이야기를 하고 있습니다.

21 정아도 할 말이 있는데 지수는 정아가 말할 시간을 주지 않고 계속 자신이 할 말만 했습니다.

22 여자아이는 미안하다고 말했지만 불만스러운 표정과 말투로 사과를 했습니다.

23 놀이를 할 때 책상 위로 올라가지 않습니다.

24 ⓒ이 장소를 나타내는 말입니다. ㉠ '먼저'는 차례를 나타내는 말입니다.

25 호랑이가 자신을 잡아먹으려고 해서 놀란 상황이므로 당황하고 억울해하는 말투가 어울립니다.

문항 번호	학년 – 학기 – 단원	평가 요소	내용 영역			정답
			지리	역사	일반 사회	
1	3 – 1 – 1	우리 고장의 여러 장소 알기	○			③
2	3 – 1 – 1	우리 고장의 모습을 그린 그림 살펴보기	○			④
3	3 – 1 – 1	디지털 영상 지도의 기능 알기	○			③
4	3 – 1 – 1	우리 고장의 주요 장소 알기	○			②
5	3 – 1 – 2	고장의 옛이야기로 옛날 사람들의 생활 모습 알기		○		③
6	3 – 1 – 2	지명으로 고장의 특징 알기		○		①
7	3 – 1 – 2	조상들의 생활 모습과 관련된 문화유산 알기		○		③
8	3 – 1 – 2	답사할 때 주의할 점 알기		○		①
9	3 – 1 – 3	교통수단의 발달로 달라진 사람들의 생활 모습 알기			○	②
10	3 – 1 – 3	구조할 때 이용하는 교통수단 알기			○	③
11	3 – 1 – 3	옛날 사람들이 통신 수단을 이용했던 모습 알기			○	④
12	3 – 1 – 3	통신 수단의 발달로 달라진 사람들의 생활 모습 알기			○	③
13	3 – 2 – 1	자연환경을 이용하는 모습 알기			○	④
14	3 – 2 – 1	산이 많이 있는 고장의 사람들이 하는 일 알기			○	①
15	3 – 2 – 1	고장의 자연환경에 따른 식생활 모습 알기			○	③
16	3 – 2 – 1	고장의 자연환경에 따른 주생활 모습 알기			○	③
17	3 – 2 – 2	음식을 만드는 도구의 발달 과정 알기		○		①
18	3 – 2 – 2	옷을 만드는 도구의 발달 과정 알기		○		③
19	3 – 2 – 2	기와집의 특징 알기		○		④
20	3 – 2 – 2	정월 대보름의 세시 풍속 알기		○		④
21	3 – 2 – 2	단오의 세시 풍속 알기		○		③
22	3 – 2 – 3	옛날과 오늘날의 결혼식 비교하기			○	④
23	3 – 2 – 3	핵가족과 확대 가족 알기			○	②
24	3 – 2 – 3	가족 간의 갈등을 해결하기 위해 필요한 자세 알기			○	①
25	3 – 2 – 3	오늘날 다양한 가족 형태 알기			○	②

풀이

1 다양한 물건을 살 수 있는 곳은 시장입니다.

2 형석이의 그림에는 하천, 논, 밭이 없고, 기차역 옆에는 아파트가 있습니다.

3 ⊞, ⊟ 단추를 누르면 확대와 축소 기능을 이용할 수 있습니다. 마우스를 누른 상태에서 스크롤을 움직여도 확대되거나 축소됩니다.

4 기차역은 다른 고장으로 가는 기차를 타는 장소입니다.

5 안성에서 유기를 만드는 사람들은 솜씨가 뛰어나 품질이나 모양이 사람들을 만족시켰기 때문에 '안성맞춤'이라는 말이 생겼습니다.

6 지명으로 고장의 자연환경을 알 수 있습니다.

7 향교는 지방의 교육을 담당했던 교육 기관으로, 조상들이 성현의 제사와 교육을 중요하게 생각했다는 것을 알 수 있습니다.

8 답사를 할 때에는 질문할 내용은 미리 준비하고, 문화유산을 함부로 만지지 않습니다.

9 비행기는 공항에서 탑니다. 교통수단이 발달하면서 예전에는 가기 어려웠던 곳을 편리하게 갈 수 있게 되었습니다.

10 해상 구조 보트, 산악 구조 헬리콥터는 구조를 위한 교통수단입니다.

11 봉수는 밤에는 횃불, 낮에는 연기를 올려 변방 지역에서 발생하는 전쟁을 중앙에 알리던 통신 제도입니다.

12 휴대 전화를 이용해 가게에 직접 가지 않아도 물건을 살 수 있고, 친구들과 과제를 의논할 수도 있습니다.

13 사람들은 바다에서 물고기를 잡거나 염전을 만들어 소금을 얻습니다.

14 산이 많은 고장에 사는 사람들은 목장에서 소를 키우기도 하고, 버섯을 기르기도 합니다.

15 서산 근처 바닷가에서는 굴이 잘 자라서 어리굴젓을 많이 담급니다.

16 우데기는 집에 눈이 들어오는 것을 막으려고 지붕의 끝에서부터 땅까지 내린 벽입니다. 눈이 많이 와도 집 안을 자유롭게 다닐 수 있도록 우데기를 만들었습니다.

17 음식을 만드는 도구가 발달하면서 사람들은 음식을 편리하고 다양하게 만들어 먹을 수 있게 되었습니다.

18 옛날 사람들은 가락바퀴로 식물의 줄기를 꼬아서 실을 만들었습니다.

19 기와집은 안채와 사랑채 등으로 구성되어 있습니다. 안채에서는 주로 여자들이 생활했으며 사랑채에서는 남자들이 머물며 글공부를 하거나 찾아온 손님을 맞이했습니다.

20 정월 대보름에는 쥐불놀이와 달집태우기를 하면서 나쁜 기운을 쫓아내고, 새해 소원을 빌었습니다.

21 단오는 음력 5월 5일로 그네뛰기와 씨름 등 다양한 놀이를 즐겼으며, 창포물에 머리를 감는 풍속도 있었습니다.

22 폐백은 결혼식을 마치고 신부가 신랑의 집안 어른들께 첫인사를 올리는 것을 말했으나 오늘날에는 결혼식장에서 신랑, 신부가 양쪽 집안에 함께 절을 올립니다.

23 핵가족은 결혼하지 않은 자녀와 부모가 함께 사는 가족이고, 결혼한 자녀와 부모가 함께 사는 가족은 확대 가족입니다.

24 가족 간 갈등을 해결하려면 가족끼리 대화를 하면서 서로 이해하고 배려하며 협력하는 자세가 필요합니다.

25 입양 가족은 자녀를 입양하여 만들어진 가족입니다. 출산이 아닌 입양으로도 가족과 같은 행복을 느낄 수 있어서 늘어나고 있습니다.

수학

문항 번호	학년 – 학기 – 단원	평가 요소	내용 영역				정답
			수와 연산	도형	측정	자료와 가능성	
1	3 – 1 – 4	(몇십)×(몇) 알기	○				④
2	3 – 1 – 2	직각삼각형 찾기		○			②
3	3 – 1 – 2	도형에서 각 찾기		○			③
4	3 – 1 – 1	세 자리 수끼리의 덧셈 계산하기	○				④
5	3 – 1 – 4	(몇십몇)×(몇) 계산하기	○				②
6	3 – 1 – 3	나눗셈의 몫을 곱셈식으로 구하기	○				①
7	3 – 2 – 3	원을 이용하여 여러 가지 모양 그려 보기		○			③
8	3 – 1 – 5	m보다 큰 단위 알아보기			○		④
9	3 – 2 – 4	가분수 찾기	○				②
10	3 – 1 – 1	세 자리 수끼리의 뺄셈 계산하기	○				③
11	3 – 1 – 3	똑같이 나누어 보기	○				④
12	3 – 2 – 1	(몇십몇)×(몇십몇) 계산하기	○				①
13	3 – 2 – 6	그림그래프 알아보기				○	①
14	3 – 1 – 5	분을 초로 나타내기			○		③
15	3 – 1 – 6	소수의 크기 비교하기	○				④
16	3 – 2 – 4	전체의 몇 분의 몇 알아보기	○				④
17	3 – 2 – 1	(몇십)×(몇십) 계산하기	○				③
18	3 – 1 – 6	분수의 전체만큼 알아보기	○				①
19	3 – 2 – 5	무게의 합 계산하기			○		②
20	3 – 2 – 2	나머지가 있는 나눗셈식에서 나누어지는 수 구하기	○				②
21	3 – 2 – 2	나머지가 있는 (두 자리 수)÷(한 자리 수) 계산하기	○				③
22	3 – 2 – 3	원의 반지름 활용하기			○		②
23	3 – 2 – 5	들이 비교하기			○		③
24	3 – 2 – 6	그림그래프 알아보기				○	②
25	3 – 2 – 6	표 알아보기				○	③

풀이

1 십 모형의 수를 곱셈식으로 나타내면 $2 \times 4 = 8$ 입니다. 십 모형 8개는 일 모형 80개와 같으므로 $20 \times 4 = 80$입니다.

2 한 각이 직각인 삼각형을 직각삼각형이라고 합니다.

3  ⇨ 5개

4
$$\begin{array}{r} {\scriptstyle 1\ 1} \\ 5\ 7\ 8 \\ +\ 2\ 8\ 5 \\ \hline 8\ 6\ 3 \end{array}$$

5
$$\begin{array}{r} {\scriptstyle 1} \\ 2\ 3 \\ \times\ \ \ 5 \\ \hline 1\ 1\ 5 \end{array}$$

6 $45 \div 9 = \square$ ⇨ $9 \times 5 = 45$이므로 $\square = 5$입니다. 따라서 사탕을 5개씩 줄 수 있습니다.

7 원 3개의 중심의 위치가 모두 다르므로 컴퍼스의 침을 꽂아야 할 곳은 모두 3군데입니다.

8 길이가 1 km보다 긴 것을 찾으면 ④ 서울에서 대전까지의 거리입니다.

9 $\dfrac{4}{4}$, $\dfrac{7}{5}$ ⇨ 2개

10 $647 > 225$ ⇨
$$\begin{array}{r} 6\ 4\ 7 \\ -\ 2\ 2\ 5 \\ \hline 4\ 2\ 2 \end{array}$$

11 $18 \div 6 = 3$(개)

12 $52 \times 53 = 2756$

13 ① 위인전: 30권 ② 동화책: 23권
③ 과학책: 16권 ④ 동시집: 5권
따라서 수지가 지난 일 년 동안 가장 많이 읽은 책은 위인전입니다.

14 1분=60초
따라서 2분 28초=2분+28초=120초+28초
=148초입니다.

15 $\square > 6$ ⇨ $\square$ 안에 들어갈 수 있는 수: 7

16 구슬 24개의 $\dfrac{1}{8}$은 3개이므로 24개의 $\dfrac{5}{8}$는
$3 \times 5 = 15$(개)입니다.

17 $50 \times 7 = 350$
50×70은 50×7의 10배이므로 50×70은 350의 10배인 3500입니다. ⇨ 3500원

18 ①
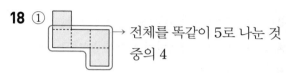 → 전체를 똑같이 5로 나눈 것 중의 4

19
$$\begin{array}{r} 7\ \text{kg}\ \ 500\ \text{g} \\ +\ 2\ \text{kg}\ \ 300\ \text{g} \\ \hline 9\ \text{kg}\ \ 800\ \text{g} \end{array}$$

20 ㉠에 알맞은 수는 $3 \times 15 = 45$, $45 + 1 = 46$입니다.

21 $75 \div 8 = 9 \cdots 3$
따라서 토마토를 한 봉지에 8개씩 담아 팔면 남은 토마토는 3개입니다.

22 (작은 원의 지름)$= 5 \times 2 = 10$ (cm)
⇨ (선분 ㄱㄷ의 길이)
$=$(큰 원의 반지름)$+$(작은 원의 지름)
$= 7 + 10 = 17$ (cm)

23 컵의 들이가 많을수록 물을 붓는 횟수가 적습니다.
820 mL > 700 mL > 350 mL > 200 mL
이므로 물을 붓는 횟수가 가장 적은 컵의 들이는 820 mL입니다.

24 여름: 35명, 겨울: 24명
⇨ $35 - 24 = 11$(명)

25 박물관: $4 + 2 = 6$(명), 식물원: $3 + 3 = 6$(명), 동물원: $4 + 5 = 9$(명), 미술관: $3 + 4 = 7$(명)
⇨ $9 > 7 > 6$이므로 두 반 학생들이 함께 체험학습으로 가면 좋은 장소는 동물원입니다.

문항 번호	학년 – 학기 – 단원	평가 요소	내용 영역				정답
			운동과 에너지	물질	생명	지구와 우주	
1	3 – 1 – 4	자석에 붙는 물체의 특징 알기	○				③
2	3 – 1 – 4	나침반의 특징 알기	○				②
3	3 – 1 – 4	자석과 자석 사이에 작용하는 힘 알기	○				②
4	3 – 2 – 5	소리가 나는 물체의 특징 알기	○				①
5	3 – 2 – 5	소리의 높낮이를 비교하는 활동 알기	○				①
6	3 – 2 – 5	생활에서 소리가 반사되는 경우 알기	○				③
7	3 – 1 – 2	여러 가지 물질의 성질 알기		○			③
8	3 – 1 – 2	물체의 각 부분을 다른 물질로 만들 때의 좋은 점 알기		○			②
9	3 – 1 – 2	서로 다른 물질을 섞었을 때 물질의 성질 변화 알기		○			④
10	3 – 2 – 4	고체의 성질 알기		○			①
11	3 – 2 – 4	기체가 이동하는 성질을 이용한 예 알기		○			④
12	3 – 2 – 4	공기는 무게가 있다는 성질 확인하기		○			①
13	3 – 2 – 4	여러 가지 물질의 상태 알기		○			②
14	3 – 1 – 3	동물의 암수 생김새의 특징 알기			○		①
15	3 – 1 – 3	배추흰나비의 한살이 과정 특징 알기			○		④
16	3 – 1 – 3	여러 가지 곤충의 한살이 알기			○		②
17	3 – 2 – 2	주변에서 사는 동물의 특징 알기			○		③
18	3 – 2 – 2	동물을 특징에 따라 분류하기			○		①
19	3 – 2 – 2	날아다니는 동물의 특징 알기			○		①
20	3 – 1 – 5	육지와 바다의 넓이 비교하기				○	②
21	3 – 1 – 5	지구와 달의 특징 비교하기				○	①
22	3 – 2 – 3	흙이 만들어지는 과정 알기				○	①
23	3 – 2 – 3	운동장 흙과 화단 흙 비교하기				○	①
24	3 – 2 – 3	흐르는 물에 의한 지표의 변화 알기				○	①
25	3 – 2 – 3	강과 바닷가 지형의 특징 알기				○	④

풀이

1 자석에 붙는 물체는 철못, 클립과 같이 철로 되어 있습니다.

2 나침반을 주위에 자석이 없는 편평한 곳에 놓으면 나침반 바늘은 항상 북쪽과 남쪽을 가리킵니다.

3 자석은 다른 극끼리 서로 끌어당기므로 고리 자석 윗면은 S극입니다. 고리 자석도 자석의 극이 두 개 있습니다.

4 소리를 내는 목과 스피커에 손을 대 보면 떨림이 느껴집니다. 소리가 나는 소리굽쇠를 물에 대 보면 소리굽쇠의 떨림 때문에 물이 튀어 오릅니다.

5 실로폰의 같은 음판을 약하게 치기와 세게 치기는 소리의 세기를 비교하는 것입니다.

6 소리가 나아가다가 물체에 부딪쳐 되돌아오는 성질을 소리의 반사라고 합니다.

7 고무는 쉽게 구부러지고, 늘어났다가 다시 돌아오는 성질이 있습니다.

8 자전거의 몸체는 튼튼하고 충격에 잘 부서지지 않는 금속으로 만듭니다.

9 서로 다른 물질을 섞으면 섞기 전에 각 물질이 가지고 있던 색깔, 촉감 등의 성질이 변하기도 합니다.

10 고체는 담는 그릇이 바뀌어도 모양과 부피가 변하지 않습니다.

11 풍선 미끄럼틀은 공기가 공간을 차지하는 성질을 이용한 예입니다.

12 공기 주입 마개를 누르기 전보다 누른 후 페트병의 무게가 더 늘어난 것으로 보아 공기는 무게가 있음을 알 수 있습니다.

13 꿀, 우유, 기름은 액체이고 모래는 고체입니다.

14 무당벌레는 암수가 모두 몸 모양이 둥글고, 겉날개의 색깔과 무늬도 비슷하여 암컷과 수컷을 구별하기 어렵습니다.

15 배추흰나비알은 옥수수 모양이고 연한 노란색입니다. 배추흰나비 애벌레는 몸에 털이 많이 나 있습니다. 배추흰나비 번데기는 크기가 변하지 않고 자라지 않습니다.

16 꿀벌, 사슴벌레, 배추흰나비는 알, 애벌레, 번데기, 어른벌레의 단계를 거치는 완전 탈바꿈을 합니다. 잠자리는 번데기 단계가 없는 불완전 탈바꿈을 합니다.

17 거미는 다리가 네 쌍이 있고, 잠자리는 날개가 두 쌍이 있으며, 공벌레는 다리가 일곱 쌍 있고 걸어 다닙니다.

18 두더지, 개, 개구리는 다리가 있고, 뱀, 지렁이, 송사리는 다리가 없습니다.

19 날아다니는 동물 중 새는 날개가 있고 몸이 깃털로 덮여 있습니다. 날아다니는 곤충은 날개가 있고, 다리가 세 쌍이 있습니다.

20 바다 칸의 수가 육지 칸의 수보다 22칸 더 많습니다. 즉, 바다가 육지보다 더 넓습니다.

21 지구에는 물과 공기가 있지만 달에는 물과 공기가 없습니다.

22 흙은 바위나 돌이 작게 부서진 알갱이와 생물이 썩어 생긴 물질들이 섞여서 만들어집니다.

23 화단 흙에는 운동장 흙보다 물에 뜨는 물질이 더 많이 섞여 있습니다.

24 침식 작용은 지표의 바위나 돌, 흙 등이 깎여 나가는 것으로, 흙 언덕의 위쪽에서 가장 활발하게 일어납니다.

25 강 하류, 모래 해변, 갯벌은 퇴적 작용이 활발하여 만들어진 지형입니다. ④ 지형은 바닷물의 침식 작용으로 만들어진 지형입니다.

영어

문항 번호	평가 요소	내용 영역			정답
		듣기	읽기	쓰기	
1	첫소리가 같은 낱말 찾기	○			②
2	사물을 나타내는 낱말 이해하기	○			④
3	인사하는 표현 이해하기	○			①
4	수를 나타내는 낱말 이해하기	○			②
5	행동을 나타내는 낱말 이해하기	○			③
6	음식을 나타내는 낱말 이해하기	○			④
7	자기를 소개하는 표현 이해하기	○			①
8	크기를 나타내는 표현 이해하기	○			③
9	지시하는 표현 이해하기	○			④
10	물건을 주고받을 때 사용하는 표현 이해하기	○			①
11	날씨를 묻고 답하는 표현 이해하기	○			③
12	수를 묻는 표현 이해하기	○			②
13	할 수 있는 것을 묻고 답하는 표현 이해하기	○			④
14	감사하고 응답하는 표현 이해하기	○			②
15	사물을 묻고 답하는 표현 이해하기	○			①
16	좋아하는 것을 묻고 답하는 표현 이해하기	○			③
17	누구인지 묻고 답하는 표현 이해하기	○			④
18	사과하고 응답하는 표현 이해하기	○			②
19	나이를 묻고 답하는 표현 이해하기	○			③
20	소유를 묻고 답하는 표현 이해하기	○			①
21	색깔을 묻고 답하는 표현 이해하기	○			④
22	알파벳 인쇄체 대·소문자 식별하기		○		①
23	날씨를 나타내는 낱말 읽고 의미 이해하기		○		②
24	가족을 나타내는 낱말 읽고 의미 이해하기		○		③
25	알파벳 인쇄체 소문자 쓰기			○	②

1

┤ Script ├

W: ① book 책 - cup 컵
② book 책 - ball 공
③ book 책 - hat 모자
④ book 책 - egg 달걀

book의 첫소리 [b]와 같은 것은 ball입니다.

2

┤ Script ├

M: eraser 지우개

eraser에 알맞은 그림은 ④ 지우개입니다.
① notebook 공책　② pencil 연필
③ scissors 가위

3

┤ Script ├

B: Hi, Mina. 미나야, 안녕.
G: ① Hello, Tony. 안녕, 토니.
② Yes, I am. 응, 그래.
③ No, I don't. 아니, 그렇지 않아.
④ It's a lion. 그것은 사자야.

Hi.는 만났을 때 하는 인사말이므로 응답으로는 ①이 알맞습니다.

4

┤ Script ├

W: three 3 - five 5

숫자 3과 5가 바르게 짝 지어진 것은 ②입니다.
① three - seven　③ four - seven
④ four - five

5

┤ Script ├

M: ① dance 춤추다
② run 달리다, 뛰다
③ swim 수영하다
④ sing 노래하다

그림과 낱말이 일치하는 것은 ③입니다.

① run 달리다, 뛰다　② sing 노래하다
④ dance 춤추다

6

┤ Script ├

W: ① bananas 바나나들
② apples 사과들
③ carrots 당근들
④ potatoes 감자들

그림에 없는 것은 ④ 감자입니다.

7

┤ Script ├

B: Hi, I'm Minsu. What's your name?
안녕, 나는 민수야. 네 이름은 무엇이니?
G: ① My name is Lisa. 내 이름은 리사야.
② No, I'm not. 아니, 그렇지 않아.
③ It's a cat. 그것은 고양이야.
④ I like milk. 나는 우유를 좋아해.

What's your name?은 상대방의 이름이 무엇인지 묻는 말이므로 자신의 이름을 말한 ①이 대답으로 알맞습니다.

8

┤ Script ├

G: Look! It's an elephant. 봐! 코끼리야.
B: ① It's raining. 비가 와.
② It's cold. 추워.
③ It's big. 크다.
④ It's small. 작다.

그림에서 코끼리는 크기가 크므로 크다(big)고 말한 ③이 알맞습니다.

9

┤ Script ├

M: ① Stand up. 일어서라.
② Sit down. 앉아라.
③ Open the box. 상자를 열어라.
④ Close the door. 문을 닫아라.

지시대로 행동한 어린이는 ④입니다.

① Open the box. 상자를 열어라.
② Stand up. 일어서라.
③ Sit down. 앉아라.

10 ┤ Script ├

M: Here you are, Mina. 미나야, 여기 있어.
G: ① Thank you. 감사합니다.
  ② Hi, I'm Mina. 안녕하세요.
    저는 미나예요.
  ③ You're welcome. 천만에요.
  ④ No, I can't. 아니요, 전 못 해요.

Here you are.는 "여기 있어."라는 뜻으로 물건을 건네주면서 하는 말입니다. 이에 대한 응답으로는 ① Thank you.가 알맞습니다.

11 ┤ Script ├

M: How's the weather? 날씨가 어떠니?
G: ① It's windy. 바람이 불어요.
  ② It's sunny. 화창해요.
  ③ It's snowing. 눈이 와요.
  ④ It's raining. 비가 와요.

그림에서 눈이 오고 있으므로 대답으로는 ③이 알맞습니다.

12 ┤ Script ├

B: ① How many apples?
    사과가 몇 개예요?
  ② How many eggs? 달걀이 몇 개예요?
  ③ Is it a cat? 그것은 고양이인가요?
  ④ Is it a dog? 그것은 개인가요?

그림에서 엄마가 달걀 네 개를 들고 숫자 4를 말하고 있으므로 남자 어린이가 한 질문으로는 달걀의 개수를 묻는 ② How many eggs?가 알맞습니다.

13 ┤ Script ├

B: Can you ski? 너는 스키를 탈 수 있니?
G: No, I can't. 아니, 못 타.
B: Can you skate?
    너는 스케이트를 탈 수 있니?
G: Yes, I can. 응, 탈 수 있어.

스케이트를 탈 수 있는지 묻는 질문에 Yes, I can.이라고 대답했으므로 여자 어린이가 할 수 있다고 말한 것은 ④입니다.

14 ┤ Script ├

G: Happy birthday! 생일 축하해!
B: Wow, thank you. 와, 고마워.
G: ① Nice to meet you. 만나서 반가워.
  ② You're welcome. 천만에.
  ③ That's okay. 괜찮아.
  ④ I don't like pizza.
    나는 피자를 좋아하지 않아.

Thank you.에 대한 응답으로는 ② You're welcome.이 알맞습니다.

15 ┤ Script ├

① G: What's this? 이것은 무엇인가요?
  M: It's a pencil. 그것은 연필이야.
② G: What's this? 이것은 무엇인가요?
  M: It's an umbrella. 그것은 우산이야.
③ G: How many pencils?
    연필이 몇 개인가요?
  M: Two pencils. 연필이 두 개야.
④ G: How many umbrellas?
    우산이 몇 개인가요?
  M: Two umbrellas. 우산이 두 개야.

연필 하나를 가리키며 대화하고 있으므로 ①이 알맞습니다.

16

| Script |

B: Do you like fish?
너는 생선을 좋아하니?

G: No, I don't. I like pizza. Do you like pizza?
아니, 좋아하지 않아. 나는 피자를 좋아해. 너는 피자를 좋아하니?

B: No, I don't. I like chicken.
아니, 좋아하지 않아. 나는 치킨을 좋아해.

마지막 대사에서 남자 어린이는 치킨을 좋아한다고 말했습니다.

17

| Script |

G: Minsu, who is he? 민수야, 그는 누구니?
B: He's my brother. 그는 나의 남동생이야.

가계도에서 민수의 남동생은 ④입니다.

18

| Script |

B: I'm sorry. 미안해.
G: ① You're welcome. 천만에.
② That's okay. 괜찮아.
③ Sure, I can. 물론 나는 할 수 있지.
④ It's yellow. 그것은 노란색이야.

사과하는 말에 대한 응답으로는 ② That's okay.가 알맞습니다.

19

| Script |

B: Nari, how old are you?
나리야, 너는 몇 살이니?

G: I'm nine years old. How old are you, Tony?
나는 아홉 살이야. 너는 몇 살이야, 토니?

B: I'm eight years old. 나는 여덟 살이야.

여자아이가 I'm nine years old.라고 말했으므로 나리는 9살입니다.

20

| Script |

B: Kate, do you have a glue stick?
케이트, 너는 풀이 있니?

G: Yes, I do. Jihun, do you have scissors?
응, 있어. 지훈아, 너는 가위가 있니?

B: No, I don't. I have a ruler.
아니, 없어. 나는 자가 있어.

케이트는 풀이 있는지 묻는 말에 Yes, I do.라고 대답했고, 지훈이는 자가 있다고 말했습니다.

21

| Script |

① B: Who is she? 그녀는 누구니?
G: It's red. 그것은 빨간색이야.
② B: Who is she? 그녀는 누구니?
G: I'm sorry. 미안해.
③ B: What color is it? 그것은 무슨 색이니?
G: It's a dog. 그것은 개야.
④ B: What color is it? 그것은 무슨 색이니?
G: It's blue. 그것은 파란색이야.

색깔을 묻는 질문에 It's blue.라고 색으로 대답한 ④가 자연스러운 대화입니다.

22 대문자와 소문자가 바르게 짝 지어진 것은 ① D − d입니다.
② I − i   ③ G − g   ④ M − m

23 비 오는 날씨 그림에 알맞은 낱말은 ② raining 입니다.
① 뛰다, 달리다   ② 비가 오는
③ 자   ④ 빨간색

24 카드 속 낱말의 의미로 알맞은 것은 ③입니다. sister는 '여자형제'를 나타내는 말로 '누나, 언니, 여동생'을 모두 의미합니다.
① grandma   ② mom   ④ dad

25 GREEN을 소문자로 바르게 고쳐 쓴 것은 ② green입니다.

국어

문항 번호	학년 – 학기 – 교과서	평가 요소	내용 영역					정답
			듣·말	읽기	쓰기	문법	문학	
1	3 – 1 – 가	이야기의 내용에 어울리는 감각적 표현 찾기					○	①
2	3 – 1 – 가	이야기를 읽고 감각적 표현 알기					○	②
3	3 – 1 – 가	중심 문장과 뒷받침 문장 알기		○				④
4	3 – 1 – 가	글의 뒤에 이어질 내용 짐작하기		○				①
5	3 – 1 – 가	높임 표현을 사용하는 방법 알기	○					④
6	3 – 1 – 가	글쓴이가 전하려는 마음 파악하기			○			②
7	3 – 1 – 가	편지의 형식 알기			○			③
8	3 – 1 – 가	중요한 내용이 드러나게 메모하기			○			③
9	3 – 1 – 나	원인과 결과 알기		○				③
10	3 – 1 – 나	글의 내용 파악하기		○				②
11	3 – 1 – 나	낱말의 기본형 알기				○		②
12	3 – 1 – 나	인물의 의견 파악하기		○				②
13	3 – 2 – 가	표정, 몸짓, 말투에 주의하며 말하기	○					①
14	3 – 2 – 가	인물이 처한 상황에 알맞은 표정, 몸짓, 말투 알기	○					②
15	3 – 2 – 가	글의 내용 파악하기		○				①
16	3 – 2 – 가	뜻이 반대인 낱말 찾기				○		③
17	3 – 2 – 가	띄어쓰기에 맞게 문장 고쳐 쓰기			○			②
18	3 – 2 – 가	띄어쓰기 방법 알기				○		①
19	3 – 2 – 가	대상에 어울리는 감각적 표현 찾기			○			④
20	3 – 2 – 가	감각적 표현을 넣어 문장 쓰기			○			④
21	3 – 2 – 나	상황에 알맞은 높임 표현 알기	○					④
22	3 – 2 – 나	글의 내용 파악하기					○	①
23	3 – 2 – 나	인물의 마음 파악하기					○	①
24	3 – 2 – 나	글에서 설명하는 내용 파악하기		○				①
25	3 – 2 – 나	책 소개하는 방법 알기		○				④

풀이

1 '첨벙첨벙'은 물장구를 치는 소리나 모양을 흉내 내는 말입니다.

2 장승들의 맑은 웃음소리가 밤하늘을 수놓는다고 하여, 장승들의 웃음소리를 마치 눈으로 보는 것처럼 표현한 부분입니다.

3 ㉠~㉢은 각 문단의 중심 문장이고, ㉣은 세 번째 문단의 중심 문장을 뒷받침하는 뒷받침 문장입니다.

4 첫 번째 문단에서 한과의 종류 중 약과, 강정, 엿을 말하였고, 약과와 강정을 설명하는 문단이 나왔으므로 엿에 대해 설명하는 문단이 이어질 것으로 짐작할 수 있습니다.

5 문장의 끝에 '−습니다'를 써서 말하면 높임을 표현할 수 있습니다.

6 할아버지의 생신을 축하하는 마음을 전하는 편지입니다.

7 할아버지께 쓴 편지로, 쓴 사람은 손자 정혁입니다. 쓴 날짜가 빠져 있습니다.

8 ①, ②는 내용을 너무 간추렸고, ④는 모든 내용을 다 쓰려고 하였습니다.

9 좁은 장소에 쓰레기를 버려 지저분하고 골목 입구에 쓰레기가 쌓여 있어서 다니기도 불편해 쓰레기 정거장을 만들었습니다.

10 밤이 되면 으스스해서 쓰레기 정거장에 불을 환하게 밝혀 두었습니다.

11 형태가 바뀌는 낱말은 형태가 바뀌지 않는 부분에 '−다'를 붙여 기본형을 만듭니다.

12 모두 바느질을 할 때 자신이 가장 중요하다고 생각하고 있습니다.

13 여자아이가 미안한 마음을 전하는 상황이므로 진지한 말투로 미안한 마음이 드러나게 말해야 합니다.

14 장금이는 몽몽이 때문에 꾸중을 듣고 있고, 잔치에 쓸 국수가 엉망이 되어 미안해하고 있습니다. 미안해하는 상황에서 웃는 표정은 어울리지 않습니다.

15 무더위는 '물+더위'로 물기를 잔뜩 머금은 끈끈한 더위를 무더위라고 합니다.

16 '추위'의 반대말은 '더위'입니다.

17 쉼표 뒤에 오는 말을 띄어 써야 하므로 '아이고, ∨배야.'와 같이 씁니다.

18 '번'은 일의 횟수를 세는 단위를 나타내는 말입니다. 수를 나타내는 말과 단위를 나타내는 말 사이는 띄어 써야 하므로 '두∨번째네'와 같이 썼습니다.

19 사과의 모양이나 색깔, 식감 등을 표현한 감각적 표현을 찾아봅니다. '펄럭펄럭'은 깃발 따위가 바람에 날리는 모습과 어울리는 표현입니다.

20 '뻥뻥'은 공을 차는 모습을 감각적으로 나타낸 표현입니다. 이 외에 '다다다다', '데굴데굴' 등의 표현을 써서 문장으로 쓸 수 있습니다.

21 대화 상대가 웃어른이므로 승민이는 할머니께 높임 표현을 써서 말해야 합니다.

22 선생님께서는 제비뽑기로 운동회에 나갈 선수를 뽑자고 하셨습니다. 제비뽑기를 해서 기찬이가 '이어달리기'가 쓰인 쪽지를 뽑았습니다.

23 기찬이는 운동에 자신이 없는데 점수도 높은 이어달리기 선수로 뽑혔기 때문에 울상이 되었습니다.

24 태극기에는 별과 줄이 없습니다. 별과 줄이 있는 국기는 미국 국기입니다.

25 책 보물 상자를 만들 때에는 책 내용과 관련된 물건을 넣습니다.

문항 번호	학년 – 학기 – 단원	평가 요소	내용 영역			정답
			지리	역사	일반 사회	
1	3 – 1 – 1	우리 고장의 여러 장소 알기	○			④
2	3 – 1 – 1	우리 고장의 모습을 그린 그림 비교하기	○			④
3	3 – 1 – 1	디지털 영상 지도의 특징 알기	○			③
4	3 – 1 – 1	우리 고장의 주요 장소를 백지도에 나타내기	○			④
5	3 – 1 – 2	옛이야기에 담겨 있는 고장의 모습 알기		○		④
6	3 – 1 – 2	우리 고장의 옛이야기 조사하기		○		④
7	3 – 1 – 2	경주 동궁과 월지에 대해 알기		○		④
8	3 – 1 – 2	우리 고장의 문화유산 소개하기		○		②
9	3 – 1 – 3	옛날 사람들이 교통수단을 이용했던 모습 알기			○	②
10	3 – 1 – 3	고장의 환경적 특성에 따라 이용하는 교통수단 알기			○	④
11	3 – 1 – 3	옛날과 오늘날 통신 수단을 이용하는 모습 알기			○	③
12	3 – 1 – 3	통신 수단의 발달로 달라진 사람들의 생활 모습 알기			○	④
13	3 – 2 – 1	계절에 따른 고장 사람들의 생활 모습 알기			○	③
14	3 – 2 – 1	바다가 있는 고장의 사람들이 하는 일 알기			○	③
15	3 – 2 – 1	고장의 자연환경에 따른 의생활 모습 알기			○	③
16	3 – 2 – 1	고장의 자연환경에 따른 주생활 모습 알기			○	③
17	3 – 2 – 2	곡식을 수확하는 도구의 발달 과정 알기		○		④
18	3 – 2 – 2	재봉틀의 발달로 달라진 사람들의 생활 모습 알기		○		④
19	3 – 2 – 2	움집의 특징 알기		○		①
20	3 – 2 – 2	추석의 세시 풍속 알기		○		②
21	3 – 2 – 2	동지의 세시 풍속 알기		○		②
22	3 – 2 – 3	옛날의 결혼식 과정 알기			○	③
23	3 – 2 – 3	가족 구성원의 역할이 변화한 까닭 알기			○	③
24	3 – 2 – 3	가족 간의 갈등을 해결하기 위해 필요한 자세 알기			○	③
25	3 – 2 – 3	오늘날 다양한 가족 형태 알기			○	④

풀이

1 다른 고장으로 가는 버스를 타는 곳은 버스 터미널이며, 놀이터는 친구들과 놀이 기구를 타며 놀 수 있는 곳입니다.

2 지아는 슈퍼마켓, 학교, 공원, 약국, 문구점, 시장을 그렸고, 희철이는 어린이 도서관, 놀이터, 슈퍼마켓, 아파트를 그렸습니다.

3 디지털 영상 지도는 항공 사진이나 인공위성 사진을 지도 형식으로 바꾸고, 컴퓨터 등 다양한 기기에서 이용할 수 있도록 디지털 정보로 표현한 지도입니다.

4 주요 장소를 백지도에 나타낼 때에는 주요 장소의 특징을 잘 나타낸 그림이나 기호를 활용합니다.

5 피맛골은 말을 피하는 곳이라는 뜻입니다.

6 우리 고장의 옛이야기를 조사하기 위해서 고장의 문화원을 방문하거나 옛이야기와 관련 있는 장소에 직접 방문하는 방법도 있습니다.

7 경주 동궁과 월지는 신라의 왕자가 머물던 곳으로, 나라에 기쁜 일이 있을 때 이곳에서 잔치를 베풀었습니다.

8 성덕 대왕 신종은 지금까지 우리나라에 남아 있는 범종 중에서 가장 큽니다.

9 돛단배는 선체 위에 세운 돛에 바람을 받게 하여 풍력을 이용해 진행하는 배입니다.

10 케이블카는 산이 있는 지역에서 이용하며, 굵고 튼튼한 쇠줄에 매달린 케이블 카에 사람이 타거나 물건을 싣고 산을 오르내립니다.

11 ㉠, ㉣은 오늘날 통신 수단을 이용하는 모습입니다.

12 알림장을 두고 왔을 때에는 휴대 전화로 친구에게 물어볼 수 있습니다.

13 ①은 여름, ②는 겨울, ④는 봄의 생활 모습입니다.

14 주아의 부모님은 바다를 이용하는 일을 하십니다.

15 춥고 눈이 많이 오는 고장은 동물의 털과 가죽으로 만든 두꺼운 옷을 입고 발목까지 감싸는 부츠를 신습니다.

16 여름철에 홍수로 집이 물에 잠길 위험이 있는 고장에서는 땅 위에 터를 돋우어 높은 곳에 집을 지었습니다.

17 반달 돌칼은 돌을 갈아서 만든 도구입니다. 농사 도구가 발달하면서 훨씬 편리하게 농사를 지을 수 있게 되었습니다.

18 재봉틀을 사용해 옷을 만들 때 빠르고 정확하게 바느질을 할 수 있게 되었습니다.

19 움집은 땅을 파서 기둥을 세우고 비바람을 막으려고 그 위에 풀과 짚을 덮어 만든 집입니다.

20 송편을 먹고 성묘를 하며 강강술래를 하는 것은 추석과 관련된 세시 풍속입니다.

21 동지는 일 년 중에 밤이 가장 긴 날로, 한 해를 마무리하고 새해를 맞이하는 명절입니다.

22 신부가 신랑의 집에 도착하면 어른들께 큰절을 올리고 새식구가 되었음을 알리는 뜻으로 폐백을 드렸습니다.

23 오늘날에는 여성의 사회 진출이 활발해지고 남녀가 평등하다는 의식이 높아지면서 집안일에서 남녀의 구분이 없어졌습니다.

24 가족 구성원 간의 갈등을 해결하기 위해서는 가족끼리 대화를 하면서 서로 이해하고 배려하며 협력하는 자세가 필요합니다.

25 한 부모 가족은 아버지와 자녀 또는 어머니와 자녀로 이루어진 가족입니다.

수학

문항 번호	학년 – 학기 – 단원	평가 요소	내용 영역				정답
			수와 연산	도형	측정	자료와 가능성	
1	3 – 1 – 2	선분 찾기		○			④
2	3 – 2 – 1	(세 자리 수) × (한 자리 수) 알아보기	○				②
3	3 – 1 – 6	분수 알아보기	○				③
4	3 – 2 – 6	그림그래프 알아보기				○	①
5	3 – 2 – 6	그림그래프 알아보기				○	④
6	3 – 1 – 1	세 자리 수끼리의 뺄셈 계산하기	○				①
7	3 – 1 – 2	직사각형 찾기		○			①
8	3 – 2 – 3	반지름의 길이 구하기			○		②
9	3 – 1 – 6	소수 알아보기	○				③
10	3 – 2 – 4	분수만큼 알아보기	○				④
11	3 – 2 – 5	들이의 단위 알아보기			○		②
12	3 – 1 – 3	똑같이 나누기	○				④
13	3 – 1 – 3	나눗셈의 몫을 곱셈식으로 구하기	○				④
14	3 – 1 – 1	세 자리 수끼리의 덧셈 계산하기	○				①
15	3 – 1 – 5	mm, km 알아보기			○		③
16	3 – 2 – 2	(몇십몇) ÷ (몇) 계산하기	○				④
17	3 – 1 – 4	(몇십) × (몇) 계산하기	○				④
18	3 – 1 – 4	(몇십몇) × (몇) 계산하기	○				②
19	3 – 2 – 2	나머지가 있는 (몇십몇) ÷ (몇) 계산하기	○				③
20	3 – 2 – 4	여러 가지 분수 알아보기	○				①
21	3 – 1 – 5	시간의 뺄셈 계산하기			○		②
22	3 – 2 – 1	(몇십몇) × (몇십) 계산하기	○				④
23	3 – 2 – 6	그림그래프 알아보기				○	①
24	3 – 2 – 5	들이의 합 계산하기			○		②
25	3 – 2 – 3	원의 반지름의 활용		○			③

풀이

1 ② 직선 ㄱㄴ ③ 반직선 ㄱㄴ

2 164를 4번 더하는 식을 곱셈식으로 나타내면 ② 164×4입니다.

3 ① $\dfrac{3}{4}$ ② $\dfrac{3}{6}\left(=\dfrac{1}{2}\right)$ ④ $\dfrac{6}{8}\left(=\dfrac{3}{4}\right)$

4 큰 그림은 10권, 작은 그림은 1권을 나타냅니다.

5 1반: 24권, 2반: 42권, 3반: 30권, 4반: 23권

6
$$\begin{array}{r} \overset{8}{\cancel{9}}\,\overset{9}{\cancel{0}}\,\overset{10}{\cancel{0}} \\ -\ 3\ 8\ 7 \\ \hline 5\ 1\ 3 \end{array}$$

7 네 각이 모두 직각인 사각형은 모두 2개입니다.

8 (반지름)=(지름)÷2=16÷2=8 (cm)

9 0.1이 20개이면 2이고 0.1이 7개이면 0.7이므로 2와 0.7만큼을 소수로 나타내면 2.7입니다.

10 100 cm를 똑같이 5부분으로 나눈 것 중의 2부분은 40 cm입니다.

11 2 L에서 작은 눈금 2칸 더 많은 들이이므로 2 L 200 mL입니다.

12 32를 8씩 묶으면 4묶음이므로 나눗셈식으로 나타내면 32÷8=4입니다.

13 54÷6=□ ⇨ 6×□=54
54÷6의 몫을 구해 보면 9이므로 □ 안에 알맞은 수를 차례로 쓰면 9, 9입니다.

14 (오늘 딴 배의 수)=158+153=311(개)

15 1 cm=10 mm, 1 km=1000 m
① 4 cm=40 mm
② 5 cm 6 mm=56 mm
④ 1 km 200 m=1200 m

16 54÷3=18
① 92÷4=23   ② 91÷7=13
③ 75÷5=15   ④ 72÷4=18

17 한 구역에 20대씩 네 구역이므로 주차할 수 있는 자동차는 모두
20+20+20+20=20×4=80(대)입니다.

18 (거북의 나이)=14×5=70(살)

19 ① 66÷9=7…3   ② 49÷6=8…1
③ 32÷5=6…2   ④ 26÷5=5…1

20 $3\dfrac{1}{4}$: 대분수, $\dfrac{8}{8}$: 가분수, $\dfrac{6}{7}$: 진분수,
$\dfrac{5}{9}$: 진분수

21
$$\begin{array}{c c c} & 60 & \\ 8 & 10 & 60 \\ \cancel{9}\text{시} & \cancel{11}\text{분} & 20\text{초} \\ -\ 6\text{시} & 30\text{분} & 25\text{초} \\ \hline 2\text{시간} & 40\text{분} & 55\text{초} \end{array}$$

22 56×①0=560<2000,
56×②0=1120<2000,
56×③0=1680<2000,
56×④0=2240>2000이므로 □ 안에 들어갈 수 있는 수는 4입니다.

23 국화: 40송이, 장미: 16송이, 해바라기: 32송이, 튤립: 23송이, 백합: 31송이
40>32>31>23>16
따라서 팔린 꽃의 수가 해바라기보다 많은 것은 국화입니다.

24 2100 mL>2 L>1 L 900 mL이므로 가장 많은 들이는 2100 mL이고 가장 적은 들이는 1 L 900 mL입니다.
⇨ 2100 mL+1 L 900 mL
　=2 L 100 mL+1 L 900 mL=4 L

25 변 ㄱㄴ, 변 ㄴㄷ, 변 ㄷㄱ의 길이는 각각 6+6=12 (cm)입니다.
따라서 삼각형 ㄱㄴㄷ의 세 변의 길이의 합은 12+12+12=36 (cm)입니다.

문항 번호	학년 – 학기 – 단원	평가 요소	내용 영역				정답
			운동과 에너지	물질	생명	지구와 우주	
1	3 – 1 – 4	자석이 일정한 방향을 가리킴을 알기	○				④
2	3 – 1 – 4	자석을 다른 자석에 가까이 가져가면 어떻게 되는지 알기	○				③
3	3 – 1 – 4	일상생활에서 자석이 이용되는 예 알기	○				④
4	3 – 2 – 5	물체에서 소리가 날 때의 공통점 알기	○				②
5	3 – 2 – 5	소리의 세기 알기	○				②
6	3 – 2 – 5	소리가 나아가다가 물체에 부딪치면 어떻게 되는지 알기	○				③
7	3 – 1 – 2	여러 가지 물질의 성질 알기		○			②
8	3 – 1 – 2	종류가 같은 물체를 서로 다른 물질로 만들었을 때의 좋은 점 알기		○			④
9	3 – 1 – 2	서로 다른 물질을 섞었을 때의 물질의 성질 알기		○			④
10	3 – 2 – 4	액체의 성질 알기		○			③
11	3 – 2 – 4	기체의 성질 알기		○			③
12	3 – 2 – 4	고체, 액체, 기체의 예 알기		○			②
13	3 – 1 – 3	암수의 구별이 쉬운 동물과 어려운 동물 알기			○		④
14	3 – 1 – 3	완전 탈바꿈을 하는 곤충 알기			○		③
15	3 – 1 – 3	새끼를 낳는 동물의 한살이 알기			○		②
16	3 – 2 – 2	동물을 특징에 따라 분류하는 방법 알기			○		③
17	3 – 2 – 2	물에서 사는 동물의 특징 알기			○		③
18	3 – 2 – 2	생활 속에서 동물의 특징을 활용한 예 알기			○		④
19	3 – 1 – 5	지구의 모습 알기				○	②
20	3 – 1 – 5	지구의 육지와 바다의 특징 알기				○	②
21	3 – 1 – 5	달의 모습 알기				○	④
22	3 – 2 – 3	흙이 만들어지는 과정 알기				○	②
23	3 – 2 – 3	식물이 잘 자라는 흙의 특징 알기				○	③
24	3 – 2 – 3	강 주변 모습의 특징 알기				○	②
25	3 – 2 – 3	바닷가 지형의 특징 알기				○	③

풀이

1 막대자석의 극에 붙여 놓았던 머리핀은 자석의 성질을 띠게 되어 나침반 바늘이 가리키는 방향과 같은 방향인 북쪽과 남쪽을 가리킵니다.

2 자석의 극은 항상 두 개이고, 자석의 같은 극끼리는 서로 밀어 냅니다. ㉠과 ㉢은 N극, ㉡은 S극입니다.

3 ①~③은 자석이 철로 된 물체를 끌어당기는 성질을 이용한 것입니다.

4 소리가 나는 물체에 손을 대면 떨림이 느껴집니다.

5 작은북을 북채로 약하게 치면 북이 작게 떨리면서 작은 소리가 나고, 작은북을 북채로 세게 치면 북이 크게 떨리면서 큰 소리가 납니다.

6 소리는 딱딱한 물체에서는 잘 반사되지만, 부드러운 물체에서는 잘 반사되지 않습니다.

7 금속 도구가 더 단단하여 나무가 깊게 파입니다.

8 플라스틱은 다양한 모양과 색깔의 물체를 쉽게 만들 수 있습니다.

9 물, 붕사, 폴리비닐 알코올을 섞으면 덩어리 물질이 만들어져 섞기 전에 각 물질이 가지고 있던 색깔, 손으로 만졌을 때의 느낌 등의 성질이 변하기도 합니다.

10 물과 같은 액체는 담는 그릇에 따라 모양은 변하지만, 부피는 변하지 않습니다.

11 컵 안의 공기가 공간을 차지하기 때문에 바닥에 구멍이 뚫리지 않은 컵은 물이 컵 안으로 들어가지 않아 페트병 뚜껑이 내려가고, 수조 안의 물의 높이가 조금 높아집니다.

12 소금과 같은 가루 물질은 작은 알갱이들이 모여 있는 것이므로 고체입니다.

13 사자는 갈기로, 원앙은 몸 색깔로, 사슴은 뿔로 암수를 쉽게 구별할 수 있습니다.

14 곤충의 한살이에서 번데기 단계를 거치는 것을 완전 탈바꿈이라고 합니다. 잠자리는 번데기 단계를 거치지 않는 불완전 탈바꿈을 합니다.

15 큰 강아지는 이빨이 나고 먹이를 씹어 먹기 시작합니다.

16 꿀벌, 참새, 메뚜기, 소금쟁이는 날개가 있고, 개구리, 토끼, 달팽이, 뱀은 날개가 없습니다.

17 붕어는 지느러미로 헤엄쳐서 이동하고 다슬기는 배 발로 기어서 이동하며, 둘 다 물속에서 아가미로 숨을 쉽니다.

18 ①은 수리 발, ②는 오리 발, ③은 물총새 부리의 특징을 활용한 예입니다.

19 표면에서 밝은 곳도 있고 어두운 곳도 있는 것은 달의 모습으로, 어둡게 보이는 곳을 '달의 바다'라고 합니다.

20 바다 칸과 육지 칸의 수를 세어 비교하였을 때 바다 칸이 육지 칸보다 많으므로 바다가 육지보다 더 넓습니다.

21 달 표면에는 우주 공간을 떠돌던 돌덩이가 달 표면에 충돌하여 생긴 크고 작은 구덩이가 많습니다.

22 얼음 설탕을 플라스틱 통에 넣고 흔들면 얼음 설탕이 부서져 작은 알갱이가 생기는 것을 통해 바위나 돌이 부서져 흙이 만들어짐을 알 수 있습니다.

23 부식물은 식물의 뿌리나 죽은 곤충, 나뭇잎 조각 등이 썩은 것으로, 화단 흙에 많이 있고 식물이 잘 자라는 데 도움을 줍니다.

24 ㉠ 지역인 강 상류에서는 퇴적 작용보다 침식 작용이 활발하게 일어나고, ㉡ 지역인 강 하류에서는 침식 작용보다 퇴적 작용이 활발하게 일어납니다.

25 바닷물의 침식 작용은 바위에 구멍을 뚫거나 가파른 절벽을 만듭니다.

영어

문항 번호	평가 요소	내용 영역			정답
		듣기	읽기	쓰기	
1	첫소리가 같은 낱말 찾기	○			②
2	동물을 나타내는 낱말 이해하기	○			③
3	수를 나타내는 낱말 이해하기	○			①
4	행동을 나타내는 낱말 이해하기	○			③
5	음식을 나타내는 낱말 이해하기	○			④
6	인사하는 표현 이해하기	○			④
7	자기를 소개하는 표현 이해하기	○			②
8	크기를 나타내는 표현 이해하기	○			①
9	지시하는 표현 이해하기	○			③
10	생일을 축하하는 표현 이해하기	○			①
11	날씨를 묻고 답하는 표현 이해하기	○			②
12	수를 묻고 답하는 표현 이해하기	○			④
13	사물을 묻고 답하는 표현 이해하기	○			①
14	감사하고 응답하는 표현 이해하기	○			③
15	할 수 있는 것을 묻고 답하는 표현 이해하기	○			②
16	좋아하는 것을 묻고 답하는 표현 이해하기	○			④
17	누구인지 묻고 답하는 표현 이해하기	○			①
18	사과하고 응답하는 표현 이해하기	○			④
19	색깔을 묻고 답하는 표현 이해하기	○			②
20	나이를 묻고 답하는 표현 이해하기	○			③
21	소유를 묻고 답하는 표현 이해하기	○			③
22	알파벳 인쇄체 대·소문자 식별하기		○		③
23	색깔을 나타내는 낱말 읽고 의미 이해하기		○		②
24	동물을 나타내는 낱말 읽고 의미 이해하기		○		④
25	알파벳 인쇄체 소문자 쓰기			○	①

1 ┤ Script ├

M: cup 컵
  ① ball 공
  ② cat 고양이
  ③ sit 앉다
  ④ hi 안녕

들려주는 낱말의 첫소리인 [k]와 첫소리가 같은 것은 ② cat입니다.

2 ┤ Script ├

W: elephant 코끼리

elephant에 알맞은 그림은 ③ 코끼리입니다.
① cat 고양이
② dog 개
④ lion 사자

3 ┤ Script ├

M: ① eight 8
  ② two 2
  ③ six 6
  ④ ten 10

들려주는 낱말과 숫자가 일치하는 것은 ① eight입니다.
② three 3
③ four 4
④ nine 9

4 ┤ Script ├

W: ① jump 점프하다
  ② eat 먹다
  ③ skate 스케이트를 타다
  ④ ski 스키를 타다

스케이트를 타는 그림과 일치하는 낱말은 ③ skate입니다.

5 ┤ Script ├

M: ① egg 달걀
  ② tomato 토마토
  ③ cookie 쿠키
  ④ fish 생선

그림과 낱말이 일치하지 않는 것은 ④입니다.
④ 딸기 그림에 알맞은 낱말은 strawberry입니다.

6 ┤ Script ├

G: Bye, Minsu. 잘 가, 민수야.
B: Goodbye, Kate. 잘 가, 케이트.

헤어지는 인사를 나누고 있으므로 ④가 알맞습니다.

7 ┤ Script ├

G: Hi, my name is Julie. What's your name?
  안녕, 나는 줄리야. 네 이름은 무엇이니?
B: ① Bye, Julie. 잘 가, 줄리.
  ② I'm Jihun. 나는 지훈이야.
  ③ Open the window. 창문을 열어.
  ④ It's a lion. 그것은 사자야.

What's your name?은 상대방의 이름이 무엇인지 묻는 말이므로 자신의 이름을 말한 ②가 대답으로 알맞습니다. 자신의 이름을 말할 때는 「I'm+자기 이름.」 또는 「My name is+자기 이름.」으로 말합니다.

8 ┤ Script ├

B: Look! It's an apple. 봐! 사과야.
G: ① It's small. 작다.
  ② It's big. 크다.
  ③ It's tall. 키가 크다.
  ④ It's sunny. 화창해.

그림에서 사과의 크기가 작으므로 작다(small)고 말한 ①이 알맞습니다.

9 ┤ Script ├

W: ① Open the door, please.
문을 열어 주세요.
② Close the window, please.
창문을 닫아 주세요.
③ Stand up, please. 일어서 주세요.
④ Sit down, please. 앉아 주세요.

그림에서 여자아이가 자리에서 일어서고 있으므로 ③이 알맞습니다.

10 ┤ Script ├

B: ① Happy birthday! 생일 축하해!
② Is it a pig? 그것은 돼지니?
③ Goodbye. 잘 가.
④ That's okay. 괜찮아.

생일을 맞은 친구에게는 생일을 축하한다고 말하는 것이 자연스럽습니다.

11 ┤ Script ├

G: How's the weather? 날씨가 어떠니?
B: It's sunny. 화창해.

It's sunny.는 날씨가 화창하다는 것을 나타내므로 ②가 알맞습니다.

12 ┤ Script ├

① B: Do you like ice cream?
너는 아이스크림을 좋아하니?
G: Yes, I do. 응, 좋아해.
② B: Do you like ice cream?
너는 아이스크림을 좋아하니?
G: No, I don't. 아니, 좋아하지 않아.
③ B: How many oranges?
오렌지가 몇 개니?
G: Six oranges. 오렌지가 여섯 개야.
④ B: How many oranges?
오렌지가 몇 개니?
G: Five oranges. 오렌지가 다섯 개야.

그림 속 사물은 오렌지이고 여자 어린이가 숫자 5를 말하고 있으므로 오렌지의 개수를 묻고 답하는 ④가 알맞습니다.

13 ┤ Script ├

G: What's that? 저것은 무엇이니?
B: It's a notebook. 그것은 공책이야.

notebook은 '공책'을 나타내는 낱말입니다.

14 ┤ Script ├

B: Thank you. 고마워.
G: ① It's a bag. 그것은 가방이야.
② Yes, I can. 응, 할 수 있어.
③ You're welcome. 천만에.
④ No, I'm not. 아니, 그렇지 않아.

감사의 표현인 Thank you.에 대한 응답으로는 ③이 알맞습니다.

15 ┤ Script ├

B: Can you skate?
너는 스케이트를 탈 수 있니?
G: No, I can't. 아니, 못 타.
B: Can you swim? 너는 수영을 할 수 있니?
G: Yes, I can. 응, 할 수 있어.

수영을 할 수 있는지 묻는 말에 Yes, I can.이라고 대답했으므로 여자 어린이는 수영을 할 수 있습니다.

16 ┤ Script ├

G: Do you like salad?
너는 샐러드를 좋아하니?
B: No, I don't. I like bread.
아니, 그렇지 않아. 나는 빵을 좋아해.

남자 어린이는 빵을 좋아한다고 말했으므로 ④가 알맞습니다.

17 | Script |

B: Who is she? 그녀는 누구니?
G: She's my mom. 그녀는 우리 엄마셔.
B: Wow, she's tall. 와, 키가 크시다.

mom은 '엄마'를 나타내는 낱말입니다.

18 | Script |

G: I'm sorry, Dad. 죄송해요, 아빠.
M: ① It's big. 그것은 크다.
② It's a cat. 그것은 고양이야.
③ It's black. 그것은 검은색이야.
④ That's okay. 괜찮아.

사과하는 말 I'm sorry.에 대한 응답으로는 ④ That's okay.가 알맞습니다.

19 | Script |

G: I have a bike. 나는 자전거가 있어.
B: What color is it? 그것은 무슨 색깔이니?
G: It's green. 초록색이야.

It's green.이라고 말했으므로 여자 어린이의 자전거는 초록색입니다.

20 | Script |

B: How old are you, Sujin?
수진아, 너는 몇 살이니?
G: I'm seven years old. How old are you, Tony?
나는 일곱 살이야. 너는 몇 살이니, 토니?
B: I'm ten years old. 나는 열 살이야.

수진이는 I'm seven years old.라고 말했고 토니는 I'm ten years old.라고 말했으므로 수진이는 일곱 살, 토니는 열 살입니다.

21 | Script |

① B: What's this? 이것은 무엇이니?
G: No, I don't. 아니, 그렇지 않아.
② B: What's this? 이것은 무엇이니?
G: I'm Mina. 나는 미나야.
③ B: Do you have a pencil?
너는 연필이 있니?
G: Yes, I do. 응, 그래.
④ B: Do you have a pencil?
너는 연필이 있니?
G: You're welcome. 천만에.

연필을 가지고 있는지 묻는 질문에 Yes, I do.라고 대답한 ③이 자연스럽습니다.

22 대문자와 소문자가 바르게 짝 지어진 것은 ③ H − h입니다.
① A − a
② C − c
④ Q − q

23 노란색 색깔 그림에 알맞은 낱말은 ② yellow 입니다.
① 초록색 ② 노란색 ③ 빨간색 ④ 파란색

24 dog는 '개'입니다.
① bear ② cat ③ monkey

25 RULER를 소문자로 바르게 고쳐 쓴 것은 ① ruler입니다.

국어

문항 번호	학년 – 학기 – 교과서	평가 요소	내용 영역					정답
			듣·말	읽기	쓰기	문법	문학	
1	3 – 1 – 가	감각적으로 표현한 대상 찾기					○	③
2	3 – 1 – 가	이야기에 나타난 감각적 표현 알기					○	③
3	3 – 1 – 가	중심 문장과 뒷받침 문장 알기		○				②
4	3 – 1 – 가	높임 표현에 맞게 고쳐 쓰기				○		④
5	3 – 1 – 가	인물에게 일어난 일 파악하기		○				③
6	3 – 1 – 가	인물의 마음 짐작하기		○				④
7	3 – 1 – 가	내용을 간추리며 듣기	○					④
8	3 – 1 – 가	중요한 내용이 드러나게 메모하기			○			④
9	3 – 1 – 나	글의 내용 파악하기		○				②
10	3 – 1 – 나	원인과 결과 알기		○				③
11	3 – 1 – 나	낱말의 종류 알기				○		①
12	3 – 1 – 나	글쓴이의 의견 파악하기		○				②
13	3 – 1 – 나	낱말의 뜻 짐작하기		○				④
14	3 – 2 – 가	인물에게 알맞은 표정, 몸짓, 말투 떠올리기	○					④
15	3 – 2 – 가	인물의 성격 파악하기					○	②
16	3 – 2 – 가	글에서 설명한 내용 파악하기		○				②
17	3 – 2 – 가	제목을 보고 글쓴이의 생각 짐작하기		○				③
18	3 – 2 – 가	자신의 경험에서 인상 깊은 일을 글로 쓰기			○			④
19	3 – 2 – 가	말하는 이의 상황 파악하기					○	④
20	3 – 2 – 가	시에 나타난 감각적 표현 찾기					○	④
21	3 – 2 – 나	전화할 때의 바른 대화 예절 알기	○					③
22	3 – 2 – 나	인물의 마음을 나타내는 말 찾기		○				②
23	3 – 2 – 나	독서 감상문의 특성 알기			○			①
24	3 – 2 – 나	낱말의 기본형 알기				○		③
25	3 – 2 – 나	글의 흐름을 알려 주는 말 찾기		○				④

풀이

1 배에서 나는 음악 소리를 흉내 내는 말로 표현하였습니다.

2 '바삭! 바삭!', '툭툭! 바스락!', '짭조름하고 고소한 냄새'는 모두 아이들이 던진 '무언가'의 소리나 냄새, 맛에 대해 감각적으로 표현한 것입니다. '뿌우우우우웅!'은 뱃고동 소리를 흉내 내는 말로 표현한 것입니다.

3 ㉠, ㉢은 문단의 내용을 대표하는 중심 문장이고, ㉡, ㉣은 각 문단의 중심 문장을 뒷받침하는 뒷받침 문장입니다.

4 '할머니'는 웃어른이므로 '물어보다'의 높임 표현인 '여쭈어보다'를 써서 말해야 합니다.

5 민서의 머리핀을 민주가 꽂고 갔습니다.

6 민서는 자신이 아끼는 머리핀을 동생이 꽂고 가서 화가 났고, 동생 편만 드는 어머니께 속상하고 서운한 마음이 들었습니다.

7 '이야기 속으로'에서는 옛이야기에 나오는 여러 가지 체험활동을 할 수 있습니다.

8 '이야기 세상'에서는 옛이야기와 관련된 조상의 생활 모습과 옛이야기 속 과학 지식을 알아볼 수 있습니다.

9 승호가 발견한 것은 잘 날지 못하는 아기 참새였습니다.

10 승호가 발견한 아기 참새를 잘 날 수 있을 때까지 교실에서 키우기로 하였습니다.

11 '동생'은 형태가 바뀌지 않는 낱말입니다. '먹다, 웃다, 달리다'는 형태가 바뀌는 낱말 중 움직임을 나타내는 낱말입니다.

12 글쓴이는 운동하는 습관을 기르자고 말하고 있습니다.

13 '닳다'는 '갈리거나 오래 쓰여서 어떤 물건이 낡아지거나, 그 물건의 길이, 두께, 크기 등이 줄어들다.'라는 뜻입니다.

14 이름을 묻는 부벨라의 말에 어이없다는 듯이 되묻는 말이므로 지렁이의 말에는 크고 높은 목소리가 어울립니다.

15 지렁이는 자신보다 덩치가 큰 부벨라를 보고도 겁먹지 않고, 부벨라에게도 당당한 말투로 자신의 생각을 말했습니다.

16 갯벌의 바닷물은 농작물을 키우는 데 쓸 수 없습니다.

17 갯벌을 보존하면 좋은 점이 많기 때문에 보존해야 할 까닭이 있음을 강조하려는 글입니다.

18 생각이나 느낌을 나타내는 말이 쓰인 표현은 ④입니다.

19 감기약을 먹고 몹시 졸린 상태를 "까무룩, / 잠꾸러기도 들어왔다."라고 표현하였습니다.

20 '들어왔다'는 사물에 대한 느낌을 더 실감 나게 느끼게 해 주는 표현이 아닙니다.

21 지원이는 전화를 걸고서 자신이 누구인지 밝히지 않아 전화 예절을 지키지 않았습니다.

22 규리는 리코더 연주 방법을 민호에게 가르쳐 주게 되어 기쁘고 뿌듯했을 것입니다.

23 이 글은 글쓴이가 『바위나리와 아기별』이라는 책을 읽고 쓴 독서 감상문입니다. 독서 감상문에는 책 내용 중 중요한 부분을 간단히 소개하고 책을 읽고 난 뒤에 든 생각이나 느낌을 씁니다.

24 형태가 바뀌지 않는 부분 '간호하'에 '-다'를 붙입니다.

25 차례를 나타내는 말은 '첫 번째, 두 번째, 먼저, 다음으로' 등과 같은 말입니다.

문항 번호	학년 – 학기 – 단원	평가 요소	내용 영역			정답
			지리	역사	일반 사회	
1	3 – 1 – 1	고장의 모습을 그린 그림 비교하기	○			③
2	3 – 1 – 1	사람마다 그리는 고장의 모습이 다른 이유 알기	○			③
3	3 – 1 – 1	사진을 찍는 위치에 따라 다른 장소의 모습 알기	○			④
4	3 – 1 – 1	디지털 영상 지도의 뜻 알기	○			④
5	3 – 1 – 2	장승배기와 관련된 옛이야기 알기		○		②
6	3 – 1 – 2	제주도와 관련된 옛이야기 알기		○		③
7	3 – 1 – 2	유형 문화유산과 무형 문화유산 알기		○		①
8	3 – 1 – 2	문화유산을 소개하는 자료에 들어갈 내용 알기		○		①
9	3 – 1 – 3	옛날의 교통수단 알기			○	②
10	3 – 1 – 3	지프 택시에 대해 알기			○	④
11	3 – 1 – 3	옛날의 통신 수단 알기			○	①
12	3 – 1 – 3	오늘날 통신 수단의 이용 모습 알기			○	③
13	3 – 2 – 1	계절별 기온과 강수량 그래프 알기			○	②
14	3 – 2 – 1	바다가 있는 고장에 사는 사람들이 하는 일 알기			○	①
15	3 – 2 – 1	사막 지역의 의생활 모습 알기			○	①
16	3 – 2 – 1	너와집 알기			○	③
17	3 – 2 – 2	구석기 시대의 주생활 모습 알기		○		①
18	3 – 2 – 2	땅을 가는 도구의 발달 과정 알기		○		①
19	3 – 2 – 2	세시 풍속의 뜻 알기		○		④
20	3 – 2 – 2	단오에 행하는 풍속 알기		○		②
21	3 – 2 – 2	추석에 행하는 풍속 알기		○		①
22	3 – 2 – 3	옛날의 결혼식 모습 알기			○	③
23	3 – 2 – 3	옛날 가족의 생활 모습 알기			○	①
24	3 – 2 – 3	다양한 가족의 형태 알기			○	②
25	3 – 2 – 3	다양한 가족의 모습에 대한 바른 생각 알기			○	①

풀이

1 서윤이의 그림에는 두봉천과 모수천이 있지만, 형석이의 그림에는 없습니다.

2 같은 고장을 그린 그림이라도 사람마다 보고 듣는 것뿐만 아니라 표현하는 방법도 달라 차이점이 있습니다.

3 같은 장소라도 사진을 찍는 위치에 따라 그 모습이 다르게 보입니다.

4 디지털 영상 지도는 항공 사진이나 인공위성 사진을 지도 형식으로 바꾸고, 컴퓨터 등 다양한 기기에서 이용할 수 있도록 디지털 정보로 표현한 지도입니다.

5 옛이야기로 옛날 사람들의 생활 모습이나 자연환경을 알 수 있습니다.

6 한라산은 제주도에 있는 산이고, 백록담은 한라산 봉우리에 있는 호수입니다.

7 우리 조상 대대로 전해 내려온 문화 중에서 다음 세대에 물려줄 만한 가치가 있는 것을 문화유산이라고 합니다.

8 문화유산을 소개하는 자료에는 문화유산의 이름, 소개할 내용, 문화유산의 사진 등이 들어갑니다.

9 옛날에 땅에서 이용한 교통수단에는 말, 가마, 소달구지 등이 있습니다.

10 울릉도는 길이 가파르고 겨울에 눈이 많이 와서 눈길을 잘 다니고 안전한 지프 택시를 이용합니다.

11 옛날 사람들은 전쟁이 나면 북이나 봉수 등과 같은 통신 수단을 이용했으며 이러한 방법으로 많은 사람에게 신속하게 소식을 알렸습니다.

12 사람이 직접 걸어가거나 말을 타고 가서 소식을 전하는 것은 옛날 통신 수단의 이용 모습입니다.

13 우리나라는 여름에는 기온이 높아 덥고 비가 많이 오며, 겨울에는 기온이 낮아 춥고 눈이 내리기도 합니다.

14 바다가 있는 고장에서는 사람들이 물고기를 잡거나 김과 미역을 기르는 일을 합니다.

15 사우디아라비아에서는 사막의 뜨거운 햇볕과 모래바람을 막기 위해 긴 옷을 입고 머리에는 천을 둘러 감습니다.

16 산간 지역에서는 집의 지붕을 얹기 위해 주변에서 쉽게 구할 수 있는 나무를 사용했습니다.

17 돌을 깨뜨려 도구를 만들던 시대의 사람들은 주로 동굴이나 바위 그늘에서 살았습니다.

18 땅을 가는 도구는 '돌괭이 ➡ 철로 만든 괭이 ➡ 쟁기 ➡ 트랙터'의 순으로 발달했습니다.

19 세시 풍속은 해마다 일정한 시기에 되풀이하여 행해 온 고유의 풍속을 말합니다.

20 단오에는 여름을 시원하게 지내라는 의미로 서로 부채를 주고받았으며, 그네뛰기와 씨름 등 다양한 놀이를 했습니다.

21 추석에는 한 해 동안 농사지은 곡식과 과일을 수확하고 조상들께 감사의 의미로 차례를 지내고 성묘를 했습니다.

22 어른들은 신랑과 신부가 자식을 많이 낳고 부자가 되기를 바라는 마음을 담아 대추와 밤을 던졌습니다.

23 옛날에는 집안일은 주로 여자가 하고 바깥일은 주로 남자가 하는 등 가족 구성원의 역할이 구분되어 있었습니다.

24 다문화 가족은 자녀가 어머니 나라와 아버지 나라의 서로 다른 문화와 말을 이해하고 배우면서 자랄 수 있는 장점이 있습니다.

25 각 가족의 다른 모습을 잘못되었다고 생각하지 않고 다름을 존중해야 합니다.

수학

문항 번호	학년 – 학기 – 단원	평가 요소	내용 영역				정답
			수와 연산	도형	측정	자료와 가능성	
1	3-1-2	반직선 알아보기		○			③
2	3-2-3	원의 반지름 알아보기		○			①
3	3-2-1	(몇십몇)×(몇십몇) 계산하기	○				③
4	3-1-5	시각 읽기			○		③
5	3-1-5	1 km=1000 m의 관계 이해하기			○		④
6	3-1-1	받아내림이 있는 세 자리 수의 뺄셈하기	○				①
7	3-2-1	(세 자리 수)×(한 자리 수) 계산하기	○				②
8	3-2-5	1000 g=1 kg의 관계 이해하기			○		③
9	3-2-2	(몇십몇)÷(몇) 계산하기	○				④
10	3-2-5	들이의 뺄셈하기			○		③
11	3-2-4	분수로 나타내기	○				②
12	3-2-6	자료를 수집하여 표로 나타내기				○	②
13	3-1-2	직각 알아보기		○			③
14	3-1-6	cm와 mm의 관계를 이용하여 소수 이해하기	○				④
15	3-1-4	(몇십)×(몇) 계산하기	○				①
16	3-2-6	그림그래프로 나타내기				○	③
17	3-2-6	그림그래프 해석하기				○	②
18	3-2-4	분수의 크기 비교하기	○				④
19	3-2-2	나머지와 나누는 수의 관계 이해하기	○				①
20	3-2-3	한 원에서 원의 반지름 알아보기		○			④
21	3-2-3	원을 이용한 모양을 보고 그리는 방법 알아보기		○			②
22	3-1-6	단위분수의 크기 비교하기	○				④
23	3-1-3	곱셈과 나눗셈의 관계를 이용하여 나누어지는 수 구하기	○				③
24	3-1-4	(몇십몇)×(몇) 계산하기	○				②
25	3-2-5	무게의 뺄셈하기			○		③

풀이

1 점 ㄹ에서 시작하여 점 ㄷ을 지나는 반직선이므로 반직선 ㄹㄷ으로 읽습니다.

2 원의 중심인 점 ㅇ과 원 위의 한 점 ㄱ을 이은 선분 ㄱㅇ이 원의 반지름입니다.

5 7 km 700 m = 7 km + 700 m
$$= 7000 \text{ m} + 700 \text{ m}$$
$$= 7700 \text{ m}$$

8 1600 g과 1700 g 사이에 작은 눈금이 10칸이므로 작은 눈금 1칸은 10 g입니다.
저울의 눈금이 1600 g에서 작은 눈금 5칸 더 간 곳을 가리키므로 1650 g입니다.
따라서 멜론의 무게는
1650 g = 1000 g + 650 g
$$= 1 \text{ kg} + 650 \text{ g} = 1 \text{ kg } 650 \text{ g입니다.}$$

10 L는 L끼리, mL는 mL끼리 계산합니다.
$$\begin{array}{r} 17 \text{ L} \ \ 400 \text{ mL} \\ - \ 13 \text{ L} \ \ 200 \text{ mL} \\ \hline 4 \text{ L} \ \ 200 \text{ mL} \end{array}$$

11 20을 4씩 묶으면 5묶음이 됩니다.
8은 5묶음 중 2묶음이므로 20의 $\frac{2}{5}$입니다.

13
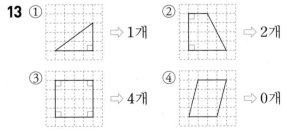
① ⇨ 1개 ② ⇨ 2개
③ ⇨ 4개 ④ ⇨ 0개

14 ④ 3.3 cm = 33 mm

16 기쁨 과수원의 사과나무가 26그루이므로
🌳 은 2개, 🌳 은 6개 그려야 합니다.

17 큰 그림이 가장 많은 으뜸 과수원의 사과나무가 가장 많습니다.

18 ①
$$\overset{7<8}{\frac{7}{6} < \frac{8}{6}} \qquad ② \overset{3>2}{3\frac{1}{5} > 2\frac{4}{5}}$$

③ $2\frac{1}{3} = \frac{7}{3}$, $\overset{7>5}{\frac{7}{3} > \frac{5}{3}}$

④ $\frac{9}{4} = 2\frac{1}{4}$, $\overset{1<2}{2\frac{1}{4} < 2\frac{2}{4}}$

19 나머지는 나누는 수보다 작아야 하므로 나머지가 6이 되려면 나누는 수가 6보다 커야 합니다.

20
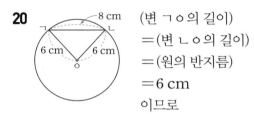
(변 ㄱㅇ의 길이)
= (변 ㄴㅇ의 길이)
= (원의 반지름)
= 6 cm
이므로
(삼각형 ㄱㅇㄴ의 세 변의 길이의 합)
= 6 + 6 + 8 = 20 (cm)입니다.

21
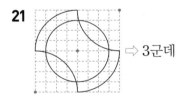
⇨ 3군데

22 분자가 1인 분수는 분모가 작을수록 크므로
$\frac{1}{2} > \boxed{\frac{1}{3}} > \frac{1}{4} > \frac{1}{6} > \frac{1}{8}$입니다.

23 어떤 수를 □라 하면 □ ÷ 8 = 5, □ = 5 × 8입니다. 따라서 □ = 40입니다.

24 3 × 4 = 12이므로 10을 십의 자리로 올림합니다.
□와 4의 곱에 1을 더하여 9가 되는 경우는
2 × 4 = 8, 8 + 1 = 9이므로 □ = 2입니다.

25 책 2권의 무게는 200 g + 200 g = 400 g입니다.
처음 잰 가방의 무게에서 책 2권의 무게를 빼면
1 kg 300 g − 400 g
= 1300 g − 400 g = 900 g입니다.

문항 번호	학년 – 학기 – 단원	평가 요소	내용 영역				정답
			운동과 에너지	물질	생명	지구와 우주	
1	3–1–4	자석에서 클립이 많이 붙는 부분 알기	○				④
2	3–1–4	자석을 다른 자석에 가까이 가져갈 때 나타나는 현상 알기	○				④
3	3–1–4	자석 주위에 놓인 나침반 바늘의 움직임 알기	○				②
4	3–2–5	우리 생활에서 작은 소리를 낼 때의 예 알기	○				③
5	3–2–5	액체 속에서의 소리의 전달 알기	○				②
6	3–2–5	소리가 잘 전달되지 않는 물질을 이용하여 소음을 줄이는 예 알기	○				④
7	3–1–2	여러 가지 물질의 성질 알기		○			②
8	3–1–2	서로 다른 물질을 섞었을 때의 물질의 성질 알기		○			③
9	3–1–2	연필꽂이의 각 부분에 사용한 물질의 성질 알기		○			③
10	3–2–4	고체의 성질 알기		○			④
11	3–2–4	우리 주변의 공기를 확인하는 활동 알기		○			④
12	3–2–4	공기의 성질 알기		○			④
13	3–2–4	공기의 성질 알기		○			①
14	3–1–3	배추흰나비의 번데기 단계의 특징 알기			○		②
15	3–1–3	완전 탈바꿈을 하는 곤충의 예 알기			○		④
16	3–1–3	갓 태어난 강아지와 다 자란 개의 특징 알기			○		③
17	3–2–2	동물을 특징에 따라 분류하기			○		③
18	3–2–2	땅에 사는 동물의 특징 알기			○		②
19	3–2–2	사막에서 사는 동물의 특징 알기			○		④
20	3–1–5	지구의 육지와 바다의 특징 알기				○	③
21	3–1–5	마젤란 탐험대가 세계 일주를 한 뱃길 알기				○	①
22	3–1–5	달의 모습 알기				○	②
23	3–2–3	운동장 흙과 화단 흙의 특징 알기				○	②
24	3–2–3	흐르는 물에 의한 지표의 모습 변화 관찰하기				○	④
25	3–2–3	강 주변의 모습 알기				○	④

풀이

1 자석에서 철로 된 물체가 많이 붙는 부분을 자석의 극이라고 하고, 막대자석의 극은 양쪽 끝부분에 있습니다.

2 두 개의 막대자석 사이에 끌어당기는 힘이 작용하므로 ㉠과 ㉡은 서로 다른 극임을 알 수 있습니다.

3 막대자석 주위에 나침반 바늘을 놓으면 나침반 바늘은 모두 자석의 극을 가리키는데, 막대자석의 S극 쪽으로는 나침반 바늘의 N극이 향합니다.

4 우리 생활에서 작은 소리를 낼 때는 피아노로 조용한 곡을 연주할 때입니다.

5 플라스틱 관이 스피커에 가까워질수록 소리가 더 크게 전달됩니다.

6 음악실에서 발생하는 소리가 다른 곳으로 잘 전달되지 않게 하기 위해 음악실 벽에 소리가 잘 전달되지 않는 물질을 붙입니다.

7 쉽게 구부러지고, 늘어났다가 다시 돌아오는 것은 고무의 성질입니다.

8 물과 붕사를 섞으면 물이 뿌옇게 흐려지고, 여기에 폴리비닐 알코올을 섞으면 서로 엉기고 알갱이가 점점 커집니다.

9 플라스틱으로 된 페트병은 가볍고 투명합니다.

10 플라스틱 막대와 책은 고체 물질이므로, 담는 그릇이 바뀌어도 부피가 변하지 않습니다.

11 부풀린 풍선을 얼굴에 대고 입구를 열면 풍선 속 공기가 빠져나오면서 머리카락이 날립니다. 물속에서 플라스틱병을 누르거나 주사기 피스톤을 밀면 플라스틱병 입구와 주사기의 끝에서 공기 방울이 생겨 위로 올라옵니다.

12 주사기 피스톤을 밀거나 당기면 주사기와 비닐관 안에 들어 있는 공기가 이동하기 때문에 코끼리 나팔이 움직입니다.

13 공기는 무게가 있기 때문에 페트병에 공기를 많이 넣을수록 무거워집니다.

14 배추흰나비의 번데기는 여러 개의 마디가 있고, 자라지 않습니다. 번데기는 움직이지 않고 먹이도 먹지 않습니다.

15 사슴벌레의 한살이 과정은 '알 → 애벌레 → 번데기 → 어른벌레'입니다.

16 갓 태어난 강아지와 다 자란 개의 코는 털이 없고 촉촉합니다.

17 잠자리, 달팽이, 개미는 모두 더듬이가 있습니다. 잠자리와 개미는 다리가 여섯 개인 곤충이고, 달팽이는 곤충이 아니며 다리가 없습니다. 잠자리와 개미는 다른 동물을 먹고, 달팽이는 다른 동물을 먹지 않습니다.

18 지렁이는 몸이 고리 모양의 마디로 되어 있으며, 땅속을 기어다닙니다. 또 몸이 길고 원통 모양이며, 피부가 매끄럽습니다.

19 앞다리로 땅을 잘 팔 수 있는 것은 사막 거북의 특징입니다.

20 육지 칸과 바다 칸의 수를 세어 비교하면 육지와 바다의 넓이를 비교할 수 있습니다.

21 마젤란 탐험대는 출발하여 '㉠ → ㉡ → ㉢ → ㉣ → ㉢'을 거쳐 출발한 곳에 다시 돌아왔습니다.

22 달 표면에 어둡게 보이는 부분을 '달의 바다'라고 합니다.

23 흙의 종류는 다르게 해야 할 조건입니다.

24 색 모래를 사용하면 물에 의해 흙이 어떻게 이동하는지 쉽게 볼 수 있습니다.

25 ㉠은 강 하류로, 침식 작용보다 퇴적 작용이 활발하게 일어납니다.

영어

문항 번호	평가 요소	내용 영역			정답
		듣기	읽기	쓰기	
1	첫소리가 같은 낱말 찾기	○			④
2	사물을 나타내는 낱말 이해하기	○			②
3	인사하는 표현 이해하기	○			①
4	수를 나타내는 낱말 이해하기	○			④
5	행동을 나타내는 낱말 이해하기	○			③
6	음식을 나타내는 낱말 이해하기	○			①
7	자기를 소개하는 표현 이해하기	○			②
8	크기를 나타내는 표현 이해하기	○			③
9	지시하는 표현 이해하기	○			②
10	물건을 주고받을 때 사용하는 표현 이해하기	○			①
11	날씨를 나타내는 표현 이해하기	○			④
12	수를 묻고 답하는 표현 이해하기	○			③
13	할 수 있는 것을 묻고 답하는 표현 이해하기	○			②
14	색깔을 묻고 답하는 표현 이해하기	○			①
15	사물을 묻고 답하는 표현 이해하기	○			④
16	좋아하는 것을 묻고 답하는 표현 이해하기	○			④
17	누구인지 묻고 답하는 표현 이해하기	○			③
18	감사하고 응답하는 표현 이해하기	○			①
19	나이를 묻고 답하는 표현 이해하기	○			③
20	소유를 묻고 답하는 표현 이해하기	○			②
21	사과하고 응답하는 표현 이해하기	○			①
22	알파벳 인쇄체 대·소문자 식별하기		○		③
23	음식을 나타내는 낱말 읽고 의미 이해하기		○		④
24	사물을 나타내는 낱말 읽고 의미 이해하기		○		②
25	알파벳 인쇄체 소문자 쓰기			○	①

1 ┤ Script ├

W: ① egg 달걀 – orange 오렌지
② egg 달걀 – eraser 지우개
③ egg 달걀 – eat 먹다
④ egg 달걀 – elephant 코끼리

첫소리가 같은 낱말은 [e] 소리가 나는 ④ egg
– elephant입니다.

2 ┤ Script ├

M: ① ball 공
② cap 모자
③ bag 가방
④ ruler 자

그림과 낱말이 일치하는 것은 ② cap입니다.
① bag   ③ ruler   ④ ball

3 ┤ Script ├

① G: Hello, Sam. 안녕, 샘.
   B: Hi, Yumi. 안녕, 유미.
② G: Bye, Sam. 잘 가, 샘.
   B: Goodbye, Yumi. 잘 가, 유미.
③ G: What's this? 이것은 무엇이니?
   B: It's a book. 그것은 책이야.
④ G: What's this? 이것은 무엇이니?
   B: It's a cup. 그것은 컵이야.

두 친구가 교실에서 만나 인사하는 모습이므로
①이 알맞습니다.

4 ┤ Script ├

W: ① seven 7
② six 6
③ two 2
④ one 1

숫자와 낱말이 일치하지 않는 것은 ④입니다.
④ ten 10

5 ┤ Script ├

M: jump 점프하다

들려주는 낱말과 일치하는 것은 ③ 점프하는 그
림입니다.
① come 오다   ② go 가다   ④ eat 먹다

6 ┤ Script ├

W: ① pizza 피자
② cheese 치즈
③ ice cream 아이스크림
④ cake 케이크

피자 그림과 일치하는 낱말은 ① pizza입니다.

7 ┤ Script ├

① B: Hello, I'm Jimin.
   안녕, 나는 지민이야.
   G: Goodbye, Jimin. 잘 가, 지민아.
② B: Hello, I'm Jimin.
   안녕, 나는 지민이야.
   G: Hi, Jimin. My name is Kate.
   지민아, 안녕. 내 이름은 케이트야.
③ B: Is it a bear? 그것은 곰이니?
   G: Yes, I am. 응, 그래.
④ B: Is it a bear? 그것은 곰이니?
   G: No, I can't. 아니, 나는 못 해.

이름을 말하며 자기소개를 하는 ②가 자연스럽
습니다.

8 ┤ Script ├

G: Look! It's a bear. 봐! 곰이야.
B: Wow, it's big. 와, 크다.

대화에 나온 동물은 곰이고, 크다고 말하고 있
으므로 큰 곰에 표시한 ③이 알맞습니다.

9

┤ Script ├

① G: Open the box, please.
   상자를 열어 줘.
B: Okay. 그래.

② G: Open the door, please. 문을 열어 줘.
B: Okay. 그래.

③ G: What's this? 이것은 무엇이니?
B: It's a box. 그것은 상자야.

④ G: What's this? 이것은 무엇이니?
B: It's a cup. 그것은 컵이야.

그림에서 여자 어린이가 남자 어린이에게 문을 열어 달라고 말하고 있으므로 ②가 알맞습니다.

10

┤ Script ├

G: ① Here you are. 여기 있어.
   ② Bye, Jake. 잘 가, 제이크.
   ③ It's a cat. 그것은 고양이야.
   ④ Five oranges. 오렌지가 다섯 개야.

물건을 건네줄 때는 Here you are.라고 말하는 것이 자연스럽습니다.

11

┤ Script ├

W: ① It's raining. 비가 와.
   ② It's sunny. 화창해.
   ③ It's snowing. 눈이 와.
   ④ It's windy. 바람이 불어.

그림과 날씨가 일치하는 것은 ④입니다.
① It's sunny.   ② It's snowing.
③ It's raining.

12

┤ Script ├

B: How many apples? 사과가 몇 개니?
G: ① I like apples. 나는 사과를 좋아해.
   ② I like oranges. 나는 오렌지를 좋아해.
   ③ Three apples. 사과가 세 개야.
   ④ Three oranges. 오렌지가 세 개야.

How many apples?는 사과의 개수를 묻는 말이고, 그림에 사과가 세 개 있으므로 ③ Three apples.가 알맞습니다.

13

┤ Script ├

G: Can you sing, Minsu?
   민수야, 너는 노래할 수 있니?
B: Yes, I can. Can you dance, Lisa?
   응, 할 수 있어. 너는 춤출 수 있니, 리사?
G: No, I can't. I can jump.
   아니, 못 춰. 나는 점프할 수 있어.

노래할 수 있는지 묻는 질문에 민수는 Yes, I can.이라고 대답했고, 리사는 I can jump.라고 말했으므로 민수는 노래를 할 수 있고 리사는 점프를 할 수 있습니다.

14

┤ Script ├

B: What color is it?
   그것은 무슨 색깔이니?
G: ① It's yellow. 그것은 노란색이야.
   ② It's red. 그것은 빨간색이야.
   ③ It's a fish. 그것은 물고기야.
   ④ It's a ruler. 그것은 자야.

남자 어린이가 색깔을 묻고 있고 어항 속의 물고기는 노란색이므로 ① It's yellow.가 알맞습니다.

15

┤ Script ├

G: What's that? 저것은 무엇이니?
B: It's a kangaroo. 그것은 캥거루야.

What's that?은 멀리 있는 것이 무엇인지 묻는 말이고 캥거루라고 대답했으므로 ④가 알맞습니다.

16 ┤ Script ├

B: Mom, do you like bananas?
　　엄마, 바나나를 좋아하세요?

W: No, I don't. I like oranges.
　　아니, 좋아하지 않아. 나는 오렌지를 좋아해.

I like oranges.를 통해 엄마는 오렌지를 좋아
한다는 것을 알 수 있습니다.

17 ┤ Script ├

B: Who is she? 그녀는 누구니?

G: She's my sister.
　　그녀는 나의 여동생이야.

B: She's cute. 귀엽다.

sister는 여자형제를 나타내는 말입니다.

18 ┤ Script ├

① G: Thank you, Dad. 아빠, 감사합니다.
　　M: You're welcome. 천만에.
② G: I'm sorry, Dad. 죄송해요, 아빠.
　　M: That's okay. 괜찮아.
③ G: Dad, here you are. 아빠, 여기 있어요.
　　M: Thank you. 고맙다.
④ G: Happy birthday, Dad!
　　　생신 축하드려요, 아빠!
　　M: Thank you. 고맙다.

그림에서 아빠가 딸에게 음식을 만들어 주었으
므로 감사를 표현하고 이에 응답하는 대화가
자연스럽습니다.

19 ┤ Script ├

B: I'm nine years old. How old are you?
　　나는 아홉 살이야. 너는 몇 살이니?

G: ① Ten lions. 사자가 열 마리야.
　　② Ten dogs. 개가 열 마리야.
　　③ I'm ten years old. 나는 열 살이야.
　　④ I'm Sumi. 나는 수미야.

How old are you?는 나이를 묻는 말이므로
자신의 나이를 말하는 ③이 알맞습니다.

20 ┤ Script ├

G: Do you have a pencil?
　　너는 연필이 있니?

B: No, I don't. 아니, 없어.

G: Do you have an eraser?
　　너는 지우개가 있니?

B: Yes, I do. 응, 있어.

연필을 가지고 있는지 묻는 질문에는 No, I
don't.라고 대답했고 지우개를 가지고 있는지
묻는 질문에는 Yes, I do.라고 대답했으므로 남
자 어린이가 가지고 있는 것은 지우개입니다.

21 ┤ Script ├

① B: I'm sorry. 미안해.
　　G: That's okay. 괜찮아.
② B: I'm sorry. 미안해.
　　G: You're welcome. 천만에.
③ B: Who is he? 그는 누구니?
　　G: It's small. 그것은 작아.
④ B: Who is he? 그는 누구니?
　　G: That's okay. 괜찮아.

미안하다는 말에 That's okay.로 응답한 ①이
자연스럽습니다.

22 대문자와 소문자가 바르게 짝 지어지지 않은
것은 ③ F – g입니다. F의 소문자는 f입니다.

23 감자 그림에 알맞은 낱말은 ④ potato입니다.
① 토마토　② 오렌지　③ 바나나　④ 감자

24 scissors는 '가위'입니다.
① glue stick　③ ruler　④ bag

25 BROTHER를 소문자로 바르게 고쳐 쓴 것은
① brother입니다.

실전 모의평가

문항 번호	학년 - 학기 - 교과서	평가 요소	내용 영역					정답
			듣·말	읽기	쓰기	문법	문학	
1	3-1-가	시의 내용 파악하기		○				①
2	3-1-가	감각적 표현을 감상하며 읽기					○	①
3	3-1-가	설명하는 대상을 파악하며 읽기		○				①
4	3-1-가	높임 표현에 주의하며 말하기	○					②
5	3-1-가	상황에 알맞은 높임 표현 알기				○		④
6	3-1-가	마음을 전하는 편지 쓰기			○			④
7	3-1-가	글의 내용 파악하기		○				③
8	3-1-가	중요한 내용을 메모하며 듣기	○					④
9	3-1-나	사건의 원인 파악하기		○				①
10	3-1-나	글의 원인과 결과를 파악하며 읽기		○				②
11	3-1-나	형태가 바뀌지 않는 낱말 구분하기				○		②
12	3-1-나	알맞은 의견 떠올리기	○					④
13	3-1-나	낱말의 뜻을 짐작하며 읽기		○				②
14	3-2-가	표정과 몸짓에 주의하며 만화 영화 감상하기	○					①
15	3-2-가	비언어적 표현으로 인물의 마음 추론하기					○	④
16	3-2-가	관련된 지식이나 경험을 떠올리며 읽기		○				③
17	3-2-가	바르게 띄어쓰기				○		②
18	3-2-가	흉내 내는 말 구분하기					○	④
19	3-2-가	시적 의미를 파악하며 읽기					○	②
20	3-2-나	공공장소에서 바른 자세로 말하기	○					④
21	3-2-나	겪은 일을 글로 쓰기			○			③
22	3-2-나	글을 쓰게 된 까닭 파악하기			○			②
23	3-2-나	독서 감상문의 내용 요소 정리하기			○			④
24	3-2-나	시간의 흐름에 따라 글 쓰기			○			①
25	3-2-나	인물의 성격과 상황에 어울리는 목소리로 읽기					○	③

풀이

1 이틀째 앓아누워 학교를 못 갔다고 하였습니다.

2 공 튀는 소리를 흉내 내는 말입니다.

3 글 (가)에서는 장승의 구실, 글 (나)에서는 장승의 생김새를 설명하고 있습니다.

4 듣는 사람이 같은 또래의 친구들이어도 여러 사람 앞에서는 높임 표현을 사용합니다.

5 다른 대상이 듣는 사람보다 웃어른일 때 다른 대상에 대해 높임 표현을 사용합니다.

6 '축하드려요'와 같은 마음을 나타내는 말을 사용하였습니다.

7 우리 조상은 제비를 복과 재물을 가져다주는 좋은 새라고 여겼습니다.

8 너무 간추려서 중요한 내용이 잘 나타나지 않습니다.

9 승호와 친구들은 아기 참새가 날 수 있을 때까지 교실에서 키우기로 하였습니다.

10 승호는 교실에 혼자 남은 참새가 걱정이 되어 저녁에 교실로 갔습니다.

11 '학교'가 형태가 바뀌지 않는 낱말입니다.

12 문단의 중심 문장과 글쓴이가 글을 쓴 목적을 살펴보면 의견을 파악할 수 있습니다.

13 앞뒤 내용을 보고 낱말의 뜻을 짐작하여 봅니다.

14 죄송한 마음이 잘 드러난 표정을 찾아봅니다. ②, ④에는 기쁜 표정, ③에는 궁금한 표정이 나타나 있습니다.

15 표정과 몸짓을 보고 마음을 짐작하여 봅니다. 찡그린 눈, 크게 벌린 입, 위아래로 휘두르는 팔 등으로 보아 매우 속상해하고 있다는 것을 짐작할 수 있습니다.

16 글의 내용과 관련 있는 경험을 떠올려 보면 내용을 더 쉽게 이해할 수 있습니다.

17 낱말과 낱말 사이는 띄어 쓰고 수를 나타내는 말과 단위를 나타내는 말 사이는 띄어 씁니다.

18 '굼질굼질'이 느리게 조금씩 움직이는 모습을 흉내 내는 말입니다.

19 모래의 움직임을 지구가 대답하는 것으로 생각하였습니다.

20 공공장소에서는 작은 목소리로 말해야 하는데 남자아이가 큰 목소리로 통화했습니다.

21 '나'는 음악 시간에 짝 민호에게 리코더 연주 방법을 알려 주었습니다.

22 앞표지에 있는 바위나리와 아기별 그림이 무척 예뻐서 내용이 궁금했기 때문입니다.

23 책을 읽은 뒤에 든 생각이나 느낌이 나타나 있습니다. (가)에는 책을 읽은 까닭, (나)에는 책 내용이 나타나 있습니다.

24 '먼저', '우선', '첫 번째' 등이 알맞습니다.

25 자신을 구해 달라는 부탁을 하는 상황이므로 간절한 목소리가 어울립니다.

실전 모의평가

문항 번호	학년 – 학기 – 단원	평가 요소	내용 영역			정답
			지리	역사	일반 사회	
1	3 – 1 – 1	고장의 장소 알림판 살펴보기	○			①
2	3 – 1 – 1	고장의 모습을 그린 그림 비교하기	○			④
3	3 – 1 – 1	디지털 영상 지도의 장점 알기	○			①
4	3 – 1 – 1	장소의 특징을 나타내는 기호 알기	○			②
5	3 – 1 – 2	옛이야기와 관련된 지명 알기		○		①
6	3 – 1 – 2	지명으로 알 수 있는 고장의 특징 알기		○		④
7	3 – 1 – 2	문화유산을 통하여 알 수 있는 점 알기		○		④
8	3 – 1 – 2	문화유산을 조사하는 방법 알기		○		①
9	3 – 1 – 3	옛날의 교통수단 알기			○	②
10	3 – 1 – 3	고장 환경에 따라 다른 교통수단 알기			○	②
11	3 – 1 – 3	옛날의 통신 수단 알기			○	②
12	3 – 1 – 3	통신 수단의 등장으로 달라진 생활 모습 알기			○	③
13	3 – 2 – 1	인문 환경의 모습 알기			○	③
14	3 – 2 – 1	계절에 따른 생활 모습 알기			○	①
15	3 – 2 – 1	의식주의 뜻과 필요성 알기			○	①
16	3 – 2 – 1	고장의 자연환경에 따라 다른 식생활 모습 알기			○	②
17	3 – 2 – 1	고장의 자연환경에 따라 다른 주생활 모습 알기			○	③
18	3 – 2 – 2	청동 방울과 청동 거울의 쓰임새 알기		○		②
19	3 – 2 – 2	옷을 만드는 도구의 발달 과정 알기		○		②
20	3 – 2 – 2	정월 대보름에 행하는 풍속 알기		○		④
21	3 – 2 – 2	설날에 행하는 풍속 알기		○		③
22	3 – 2 – 3	옛날과 오늘날의 결혼식 모습 알기			○	④
23	3 – 2 – 3	옛날에 확대 가족이 많았던 까닭 알기			○	③
24	3 – 2 – 3	가족 갈등의 해결 방법 알기			○	③
25	3 – 2 – 3	가족의 의미 알기			○	①

풀이

1 친구들과 놀이 기구를 타고 술래잡기를 하며 재미있게 노는 곳은 놀이터입니다.

2 사람마다 표현하는 방법이 다르기 때문에 지아와 희철이는 같은 슈퍼마켓을 그렸지만 모양이 다릅니다.

3 디지털 영상 지도로 우리 고장을 살펴보면 고장의 모습을 생생하게 볼 수 있습니다.

4 주요 장소의 특징을 잘 나타낼 수 있는 그림이나 기호를 활용하여 백지도에 나타냅니다.

5 조선 시대에 백성들은 말을 타고 가는 양반을 만나면 엎드려 있어야 했으므로, 말을 탄 양반을 피하기 위해 좁은 길로 다녔습니다.

6 지명을 통해 고장의 자연환경이나 생활 모습을 알 수 있습니다.

7 첨성대는 하늘의 별을 관찰하고 연구하던 시설로, 옛날에도 별을 관찰하고 기록했음을 알 수 있습니다.

8 고장의 문화유산을 조사하는 방법에는 안내도 활용하기, 누리집 방문하기, 답사하기, 면담하기 등이 있습니다.

9 옛날의 교통수단에는 말, 가마, 소달구지, 뗏목, 돛단배 등이 있습니다.

10 고장의 환경에 따라 다른 교통수단이 사용되는데, 카페리는 바다가 있는 지역에서 사람과 함께 자동차를 배에 실어 섬이나 육지로 운반하기 위해 이용합니다.

11 봉수는 조선 시대에 사용했던 통신 수단으로, 낮에는 연기로, 밤에는 횃불로 먼 곳까지 소식을 알렸습니다.

12 통신 수단의 발달로 언제 어디서나 다양한 정보를 빠르고 편리하게 주고받을 수 있게 되면서 사람들의 생활 모습이 달라지고 있습니다.

13 논과 밭, 과수원, 도로, 항구, 다리, 공장, 아파트, 시장, 공원 등은 인문 환경에 속합니다.

14 사람들은 봄에 진달래, 개나리 등의 꽃구경을 가고, 가을에는 단풍 구경을 갑니다.

15 의식주는 사람이 살아가는 데 반드시 필요한 입을 옷과 먹을 음식, 자거나 쉴 수 있는 집을 통틀어 이르는 말입니다.

16 고장의 날씨와 땅의 생김새와 같은 자연환경은 고장 사람들의 식생활에 영향을 줍니다.

17 우데기는 집에 눈이 들어오는 것을 막으려고 지붕의 끝에서부터 땅까지 내린 벽입니다.

18 청동은 귀하고 다루기 어려워서 무기나 장신구, 제사를 지내는 도구를 만드는 데 주로 쓰였습니다.

19 옷을 만드는 도구의 발달로 다양한 종류의 옷을 쉽고 빠르게 만들 수 있게 되었습니다.

20 정월 대보름은 음력으로 새해 첫 둥근 보름달이 뜨는 날로, 풍년을 기원하며 오곡밥을 먹고, 쥐불놀이와 달집태우기를 했습니다.

21 설날에는 가족들과 함께 고향에 찾아가서 친척들을 만나며, 차례를 지내고 떡국과 맛있는 음식을 나누어 먹습니다.

22 기러기는 죽을 때까지 사랑을 지키는 새로 알려져 있었기 때문에, 신랑은 신부에게 오래도록 행복하게 함께 살자는 의미로 기러기를 주었습니다.

23 부모와 결혼한 자녀가 함께 사는 가족을 확대 가족이라고 합니다. 옛날에는 주로 농사를 지어 일손이 많이 필요했기 때문에 확대 가족이 많았습니다.

24 갈등을 해결하고 행복한 가족을 만들기 위해서는 배려하고 협력하는 태도가 필요합니다.

25 가족마다 그 형태나 구성원이 다르기 때문에 살아가는 모습도 다양합니다.

수학

문항 번호	학년 – 학기 – 단원	평가 요소	내용 영역				정답
			수와 연산	도형	측정	자료와 가능성	
1	3 – 2 – 3	원의 중심 알아보기		○			②
2	3 – 2 – 4	그림을 보고 대분수로 나타내기	○				②
3	3 – 1 – 4	(몇십몇)×(몇) 계산하기	○				④
4	3 – 1 – 2	각 알아보기		○			①
5	3 – 1 – 3	나눗셈식으로 나타내기	○				④
6	3 – 2 – 5	1 L=1000 mL의 관계 이해하기			○		②
7	3 – 1 – 3	나눗셈식으로 나타내기	○				④
8	3 – 1 – 6	수직선을 보고 소수로 나타내기	○				③
9	3 – 2 – 4	가분수를 대분수로 나타내기	○				①
10	3 – 1 – 5	시작점이 0이 아닌 부분에서 길이 재기			○		①
11	3 – 1 – 2	직사각형 알아보기		○			③
12	3 – 1 – 4	(몇십몇)×(몇) 계산하기	○				④
13	3 – 2 – 6	그림그래프 알아보기				○	③
14	3 – 2 – 6	그림그래프 해석하기				○	②
15	3 – 2 – 6	그림그래프 해석하기				○	③
16	3 – 2 – 2	(몇십몇)÷(몇) 계산하기	○				④
17	3 – 2 – 2	(몇십몇)÷(몇) 계산하기	○				①
18	3 – 1 – 6	분수와 소수의 크기 비교하기	○				②
19	3 – 2 – 3	원의 지름과 반지름의 관계 이해하기		○			③
20	3 – 1 – 5	시간의 덧셈하기			○		④
21	3 – 2 – 5	들이의 덧셈하기			○		③
22	3 – 2 – 3	원의 중심을 지나는 선분과 원의 지름의 관계 이해하기		○			①
23	3 – 2 – 5	무게의 덧셈하기			○		④
24	3 – 2 – 1	(몇십몇)×(몇십몇) 계산하기	○				②
25	3 – 1 – 1	세 자리 수의 덧셈하기	○				③

풀이

4 꼭짓점이 점 ㄴ인 각을 찾습니다.

5 나누어지는 수: 옥수수 12개
나누는 수: 한 명에게 2개씩
몫: 6명에게 줄 수 있었다.

6 2 L 300 mL = 2 L + 300 mL
= 2000 mL + 300 mL
= 2300 mL

7 $30 \div 6 = 5 \Rightarrow$
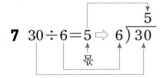

8 2와 전체를 똑같이 10으로 나눈 것 중의 6이므로 2와 0.6만큼인 2.6입니다.

9 $\dfrac{1}{5}$이 6개이므로 가분수 $\dfrac{5}{5}$는 자연수 1로 나타내고 나머지 $\dfrac{1}{5}$은 진분수로 하여 $1\dfrac{1}{5}$이 됩니다.

10 연필의 길이는 1 cm 12개보다 4 mm 더 길므로 12 cm 4 mm입니다.

12 (꽂혀 있는 책의 수)
= (한 칸에 꽂혀 있는 책의 수) × (칸의 수)
= 12 × 4 = 48(권)

13 조사한 수를 그림으로 나타낸 것을 그림그래프라고 합니다.

14 새콤 가게에서 100개를 나타내는 🍩은 2개, 10개를 나타내는 🍩은 3개이므로 도넛 판매량은 230개입니다.

15 도넛을 가장 많이 판 가게는 달달 가게로 340개를 팔았고 가장 적게 판 가게는 달콤 가게로 150개를 팔았습니다. 따라서 두 가게의 판매량의 차는 340 − 150 = 190(개)입니다.

16 ① $18 \div 4 = 4 \cdots 2$ ② $36 \div 5 = 7 \cdots 1$
③ $52 \div 6 = 8 \cdots 4$ ④ $75 \div 3 = 25$

17 정사각형은 네 변의 길이가 모두 같습니다.
따라서 정사각형의 한 변의 길이는
$44 \div 4 = 11$ (cm)입니다.

18 ① 0.4 ② 0.9 ③ 0.7 ④ 0.3
⇨ 0.9 > 0.7 > 0.4 > 0.3이므로 가장 큰 수는
② 0.9입니다.

19 작은 원의 지름은 큰 원의 반지름과 같으므로
$20 \div 2 = 10$ (cm)입니다.
따라서 작은 원의 반지름은 $10 \div 2 = 5$ (cm)입니다.

20

	6시	14분	22초
+	1시간	20분	35초
	7시	34분	57초

21 (주전자의 들이) + (물병의 들이)
= 3 L + 600 mL = 3 L 600 mL

22 선분 ㄱㄴ의 길이는 원 3개의 지름의 길이와 같습니다.
⇨ $10 \times 3 = 30$ (cm)

23 2500 g = 2 kg 500 g
처음에 들어 있던 쌀의 무게에 더 넣은 쌀의 무게를 더하면
4 kg 200 g + 2500 g
= 4 kg 200 g + 2 kg 500 g
= 6 kg 700 g입니다.

24 어떤 수를 □라 하면 □ + 24 = 58,
□ = 58 − 24, □ = 34입니다.
따라서 바르게 계산하면 34 × 24 = 816입니다.

25 가장 큰 수는 652이고, 가장 작은 수는 125입니다.
⇨ 652 + 125 = 777

실전 모의평가

문항 번호	학년 – 학기 – 단원	평가 요소	내용 영역				정답
			운동과 에너지	물질	생명	지구와 우주	
1	3 – 1 – 4	물에 띄운 자석이 가리키는 방향 알기	○				④
2	3 – 1 – 4	자석 주위에 놓인 나침반 바늘의 움직임 알기	○				③
3	3 – 1 – 4	자석을 이용한 생활용품 알기	○				③
4	3 – 2 – 5	물체에서 소리가 날 때의 공통점 알기	○				③
5	3 – 2 – 5	소리의 높낮이 알기	○				②
6	3 – 2 – 5	소리가 무엇을 통해 전달되는지 알기	○				④
7	3 – 1 – 2	물질의 성질 알기		○			④
8	3 – 1 – 2	여러 가지 장갑의 좋은 점 알기		○			③
9	3 – 1 – 2	서로 다른 물질을 섞었을 때의 물질의 성질 알기		○			①
10	3 – 1 – 2	물질의 성질을 이용하여 연필꽂이 설계하기		○			③
11	3 – 2 – 4	고체의 성질 알기		○			③
12	3 – 2 – 4	액체의 성질 알기		○.			④
13	3 – 2 – 4	기체의 성질 알기		○			④
14	3 – 1 – 3	암수 구별이 어려운 동물 알기			○		②
15	3 – 1 – 3	배추흰나비의 한살이 단계 알기			○		②
16	3 – 1 – 3	다 자란 닭의 특징 알기			○		④
17	3 – 2 – 2	주변에서 볼 수 있는 동물의 특징 알기			○		④
18	3 – 2 – 2	사막에 사는 동물의 특징 알기			○		①
19	3 – 2 – 2	우리 생활에서 동물의 특징을 활용한 예 알기			○		④
20	3 – 1 – 5	주변에 있는 공기를 느껴 보는 방법 알기				○	④
21	3 – 1 – 5	마젤란 탐험대가 세계 일주를 한 뱃길 알기				○	③
22	3 – 1 – 5	지구와 달의 공통점 알기				○	②
23	3 – 2 – 3	운동장 흙과 화단 흙의 특징 알기				○	④
24	3 – 2 – 3	흐르는 물에 의한 흙 언덕의 모습 변화 알기				○	④
25	3 – 2 – 3	바닷가 지형의 특징 알기				○	①

풀이

1 물에 띄운 자석은 일정한 방향을 가리킵니다. 북쪽을 가리키는 자석의 극을 N극, 남쪽을 가리키는 자석의 극을 S극이라고 합니다.

2 막대자석을 나침반에 가까이 가져가면 나침반 바늘이 돌아 자석의 극을 가리킵니다.

3 자석 필통은 자석이 철로 된 물체를 끌어당기는 성질을 이용하여 필통 뚜껑이 잘 닫힙니다.

4 물체에서 소리가 날 때 물체가 떨립니다.

5 실로폰의 짧은 음판을 치거나 팬 플루트의 짧은 관을 불면 높은 소리가 납니다.

6 실 전화기는 실의 떨림으로 소리가 전달되고, 실을 손으로 잡지 않을 때 소리가 더 잘 들립니다.

7 고무는 쉽게 구부러지고 당기면 늘어나며, 잘 미끄러지지 않습니다.

8 가죽 장갑은 질기고 따뜻하며 바람이 잘 들어오지 않습니다.

9 물, 붕사, 폴리비닐 알코올을 섞으면 섞기 전에 각 물질이 가지고 있던 색깔, 손으로 만졌을 때의 느낌 등의 성질이 변하기도 합니다.

10 연필을 꽂았을 때 충격을 줄여 주기 위해 연필꽂이 바닥에 스펀지를 일정한 크기로 잘라 넣습니다.

11 나무 막대는 담는 그릇이 바뀌어도 모양과 크기가 변하지 않고, 이러한 물질의 상태를 고체라고 합니다.

12 물, 꿀, 주스는 액체 상태의 물질로 담는 그릇에 따라 모양은 변하지만 부피는 변하지 않습니다.

13 공기는 무게가 있습니다. 공기 주입 마개를 많이 누를수록 페트병에 공기가 더 많이 들어가므로 무게가 더 무겁습니다.

14 참새는 암수의 생김새가 비슷하여 암컷과 수컷을 구별하기 어렵습니다. 사자는 수컷의 머리에만 갈기가 있고, 원앙은 수컷의 몸 색깔이 암컷에 비해 화려합니다. 사슴은 수컷에만 뿔이 있고, 암컷에 비해 몸이 더 큽니다.

15 배추흰나비의 번데기는 주변의 색깔과 비슷하며, 자라지 않고 움직이지 않습니다. 또 털이 없고 가운데가 볼록한 모양입니다.

16 암컷이 알을 낳을 수 있습니다.

17 달팽이는 화단에서 볼 수 있고 더듬이가 있습니다. 또 딱딱한 껍데기로 된 집이 있으며, 미끄러지듯이 움직입니다.

18 사막여우는 몸에 비해 큰 귀가 있어서 체온 조절을 하며, 작은 소리도 잘 들을 수 있습니다.

19 집게 차는 수리의 발가락이 먹이를 잘 잡고 놓치지 않는 특징을 활용한 예입니다.

20 공기가 담긴 지퍼 백 입구를 살짝 열어서 얼굴에 가져다 대고 지퍼 백을 누르면 공기가 빠져나오는 것을 느낄 수 있습니다.

21 마젤란 탐험대는 한 방향으로 계속 가서 세계 일주를 하고 출발한 곳으로 돌아왔습니다.

22 달에는 바다에 물이 없고 크고 작은 충돌 구덩이가 많지만, 지구에는 바다에 물이 있고 충돌 구덩이가 많지 않습니다. 지구의 하늘은 파란색으로 보이지만 달의 하늘은 검은색으로 보입니다.

23 운동장 흙과 화단 흙의 부식물의 양과 종류를 비교해 보는 실험입니다.

24 흐르는 물이 흙 언덕 위쪽의 흙을 깎고 운반해 아래쪽에 쌓았습니다.

25 바닷물의 침식 작용은 바위에 구멍을 뚫기도 합니다.

문항 번호	평가 요소	내용 영역			정답
		듣기	읽기	쓰기	
1	첫소리가 같은 낱말 찾기	○			②
2	음식을 나타내는 낱말 이해하기	○			④
3	행동을 나타내는 낱말 이해하기	○			①
4	수를 나타내는 낱말 이해하기	○			③
5	인사하는 표현 이해하기	○			②
6	동물을 나타내는 낱말 이해하기	○			④
7	자기를 소개하는 표현 이해하기	○			①
8	물건을 주고받을 때 사용하는 표현 이해하기	○			②
9	지시하는 표현 이해하기	○			④
10	크기를 나타내는 표현 이해하기	○			③
11	할 수 있는 것을 묻고 답하는 표현 이해하기	○			③
12	수를 묻고 답하는 표현 이해하기	○			①
13	날씨를 묻고 답하는 표현 이해하기	○			②
14	누구인지 묻고 답하는 표현 이해하기	○			①
15	사물을 묻고 답하는 표현 이해하기	○			③
16	감사하고 응답하는 표현 이해하기	○			④
17	좋아하는 것을 묻고 답하는 표현 이해하기	○			②
18	나이를 묻고 답하는 표현 이해하기	○			①
19	색깔을 묻고 답하는 표현 이해하기	○			③
20	소유를 묻고 답하는 표현 이해하기	○			④
21	사과하고 응답하는 표현 이해하기	○			②
22	알파벳 인쇄체 대·소문자 식별하기		○		④
23	행동을 나타내는 낱말 읽고 의미 이해하기		○		①
24	사물을 나타내는 낱말 읽고 의미 이해하기		○		①
25	알파벳 인쇄체 소문자 쓰기			○	③

1 ┤ Script ├

W: five 5

　① cake 케이크

　② fish 생선, 물고기

　③ dog 개

　④ thank 감사하다

들려주는 낱말처럼 첫소리가 [f]로 소리 나는 낱말은 ② fish입니다.

2 ┤ Script ├

M: ① tomato 토마토

　② orange 오렌지

　③ apple 사과

　④ carrot 당근

그림과 낱말이 일치하는 것은 ④입니다.

① orange 오렌지

② apple 사과

③ tomato 토마토

3 ┤ Script ├

W: ① sing 노래하다

　② dance 춤추다

　③ skate 스케이트를 타다

　④ ski 스키를 타다

노래하는 그림과 일치하는 낱말은 sing입니다.

4 ┤ Script ├

W: four 4 - nine 9

숫자 4와 9가 바르게 짝 지어진 것은 ③입니다.

① five - nine

② five - eight

④ four - eight

5 ┤ Script ├

G: Hello, Namsu. 남수야, 안녕.

B: ① Bye, Julie. 줄리야, 잘 가.

　② Hi, Julie. 줄리야, 안녕.

　③ I'm Namsu. 나는 남수야.

　④ Goodbye, Julie. 줄리야, 잘 가.

Hello.와 같이 만났을 때 하는 인사말에는 Hi. 나 Hello.로 응답하는 것이 자연스럽습니다.

6 ┤ Script ├

W: ① dogs 개들

　② cats 고양이들

　③ pigs 돼지들

　④ monkeys 원숭이들

그림에 없는 것은 ④ 원숭이들입니다. 셀 수 있는 것의 수가 둘 이상인 것을 '복수'라고 하는데 낱말의 끝에 s를 붙여 나타냅니다.

7 ┤ Script ├

G: Hello, my name is Mina.

　안녕, 내 이름은 미나야.

B: ① Hi, I'm Tony. 안녕, 나는 토니야.

　② You're welcome. 천만에.

　③ It's a potato. 그것은 감자야.

　④ What's your name?

　　너의 이름은 무엇이니?

여자 어린이가 자신의 이름을 말했으므로 이어지는 응답도 자기를 소개하는 ①이 자연스럽습니다.

8 ┤ Script ├

B: Here you are, Ann. 여기 있어, 앤.

G: ① Hi, I'm Ann. 안녕, 나는 앤이야.

　② Thank you. 고마워.

　③ That's okay. 괜찮아.

　④ It's a bag. 그것은 가방이야.

물건을 건네며 "여기 있어."라고 말하면 감사의 말로 응답하는 것이 자연스럽습니다.

9 ┤ Script ├

M: Sit down, please. 앉아 주세요.
G: Okay. 네.

Sit down은 앉으라는 표현입니다.
① Open the box, please.
상자를 열어 주세요.
② Close the box, please.
상자를 닫아 주세요.
③ Stand up, please. 일어서 주세요.

10 ┤ Script ├

① G: Open the door, please.
문을 열어 줘.
B: Okay. 그래.
② G: Close the door, please.
문을 닫아 줘.
B: Okay. 그래.
③ G: Look! It's a bird. 봐! 새야.
B: It's small. 작다.
④ G: Look! It's a bird. 봐! 새야.
B: It's big. 크다.

새를 가리키며 이야기하고 있고, 새는 크기가 작으므로 ③이 알맞은 대화입니다.

11 ┤ Script ├

G: Can you swim? 너는 수영을 할 수 있니?
B: No, I can't. 아니, 못 해.
G: Can you dance? 너는 춤출 수 있니?
B: Yes, I can. 응, 출 수 있어.

남자 어린이는 수영은 못하고 춤을 출 수 있다고 대답했습니다. 어떤 것을 할 수 있는지 묻는 질문에 할 수 있으면 Yes, I can., 못 하면 No, I can't.라고 대답합니다.

12 ┤ Script ├

B: How many pandas? 판다가 몇 마리니?
G: Two pandas. 판다가 두 마리야.

판다가 몇 마리인지 묻는 질문에 '두 마리'라고 대답했습니다.

13 ┤ Script ├

G: How's the weather? 날씨가 어떠니?
B: ① It's sunny. 화창해.
② It's raining. 비가 와.
③ It's snowing. 눈이 와.
④ It's cloudy. 흐려.

날씨가 어떤지 묻고 있고 비가 오는 그림이므로 ② It's raining.이 알맞습니다.

14 ┤ Script ├

B: Nari, who is he? 나리야, 그는 누구니?
G: He is my dad. 그는 우리 아빠셔.

dad는 '아빠'를 나타내는 낱말이므로 가계도 그림에서 ①이 알맞습니다.

15 ┤ Script ├

G: What's this? 이것은 무엇이니?
B: ① It's an eraser. 그것은 지우개야.
② It's a bag. 그것은 가방이야.
③ It's a book. 그것은 책이야.
④ It's a ruler. 그것은 자야.

책을 가리키며 무엇인지 묻고 있으므로 It's a book.이라고 대답해야 합니다.

16 ┤ Script ├

B: Thank you. 고마워.
G: ① I'm Jenny. 나는 제니야.
② Three bananas. 바나나가 세 개야.
③ It's windy. 바람이 불어.
④ You're welcome. 천만에.

감사의 표현인 Thank you.에 대한 응답으로는 You're welcome.이 자연스럽습니다.

17
| Script |
G: Do you like cookies, Dad?
　쿠키를 좋아하세요, 아빠?
M: No, I don't. I like cheese.
　아니, 좋아하지 않아. 나는 치즈를 좋아해.

마지막 대사에서 I like cheese.라고 말했으므로 아빠가 좋아하는 음식은 치즈입니다.

18
| Script |
B: I'm ten years old. How old are you, Sora?
　나는 열 살이야. 너는 몇 살이니, 소라야?
G: I'm seven years old. 나는 일곱 살이야.

몇 살인지 묻는 말에 I'm seven years old.라고 대답했으므로 소라는 일곱 살입니다.

19
| Script |
G: What color is it? 그것은 무슨 색이니?
B: ① It's a cap. 그것은 모자야.
　② It's an egg. 그것은 달걀이야.
　③ It's red. 그것은 빨간색이야.
　④ It's green. 그것은 초록색이야.

그림에서 모자는 빨간색이므로 색깔을 묻는 질문에 이어질 대답으로는 ③ It's red.가 알맞습니다.

20
| Script |
B: Yuna, do you have a pencil?
　유나야, 너는 연필이 있니?
G: Yes, I do. Andy, do you a ruler?
　응, 있어. 앤디, 너는 자가 있니?
B: No, I don't. I have a glue stick.
　아니, 없어. 나는 풀이 있어.

연필이 있는지 묻는 말에 유나는 Yes, I do.라고 대답했고, 자가 있는지 묻는 말에 앤디는 No, I don't.라고 대답한 후 풀이 있다고 말했습니다.

21
| Script |
① G: Oops! I'm sorry. 이런! 미안해.
　 B: It's yellow. 그것은 노란색이야.
② G: Oops! I'm sorry. 이런! 미안해.
　 B: That's okay. 괜찮아.
③ G: Can you jump?
　　너는 점프할 수 있니?
　 B: Thank you. 고마워.
④ G: Can you jump?
　　너는 점프할 수 있니?
　 B: I have a cat. 나는 고양이가 있어.

미안하다는 말에 That's okay.라고 응답한 ②가 자연스러운 대화입니다.

22 대문자와 소문자가 바르게 짝 지어진 것은 ④ T – t입니다.
① J – j　② N – n　③ R – r

23 달리는 모습의 그림에 알맞은 낱말은 ① run입니다.
② 수영하다　③ 점프하다　④ 춤추다

24 pencil은 '연필'입니다.
② notebook　③ pencil case　④ eraser

25 ORANGE를 소문자로 바르게 고쳐 쓴 것은 ③ orange입니다.

황산벌 싸움

660년에 백제의 계백이 군사 5천여 명을
이끌고 황산벌에서 신라의 김유신이 이끄는
군사 5만여 명과 싸워 패한 백제의 마지막
전투이다.

백제는 의자왕의 왕권 강화 정책으로 지배층이 분열하고, 잦은 전쟁과 흉년 때문에 농민들의 생활이 어려워졌다. 이를 기회로 삼은 신라와 당의 연합군은 정치적 혼란으로 국력이 약해진 백제를 공격하였다. 백제의 **계백**은 결사대 5천여 명을 이끌고 전쟁에 나가 **황산벌**(지금의 충청남도 논산시 연산면)에서 신라의 **김유신** 장군이 이끄는 군사 5만여 명에 맞서 목숨을 다해 싸웠다. 백제는 네 차례나 승리를 거두었지만 신라의 관창 등 나이 어린 화랑들이 목숨을 버리면서 싸우자 신라의 기세는 다시 높아졌다. 결국 백제는 나·당 연합군에 패하였으며 곧이어 사비성이 함락되고 멸망하였다.

계백이 황산벌 싸움에 나가기 전에 가족들을 죽였다고요?

"나의 아내와 자식들이 적에게 붙잡혀 노비가 될지도 모르니, 살아서 치욕을 당하는 것보다 차라리 깨끗이 죽는 편이 낫다."

이는 계백이 가족을 죽이며 한 말이다. 전쟁에서 승리하지 못할 경우 백제는 멸망하고 가족들이 포로가 될 가능성이 높았다. 그렇기 때문에 계백은 자신의 가족을 죽인 후, 나라를 위해 목숨을 바칠 각오로 5천 결사대를 이끌고 황산벌로 나아갔다.

"신라를 이 자리에서
물리쳐 나라를 지켜
내야 할 것이다."

백제 계백

"화랑과 군사들이여,
죽을 힘을 다하여
백제군을 돌파해야
할 것이다."

신라 김유신

황산벌 싸움
신라는 백제군의 강력한 저항으로
인해 어려움을 겪었으나, 화랑들의
활약 등으로 백제군을 물리쳤다.

만적의 난

1198년, 최충헌의 사노비였던 만적이 개경의 노비들을 모아 계획한 신분 해방 운동이다.

1198년 5월, 당시 무신 정권의 우두머리였던 **최충헌의 사노비** 만적은 개경에서 노비들을 모아 천민 신분을 없앤다는 목표를 내걸고 봉기를 계획하였다. 이 계획은 사전에 발각되어 실패로 돌아갔지만, **신분 해방**을 주장한 천민들의 봉기라는 점에서 주목할 만하다.

함께 알아야 할 인물

최충헌(1149~1219) 고려 무신 정권 시기의 권력자로, 최충헌이 권력을 잡은 이후에는 최씨 가문이 4대 60여 년 동안 최고 권력자의 자리를 지켰다.

만적의 난이 일어난 시대적 배경은 어땠나요?

무신 정권기에 최고 권력자가 되었던 이의민은 아버지가 소금 장수였고 어머니는 절의 노비였던 노비 출신이었다. 이처럼 천민 출신이 최고 권력자가 되는 경우가 종종 나타나면서 백성들 사이에는 신분 상승에 대한 기대가 커졌다. 또 낮은 지위나 신분을 지닌 사람이 윗사람을 꺾고 권력을 잡는 하극상이 나타나자 고려 사회의 신분 질서는 흔들리게 되었다.

만적의 난은 어떻게 전개되었나요?

만적은 개경 북산에서 나무를 하던 노비들을 모아 봉기를 계획하였고, 정한 날짜에 흥국사에 모이기로 하였다. 그러나 약속 당일 모인 노비들은 몇 백 명에 지나지 않아 일정을 바꾸었다. 한편 실패를 두려워한 한충유의 노비인 순정이 자신의 주인에게 사실을 털어놓았다. 이 사실을 알게 된 최충헌은 만적과 100여 명의 노비들을 잡아서 예성강에 던져 버렸고, 만적의 난은 실패로 끝이 났다.

왕후장상(왕, 제후, 장군, 재상)이 어찌 처음부터 씨가 따로 있으랴. 때가 오면 누구나 할 수 있는 것이다. 어찌 우리라고 채찍 아래에서 뼈 빠지게 천한 일만 하겠느냐!

3.1 운동

일제에 저항하여 1919년 3월 1일에 일어난 독립운동이다.

1919년 3월 1일 민족 대표 33인이 태화관에서 독립 선언식을 하였다. 탑골 공원에서는 **학생과 시민들이 독립 선언서를 낭독하고 태극기를 흔들며 만세 운동을 벌였다.** 이 만세 운동은 전국으로 퍼져 나갔고 만주, 연해주, 미국 등 해외에까지 퍼져 나갔다.

탑골 공원 팔각정   1919년 3.1 운동 당시에 독립 선언문 낭독 및 대한독립 만세가 외쳐진 곳이다.

3.1 운동의 배경은 무엇인가요?

1910년 우리나라를 빼앗은 일본은 헌병 경찰을 동원해 우리 민족을 탄압하고 토지 조사 사업, 회사령 등으로 경제적 수탈도 심하였다. 그런 가운데 일제가 고종을 독살한 것이라는 소문이 퍼지자 반일 감정이 높아졌고, 도쿄 유학생들의 2.8 독립 선언 소식이 전해지면서 독립운동에 대한 열망이 높아졌다. 또한 국제적으로 민족 자결주의 주장은 독립운동가들에게 용기를 주었다.

3.1 운동에 대한 일제의 탄압은 어땠나요?

우리 민족이 무력을 쓰지 않고 독립운동을 했는데도 일제는 군대까지 동원해 사람을 죽이고 감옥에 가두었다. 유관순도 만세 시위를 주도하다 체포되어 고문을 받다 죽었고, 경기도 화성의 제암리에서는 마을 사람들이 일제에 의해 학살되었다.

3.1 운동은 일제 강점기에 일어난 최대 규모의 민족 운동으로 일제의 탄압에도 불구하고 만세 시위는 전국적으로 퍼져 나갔다.